Springer-Lehrbuch

Springer

Berlin
Heidelberg
New York
Barcelona
Hongkong
London
Mailand
Paris
Tokio

André Drost · Ludger Linnemann
Andreas Schabert

Übungsbuch zu Felderer/Homburg

Fünfte, neu bearbeitete und erweiterte Auflage
mit 38 Abbildungen

 Springer

Dr. André Drost

Dr. Ludger Linnemann

Dr. Andreas Schabert

Universität zu Köln

Staatswissenschaftliches Seminar

Albertus-Magnus-Platz

50923 Köln

Die 1.–4. Auflage sind erschienen unter
Felderer/Homburg, Übungsbuch Makroökonomik

ISBN 3-540-43944-7   5. Auflage
Springer-Verlag Berlin Heidelberg New York

ISBN 3-540-66144-1   4. Auflage   Springer-Verlag Berlin Heidelberg New York

Die Deutsche Bibliothek – CIP-Einheitsaufnahme
Drost, André:
Übungsbuch zu Felderer, Homburg /
André Drost; Ludger Linnemann; Andreas Schabert. –
5., neu bearb und erw. Aufl.. – Berlin; Heidelberg; New York; Barcelona;
Hongkong; London; Mailand; Paris; Tokio: Springer, 2003
    (Springer-Lehrbuch)
    ISBN 3-540-43944-7

Springer-Verlag Berlin Heidelberg New York
ein Unternehmen der Springer Science + Business Media

http://www.springer.de

© Springer-Verlag Berlin Heidelberg 1989, 1991, 1994, 1999, 2003
Printed in Italy

Umschlaggestaltung: design & production GmbH, Heidelberg

SPIN 11394587   42/3111-5 4 3 2 1   – Gedruckt auf säurefreiem Papier

Vorwort zur fünften Auflage

Die vorliegende fünfte, neu bearbeitete und erweiterte Auflage dieses Übungsbuches dient zur Ergänzung der zeitgleich im selben Verlag erscheinenden achten Auflage des Lehrbuches von Bernhard Felderer und Stefan Homburg, "Makroökonomik und neue Makroökonomik". Die Zielsetzung, eine zum Studium und Selbststudium geeignete Sammlung von Fragen und Aufgaben mit ausführlichen Antworten und Lösungshinweisen zur Verfügung zu stellen, ist gegenüber früheren Auflagen dieselbe geblieben.

Gleichwohl sind gegenüber der vorigen Auflage zahlreiche Änderungen zu verzeichnen. Erstens wurde die Aufnahme gänzlich neuer Stoffgebiete in das Lehrbuch nachvollzogen, wie auch der Wegfall einiger Themen und die Neubearbeitung einzelner Abschnitte des Lehrbuches. Zweitens wurde die Anzahl der Aufgaben zu einigen Gebieten erhöht. Drittens wurde die frühere Gliederung jedes Kapitels in ein Quiz, Fragen und Kurzklausuren aufgegeben zugunsten einer nur noch zweiteiligen Struktur. In der vorliegenden Auflage wird lediglich unterschieden zwischen (häufig verbal beantwortbaren) Verständnisfragen und (häufig analytisch zu lösenden) Übungsaufgaben. Sowohl das relative Gewicht als auch die absolute Zahl von nur mit Hilfe formaler Methoden zu bewältigenden Aufgaben ist dadurch angestiegen, was die Nützlichkeit des Buches zur Prüfungsvorbereitung aus unserer Sicht erhöht.

Die vielleicht augenfälligste, aber sicher unbedeutendste Änderung ist schließlich der Wechsel der Autoren dieses Übungsbuches. Wir haben uns bemüht, die Idee und Zielsetzung der früheren Auflagen zu erhalten, den Stoff dabei thematisch zu aktualisieren und die Darstellungsweise an die Art anzupassen, in der wir in den letzten Jahren Übungsveranstaltungen zur Makroökonomik an der Universität zu Köln durchgeführt haben. Dafür, dass wir dabei in weiten Teilen auf bewährtes Material aus den früheren, von Felderer und Homburg selbst veröffentlichten Auflagen zurückgreifen konnten, sei den genannten Autoren unser Dank abgestattet.

Köln, im Juni 2002   André Drost
Ludger Linnemann
Andreas Schabert

Vorwort zur ersten Auflage

Wie die Dinge liegen, ist die Makroökonomik kein Schatzkästlein fertiger Weisheiten, die sich der Student bloß aneignen muß, sondern eher ein komplexer Denk- und Methodenapparat, der aktiv erschlossen werden will. Für die Konzeption eines Übungsbuches Makroökonomik ergibt sich daraus folgendes Problem: Das Gros der Leser erwartet zur Lernkontrolle Fragen, die bündig und eindeutig beantwortbar sind; aber zur wirklichen Einübung sind komplexere Fragestellungen erforderlich, auf die wiederum keine apodiktischen Antworten gegeben werden können.

Wir haben deshalb einen Kompromißweg beschritten: Das Buch enthält (i) Quizfragen, die durch Ankreuzen beantwortbar sind, (ii) Aufgaben und Fragen mit Problemen mittlerer Komplexität, die durch eigenständige verbale Antworten, Graphiken oder Rechnungen gelöst werden, und (iii) Kurzklausuren mit Fragestellungen höherer Komplexität.

Das Buch ist aus Vorlesungen und Übungen entstanden, die wir in den vergangenen Jahren an der Universität zu Köln im Grund- und Hauptstudium abgehalten haben. Es lehnt sich eng an unsere Makroökonomik und neue Makroökonomik an, die im selben Verlag in der 4. Auflage erschienen ist. In Zeiten, da die Wissenseinübung — wegen hoffnungsloser Überfüllung — mancherorten nicht mehr innerhalb der Universität stattfindet, hoffen wir eine nützliche Ergänzung des Lehrbuches vorlegen zu können.

Köln und Dortmund, im Februar 1989   Bernhard Felderer
                                                       Stefan Homburg

Inhaltsverzeichnis

Erstes Buch: Grundlagen

Kapitel I. Einige methodologische Überlegungen

Verständnisfragen

F1. Ist der Satz "Zur Verminderung der Arbeitslosigkeit könnte der Gesetzgeber den Kündigungsschutz lockern" eine positive oder normative Aussage?

F2. Kann eine Theorie, die durch die Tatsachen sehr häufig bestätigt und nie widerlegt wurde, als verifiziert gelten?

F3. Warum ist es möglich, dass eine Theorie, die nachweislich oder sehr wahrscheinlich falsch ist, oft dennoch für längere Zeit überdauert?

F4. Handelt es sich beim Vergleich der Einkommensverteilung vor und nach einer Steuerreform um eine statische, komparativ-statische oder eine dynamische Betrachtung?

F5. Infolge staatlich festgesetzter Mieten bestehe auf dem Wohnungsmarkt eine dauerhafte Überschussnachfrage nach Wohnungen. Handelt es sich hierbei um ein Gleichgewicht im methodischen, theoretischen oder normativen Sinn?

F6. Wie wichtig ist die Realitätsnähe der Annahmen für die Beurteilung der Qualität eines Wirtschaftsmodells?

F7. Welche Bedeutung hat die Stabilität eines Gleichgewichtes für Prognosezwecke?

F8. "Unverändertes Angebot und stark zunehmende Nachfrage führten zu deutlichen Aktienkurssteigerungen." Beziehen sich die Ausdrücke "Angebot" und "Nachfrage" in diesem Börsenbericht auf ex ante- oder ex post-Größen?

F9. Angenommen, die durchschnittliche Examensnote der Studenten verschlechtere sich mit zunehmender Studiendauer der Absolventen. Ergibt sich daraus als logischer Schluss, dass Studentin X eine bessere Note erwarten kann, wenn sie zügiger studiert?

F10. Wie ist der Begriff "Allokation" definiert?

Beantwortung der Verständnisfragen

F1. Es handelt sich um eine positive Aussage. Normative Aussagen beinhalten Werturteile und können prinzipiell nicht bewiesen oder widerlegt werden. Der obige Satz hingegen ist entweder objektiv richtig oder objektiv falsch. Werturteile würden erst dann ins Spiel kommen, wenn sich der Satz als richtig erwiese und man die Güter "Kündigungsschutz" und "geringe Arbeitslosigkeit" gegeneinander abwägen müsste.

F2. Nein. Es ist prinzipiell unmöglich, empirische Theorien zu verifizieren, sie können höchstens falsifiziert werden.

F3. Eine Theorie wird höchstens dann verworfen, wenn eine bessere verfügbar ist. Solange das nicht der Fall ist, gilt die Theorie bei Anerkennung ihrer Unzulänglichkeit weiter. Überdies erschwert das menschliche Beharrungsvermögen einen Theoriewechsel. Es ist einmal gesagt worden, dass eine falsche Theorie erst dann überwunden ist, wenn ihre Anhänger verstorben sind.

F4. Es handelt sich um eine komparativ-statische Betrachtung. Es werden zwei Zustände miteinander verglichen, ohne dass der Anpassungsprozess eine Rolle spielt.

F5. Um ein Gleichgewicht im methodischen Sinn. Ein "Zustand mit Beharrungsvermögen" (Gleichgewicht im methodischen Sinn) liegt vor, aber kein Ausgleich von Angebot und Nachfrage (Gleichgewicht im theoretischen Sinn). Ob es sich hier um ein Gleichgewicht im normativen Sinn handelt, wird von den Bewohnern billiger Wohnungen einerseits und den erfolglosen Wohnungssuchenden andererseits bestimmt unterschiedlich beurteilt werden und ist nicht allgemein entscheidbar.

F6. Es kommt nicht darauf an, wie realitätsnah die Annahmen sind, sondern ob das Modell Einsichten vermittelt oder nicht (denken Sie an das im Lehrbuch zitierte Modell eines Pendels). Käme es auf die Realitätsnähe der Annahmen an, dann wäre die Realität selbst das beste Modell! Nach einer methodologischen Position, die von Milton Friedman vertreten, aber nicht allgemein geteilt wird, ist die Realitätsnähe der Annahmen völlig irrelevant für die Modellbeurteilung, es zählt nur die Realitätsnähe der Ergebnisse. Die Vorstellung etwa, ein Baum maximiere die Fläche seiner dem Sonnenlicht zugewandten Blätter, führt zu einer guten Erklärung der tatsächlichen Blattstellung, obwohl der Baum sicherlich nicht bewusst optimieren kann.

F7. Nur bei stabilen Gleichgewichten streben ökonomische Variablen im Zeitablauf ihren Gleichgewichtswerten zu; deshalb lassen sich nur solche Gleichgewichte für Prognosen verwenden.

F8. Es handelt sich um ex ante-Größen. In dem zitierten Satz entwickeln sich Angebot und Nachfrage offenbar auseinander; dies ist aber nur in der ex ante-Betrachtung möglich. Ex post müssen stets genauso viele Aktien verkauft wie gekauft worden sein.

F9. Nein. Aus der genannten Beobachtung lässt sich nicht schließen, dass eine längere Studienzeit "unter sonst gleichen Umständen" die Examensnote ungünstig beeinflusst. Es kann ebenso gut kein Zusammenhang zwischen diesen beiden Größen bestehen und der empirische Befund daraus resultieren, dass ein dritter Faktor (z.B. mangelndes Interesse) sowohl zu längerer Studienzeit als auch zu einem schlechteren Examensdurchschnitt führt. In der Statistik spricht man hierbei von einer Scheinkorrelation.

F10. "Allokation" als *das* Problem der Nationalökonomie ist ganz allgemein die Verteilung und Verwendung knapper Ressourcen für alternative Zwecke.

Kapitel II. Geschichtlicher Überblick

Verständnisfragen

F1. Wie alt ist die Volkswirtschaftslehre als eigenständige Wissenschaft?

F2. Wie verhält sich der Klassische "volkswirtschaftliche Überschuss" zum heutigen Konzept des Bruttonationaleinkommens?

F3. Was versteht man unter "Marginalismus"?

F4. Welche theoretischen Ansätze der Klassischen und/oder der Neoklassischen Theorie müssen aus heutiger Sicht als überholt gelten?

F5. Wodurch wird nach der späten Neoklassischen sowie der zeitgenössischen Theorie der Wert eines Gutes bei vollständiger Konkurrenz bestimmt?

F6. Was kann mit dem Begriff "Klassik" gemeint sein?

F7. Befasste Keynes sich als erster mit makroökonomischer Theorie?

F8. Auf welche jeweils unterschiedlichen primären Erklärungsziele sind die Theorien der Klassiker, der Neoklassiker und die Theorie von Keynes ausgerichtet?

Beantwortung der Verständnisfragen

F1. Der Beginn der ökonomischen Klassik liegt um 1770; oft wird er auf das Jahr 1776 datiert, in dem der "Wealth of Nations" von Adam Smith erschien.

F2. Zur Berechnung des "Überschusses" werden vom Nationaleinkommen die Abschreibungen und vor allem die Existenzlöhne der Arbeiterschaft abgezogen. Vereinfacht gesagt soll das Nationaleinkommen die Gesamtheit der produzierten Werte messen, der "Überschuß" (engl. surplus) hingegen das, was nach Abzug "notwendiger Kosten" für Luxuskonsum und Vermögensbildung übrigbleibt.

F3. Marginalismus ist der Oberbegriff für Grenznutzen- und Grenzkostenanalysen. Das Wort stammt ab von engl. marginal — auf dem Rande stehend. In Wortbildungen wie "marginal utility" oder "marginal productivity" ist dieser Begriff stets mit "Grenz-" zu übersetzen.

F4. Aus heutiger Sicht überholt sind einige Klassische Ansätze. Das gilt besonders für den "überschusstheoretischen" Ansatz, die Produktionskostentheorie und die Arbeitswertlehre. Der Marginalismus der Neoklassischen Theorie hingegen beherrscht auch heute noch die Theoriebildung und ist daher keineswegs überholt.

F5. Charakteristisch für alle Theorie seit Marshall und Walras ist, dass der Wert eines Gutes sowohl durch die Grenzkosten als auch durch den Grenznutzen bestimmt wird. Dieses Prinzip muß nur für nicht-vermehrbare Güter (wie Grund und Boden) eingeschränkt werden.

F6. Im Lehrbuch und den meisten Werken wird "Klassik" nur im Sinne der Lehre von Adam Smith und anderen (vor 1870) gebraucht und von der "Neoklassik" (ab 1870) abgegrenzt. Seit Keynes jedoch 1936 alle vorherigen Ökonomen als "Klassiker" bezeichnete, wird dieser Ausdruck in der Literatur auch oft im Sinne einer bestimmten (von der Keynesschen zu unterscheidenden) Theorierichtung von 1770 bis heute verwendet.

F7. Nein. Es gibt viele makroökonomische Analysen der Klassiker und Neoklassiker; und einige ihrer wichtigsten Sätze (etwa die Quantitätstheorie des Geldes, das Saysche Theorem oder die Verteilungstheorie von J.B. Clark) sind makroökonomischer Natur. Allerdings hat die Makroökonomik durch Keynes einen wichtigen Impetus erfahren.

F8. Bei den Klassikern standen die Probleme der Akkumulation und des Wachstums sowie der Einkommensverteilung im Vordergrund, den Neoklassikern ging es vorwiegend um das Allokationsproblem, und Keynes stellte das Beschäftigungsproblem in den Mittelpunkt seiner Betrachtungen.

Kapitel III. Volkswirtschaftliche Gesamtrechnung

Verständnisfragen

F1. Welche Sektoren werden in der VGR unterschieden?

F2. Herr W. hat einen kleinen Handwerksbetrieb mit 6 Angestellten. Welchem Sektor in der VGR wird Herr W. zugerechnet?

F3. Können Investitionen negativ sein?

F4. Als Teilhaberin einer Firma in Neuseeland bezieht Frau K. jährlich ein stattliches Gewinneinkommen. Sie ist im übrigen griechische Staatsbürgerin und wohnt in Heidelberg. Zählt der genannte Gewinn zum deutschen Bruttonationaleinkommen, zum deutschen Bruttoinlandsprodukt oder zu keinem dieser beiden?

F5. Welcher dieser Einkommensbegriffe ist normalerweise größer: das Bruttoinlandsprodukt zu Marktpreisen oder das Bruttoinlandsprodukt zu Faktorkosten?

F6. Ist das Nettonationaleinkommen zwangsläufig kleiner als a) das Bruttoinlandsprodukt, b) das Bruttonationaleinkommen?

F7. Wie hoch war ungefähr die jährliche Wachstumsrate des deutschen realen Bruttoinlandsprodukts in den letzten Jahrzehnten?

F8. Welchen Anteil hat in der Bundesrepublik Deutschland und anderen entwickelten Ländern der private Konsum typischerweise am Bruttoinlandsprodukt?

F9. Als Topmanager eines großen Konzerns beabsichtigt Herr U., sich in diesem Jahr mit einen kleinen Betrieb selbständig zu machen. Wie wird sich aufgrund dieser Entscheidung die unbereinigte Lohnquote unter sonst gleichen Umständen verändern?

F10. Welchen Anteil hat in der Bundesrepublik Deutschland typischerweise das Einkommen aus unselbständiger Arbeit am Volkseinkommen?

Beantwortung der Verständnisfragen

F1. Regelmäßig unterscheidet die VGR die Sektoren private Haushalte, Unternehmen, Staat und Ausland. Die Sektoren können dabei im einzelnen noch genauer untergliedert sein.

F2. Kennzeichnend für die VGR ist die funktionelle, nicht personelle Einteilung. Herr W. wird deshalb — wenn er arbeitet — dem Unternehmenssektor und — wenn er beispielsweise privat einkauft — dem Haushaltssektor zugerechnet.

F3. Die *Brutto*investition ist entweder positiv oder gleich Null, denn eine Volkswirtschaft kann nicht weniger als nichts investieren. Die *Netto*investition kann jedoch durchaus negativ sein, wenn Bruttoinvestitionen unterbleiben und gleichzeitig der Kapitalbestand an Wert verliert (positive Abschreibung bzw. Reinvestition). Denn es gilt: "Nettoinvestition gleich Bruttoinvestition minus Reinvestition".

F4. Frau K. ist Deutsche im Sinne der VGR, weil es hierbei nicht auf die Staatsbürgerschaft, sondern auf den Wohnsitz ankommt. Folglich zählt das Gewinneinkommen zum deutschen Bruttonationaleinkommen, nicht aber zum deutschen Bruttoinlandsprodukt, weil das Einkommen nicht innerhalb des Landes entstanden ist.

F5. Das Produkt zu Faktorkosten erhält man aus dem Produkt zu Marktpreisen durch Abzug des Saldos von indirekten Steuern und Subventionen. Weil die indirekten Steuern normalerweise die Subventionen übersteigen, ist der genannte Saldo positiv. Das Produkt zu Marktpreisen ist daher in der Regel größer.

F6. Das Nettonationaleinkommen kann wegen positiver Abschreibungen nicht größer als das entsprechende Bruttonationaleinkommen sein. Vom Bruttonationaleinkommen unterscheidet sich das Bruttoinlandsprodukt durch die Nettofaktoreinkommen aus dem Ausland, bzw. genauer den "Saldo der Primäreinkommen aus der übrigen Welt". Dieser Saldo kann theoretisch jedes Vorzeichen aufweisen. Ist beispielsweise bei einem Gläubigerland das Bruttonationaleinkommen wesentlich größer als das Bruttoinlandsprodukt, dann kann das Nettonationaleinkommen theoretisch das Bruttoinlandsprodukt übersteigen.

F7. Zwischen 1970 und 1990 wuchs das reale Bruttoinlandsprodukt in den alten Ländern der Bundesrepublik Deutschland durchschnittlich mit ca. 2,5 Prozent pro Jahr. Zwischen 1991 und 2001 wuchs das reale Bruttoinlandsprodukt im wiedervereinigten Deutschland mit ca. 1,6 Prozent pro Jahr.

F8. Als Faustregel gilt bei ausgeglichener Leistungsbilanz: Konsum 3/5, Investition und Staatsnachfrage je 1/5.

F9. Die unbereinigte Lohnquote wird sinken. Leitende Angestellte zählen in der VGR als abhängig Beschäftigte. Quittiert Herr U. also seinen Dienst, um Unternehmer zu werden, dann wird die unbereinigte Lohnquote unter sonst gleichen Umständen sinken. Mit der bereinigten Lohnquote werden solche Effekte durch Einbeziehung der Anzahl der selbständig bzw. unselbständig Tätigen ausgeschaltet.

F10. Die unbereinigte Lohnquote lag in den letzten Jahrzehnten in Deutschland etwa zwischen 60 Prozent und 74 Prozent.

Zweites Buch: Makroökonomik

Kapitel IV. Die Klassisch-Neoklassische Theorie

Verständnisfragen

F1. Versteht man unter der "makroökonomischen Dichotomie" a) den Gegensatz zwischen Keynes und den Klassikern, b) die Unterscheidung einer kurzen und einer langen Frist, c) den Grundsatz, dass die realen und die monetären Größen einer Volkswirtschaft unabhängig voneinander sind?

F2. Welche Ansicht vertraten die Klassischen Autoren: a) eine Wirtschaft befindet sich jederzeit im Gleichgewicht, b) eine Wirtschaft strebt stets dem Gleichgewicht zu, c) vorübergehende Wirtschaftskrisen sind möglich?

F3. Sind bei einer Neoklassischen Produktionsfunktion a) die Funktionswerte positiv, b) die ersten Ableitungen positiv, c) die zweiten Ableitungen positiv?

F4. Welche der folgenden Größen sind für ein Unternehmen bei vollständiger Konkurrenz innerhalb der betrachteten Periode exogen: a) der Anfangskapitalbestand K_0, b) der Endkapitalbestand K, c) die Arbeitsnachfrage N^d, d) die Grenzproduktivität der Arbeit $\partial F(N_0)/\partial N$, e) der Nominallohn w, f) der Reallohn w/P?

F5. Ein gewinnmaximierendes Unternehmen, das in vollständiger Konkurrenz operiert, stellt fest, dass die Wertgrenzproduktivität eines Faktors den Faktorpreis übersteigt. Wird das Unternehmen deshalb notwendig a) den Einsatz dieses Faktors vermindern, b) den Einsatz dieses Faktor erhöhen, c) den Einsatz anderer Faktoren erhöhen?

F6. Welche der folgenden Größen müssen im Gewinnmaximum eines Unternehmens, das in vollständiger Konkurrenz operiert, paarweise übereinstimmen: a) Nominallohn und Wertgrenzproduktivität der Arbeit, b) Reallohn und Wertgrenzproduktivität der Arbeit, c) Zins und Wertgrenzproduktivität des Kapitals, d) Zins und Grenzproduktivität der Arbeit?

F7. Wählen Unternehmen, deren Neoklassische Produktionsfunktion eine verschwindende Kreuzableitung besitzt, im Falle eines zunehmenden Reallohns a) Arbeitsmengen mit höherer Grenzproduktivität, b) Arbeitsmengen mit geringerer Grenzproduktivität, c) dieselben Kapitalbestände wie vor der Lohnerhöhung?

F8. Ist die Arbeitsnachfragefunktion eines gewinnmaximierenden Unternehmens in vollständiger Konkurrenz identisch mit der ersten Ableitung der Produktionsfunktion ($\partial F/\partial N$)?

F9. Lassen sich die gesamten Kapitalkosten des repräsentativen Unternehmens als i·P·K schreiben?

F10. Wie reagiert das repräsentative Unternehmen im Lehrbuchmodell, wenn das Preisniveau P unter sonst gleichen Umständen auf das Doppelte steigt: a) es verdoppelt den Kapitaleinsatz, b) es halbiert den Kapitaleinsatz, c) es lässt den Kapitaleinsatz unverändert, d) es reagiert in nicht genau vorhersagbarer Weise?

F11. Lässt sich die Ersparnis S der Haushalte im Rahmen der Neoklassischen Theorie als a) Kauf von Wertpapieren, b) Hortung von Geldmitteln, c) Kauf von Kapitalgütern interpretieren?

F12. Ist das Realeinkommen im Klassisch-Neoklassischen Modell für den Haushalt eine exogene Variable?

F13. Ist die Annahme eines bei steigendem Reallohn wachsenden Arbeitsangebots in der langen Frist empirisch realistisch?

F14. Kann bei vollständiger Konkurrenz auf dem Arbeitsmarkt der Reallohn im Neoklassischen Modell dauerhaft geringer als der Gleichgewichtslohn $(w/P)^*$ sein, ohne dass eine Tendenz zur Änderung besteht?

F15. Nimmt die volkswirtschaftliche Kapitalproduktivität bei steigendem Zins zu?

F16. Welche der folgenden Voraussetzungen impliziert für sich genommen, dass auf dem Gütermarkt ein Gleichgewicht im theoretischen Sinn besteht: a) auf dem Arbeitsmarkt gilt $N^d = N^s$, b) auf dem Kapitalmarkt gilt I=S, c) keine dieser beiden Voraussetzungen?

F17. Ist die Geldhaltung aus Sicht der Klassisch-Neoklassischen Theorie a) in jedem Fall irrational, b) in jedem Fall rational, c) nur bei einem Transaktionsmotiv der Kassenhaltung rational?

F18. Die Umlaufgeschwindigkeit des Geldes betrage in einer Volkswirtschaft v=6. Folgt daraus, dass a) ein Geldstück durchschnittlich 2 Monate gehalten wird, b) 1/6 des Nominaleinkommens als Kassenbestand gehalten wird?

F19. Hängt der Kassenhaltungskoeffizient k a) von der Geldmenge M, b) vom Nominalzins, c) von den Zahlungsgewohnheiten der Wirtschaftssubjekte, d) vom durchschnittlichen Nominaleinkommen ab?

F20. Welche der folgenden Größen sinkt nach dem Anpassungsprozeß, der auf eine Geldmengenausdehnung hin stattfindet, auf ihr Ausgangsniveau zurück: a) die Nominalkasse M, b) die Realkasse M/P, c) weder die Nominal- noch die Realkasse?

F21. Wenn infolge einer Geldmengenerhöhung die Preise steigen, sinken dann zugleich die Realeinkommen der Haushalte?

F22. Welche Größe ist in der Cambridge-Gleichung endogen: a) der Kassenhaltungskoeffizient, b) die Geldmenge, c) das Preisniveau, d) das Realeinkommen?

F23. Ist es richtig, dass die Quantitätsgleichung ex post unter allen Umständen stimmt?

F24. Wie ist das Saysche Theorem zu verstehen: a) als Aussage über geplante Größen, b) als Grundvoraussetzung der Klassischen Theorie, c) als ex post-Identität?

F25. Ist das Saysche Theorem gleichbedeutend mit der Aussage, dass in der Regel ein Gleichgewicht auf allen Märkten besteht.

F26. Ist es richtig zu sagen, dass Vollbeschäftigung eine wichtige Annahme des Klassischen Modells ist?

F27. Gilt im Klassisch-Neoklassischen Modell die Dichotomie?

F28. Zwei Haushalte tauschen zwei Güter miteinander. Bildet man ein einfaches Modell mit ihren Nutzenfunktionen und den beiden Budgetbeschränkungen, ergeben sich dann a) zwei abstrakte (oder Geld-) Preise, b) ein relativer Preis, c) keines von beidem?

Übungsaufgaben

A1. Die Größe "Y" spielt in der Makroökonomik eine zentrale Rolle. Warum wird zur Bezeichnung der Buchstabe Y verwendet? Nennen Sie die drei möglichen Bedeutungen dieser Variablen.

A2. Die Variable "I" bezeichnet in der makroökonomischen Theorie sowohl die Investitionsgüternachfrage als auch die reale Finanzkapitalnachfrage der Unternehmen. Welche Annahme garantiert die Übereinstimmung dieser beiden Größen?

A3. Eine Cobb-Douglas-Produktionsfunktion hat die allgemeine Form $Y=N^{\alpha}\cdot K^{1-\alpha}$ mit $0<\alpha<1$. Überprüfen Sie rechnerisch, ob diese Produktionsfunktion den Lehrbuchannahmen a) positive Ableitungen, b) negative zweite Ableitungen und c) verschwindende Kreuzableitung genügt.

A4. Eine Produktionselastizität ist als relative Outputänderung in bezug auf eine relative Inputänderung definiert. Die Produktionselastizität der Arbeit etwa lässt sich als $\Delta Y/Y$ dividiert durch $\Delta N/N$ schreiben oder mit infinitesimalen Größen als $\partial Y/\partial N \cdot N/Y$. Berechnen Sie diese Produktionselastizität für eine Cobb-Douglas-Produktionsfunktion.

A5. Welche beiden Annahmen sind zur Herleitung einer Güterangebotsfunktion $Y^s = Y^s(w/P)$ mit negativer Ableitung erforderlich?

A6. Die Produktionsfunktion des repräsentativen Unternehmens laute $F(N,K) = N^{0,75} + K^{0,5}$. Weiterhin seien P=6, w=1,5 und i=10%. Berechnen Sie die Arbeitsnachfrage, die Investitionsnachfrage und das Güterangebot unter der Annahme, dass der Anfangskapitalbestand K_0 gleich 16 ist.

A7. Leiten Sie die bei gegebenem Kapitalbestand optimale Arbeitsnachfrage sowie die bei gegebenem Arbeitseinsatz optimale Kapitalnachfrage eines Unternehmens her, dessen Produktionsfunktion die Cobb-Douglas-Funktion aus Aufgabe A3 ist. Berechnen Sie hieraus unter Verwendung der Ergebnisse von Aufgabe A3 die Reallohnelastizität der Arbeitsnachfrage sowie die Zinselastizität der Kapitalnachfrage.

A8. Wie ändert sich die Arbeitsnachfrage des repräsentativen Unternehmens, wenn der Staat für jede nachgefragte Einheit Arbeit eine nominale Subvention in Höhe von q zahlt? Gehen Sie bei der Lösung dieser Aufgabe vereinfachend davon aus, dass die Produktionsfunktion nur vom Faktor Arbeit abhängt.

A9. Welche Annahme muss bezüglich der Präferenzen des Haushaltes getroffen werden, damit sich eine Sparfunktion S=S(i) mit positiver erster Ableitung ergibt?

A10. Betrachten Sie einen Haushalt, der eine Lebensdauer von zwei Perioden hat. In der ersten Lebensperiode verfügt er über ein exogenes Realeinkommen in Höhe von 1, das er konsumieren oder sparen kann. Seine Budgetrestriktion für diese Periode ist daher $P \cdot C_1 + P \cdot S = P$. In der zweiten Lebensperiode hat er kein exogenes Einkommen; er lebt statt dessen aus seiner verzinsten Ersparnis, die er vollständig konsumiert. Die Budgetrestriktion für diese Periode ist somit $P \cdot C_2 = (1+i) \cdot P \cdot S$. Der Haushalt maximiert die Nutzenfunktion $U = \sqrt{C_1} + \sqrt{C_2}$. Berechnen Sie die Konsumfunktionen und die Sparfunktion des Haushalts.

A11. Betrachten Sie einen Haushalt ähnlich dem, der in Aufgabe A10 beschrieben wurde. Nehmen Sie zusätzlich zu den Annahmen aus Aufgabe A10 an, dass der Haushalt in der ersten Lebensperiode einen realen Beitrag B in eine staatliche Rentenversicherung einzahlen muss, aus der er in der zweiten Lebensperiode eine reale Rente R empfängt. Wie verändern sich dadurch die Budgetbeschränkungen? Welche Sparfunktion ergibt sich jetzt? Wie hängt die Ersparnis von der Höhe des realen Beitrags ab? Geben Sie eine intuitive Erklärung für Ihr Ergebnis.

A12. Ein Haushalt — seine Lebensdauer betrage in dieser Aufgabe nur eine Periode — maximiere die Nutzenfunktion $U=C^\beta+(1-N)^\beta$, $\beta>0$, unter Einhaltung der Budgetrestriktion $P \cdot C = w \cdot N$, wobei N für die Arbeitszeit und $1-N$ für die Freizeit des Haushalts steht (bei einer auf 1 normierten Gesamtzeit). Berechnen Sie die Arbeitsangebots- und die Konsumfunktion des Haushalts. Wie reagiert das Arbeitsangebot auf eine Erhöhung des Reallohns? Warum ergibt sich diese Reaktion? Inwiefern weicht die Konsumfunktion von der im Lehrbuch vorgestellten Variante ab?

A13. Gehen Sie von den in Aufgabe A12 geschilderten Bedingungen aus und untersuchen Sie, um wie viel Prozent sich die Größe $(1-N)/C$ näherungsweise ändert, wenn sich w/P um ein Prozent ändert. Anders ausgedrückt, um wie viel Prozent ändert sich das Verhältnis aus Freizeit- und Konsumnachfrage als Reaktion auf eine einprozentige Änderung des zugehörigen Preisverhältnisses?

A14. Hängt das durchschnittliche reale Pro-Kopf-Einkommen in einer Volkswirtschaft vom Reallohn ab? Wenn ja: welcher Reallohn maximiert diese Größe?

A15. Unter arbeitsvermehrendem technischen Fortschritt versteht man folgendes: Die Produktionsfunktion $Y=F(N)$ ändert sich derart, dass mit jeder Arbeitsmenge ein höherer Output als zuvor erzeugt werden kann. Stellen Sie dies graphisch als Verdrehung einer durch den Ursprung verlaufenden Produktionsfunktion dar. In welche Richtung (wenn überhaupt) ändern sich bei arbeitsvermehrendem technischen Fortschritt die Gleichgewichtswerte des Reallohns, der Beschäftigung und der Produktion? Unter welcher vom Modell abweichenden Voraussetzung würde die Beschäftigung unverändert bleiben? Zeichnen Sie die entsprechenden Arbeitsmarktdiagramme.

A16. Erläutern Sie, warum im Kapitalmarktgleichgewicht der Zins i^* mit der Grenzproduktivität des Kapitals übereinstimmt.

A17. Halten Sie die Beschreibung der Anpassungsprozesse bei einem Ungleichgewicht auf dem Arbeitsmarkt bzw. dem Kapitalmarkt für wirklichkeitsnah?

A18. Wenn die Geldmenge in Geldeinheiten, das Preisniveau in Geldeinheiten/Gütereinheit und das Realeinkommen in Gütereinheiten/Zeiteinheit gemessen wird, welche Dimensionen haben dann der Kassenhaltungskoeffizient und die Umlaufsgeschwindigkeit des Geldes?

A19. Warum ist im Klassisch-Neoklassischen Modell das Realeinkommen Y unabhängig von der Geldmenge?

A20. Stellen Sie den Anpassungsmechanismus dar, der einer Geldmengenerhöhung folgt. Wie heißt dieser Mechanismus?

A21. Beurteilen Sie folgende Aussage: Aus allgemeiner Sättigung folgt, dass a) das Saysche Theorem nicht gilt und b) die Wirtschaft in eine unlösbare ökonomische Krise gerät.

A22. Inwieweit steigt das Realeinkommen bei einer Rechtsverschiebung der Investitionsnachfragefunktion?

A23. Im Klassisch-Neoklassischen Modell bestehe ein Gleichgewicht auf allen Märkten. Unter sonst gleichen Umständen werde der Reallohn durch einen staatlichen Eingriff erhöht. a) Von welcher Elastizität hängt ab, ob die reale Lohnsumme $w/P \cdot N$ hierbei zunimmt? b) Mit welcher Elastizität lässt sich die resultierende Änderung des volkswirtschaftlichen Realeinkommens Y bestimmen? c) Nehmen Sie speziell eine Cobb-Douglas-Produktionsfunktion an. Wird in diesem Fall die reale Lohnsumme steigen oder sinken? Wie wird sich die Lohnquote $(w/P \cdot N)/Y$ ändern, die den Anteil der Arbeitseinkommen am Gesamteinkommen angibt? (Lösungshinweis: Sie können hierbei die Ergebnisse früherer Aufgaben verwenden.)

A24. In einer Klassisch-Neoklassischen Modellökonomie sei die Geldmenge M=8 und der Kassenhaltungskoeffizient k=1/6. Gegeben seien weiterhin die Produktionsfunktion $Y=N^{0,5}$, die Arbeitsangebotsfunktion $N^s=16 \cdot w/P$, die Investitionsfunktion $I=1-10 \cdot i$ und die Sparfunktion $S=15 \cdot i$. Ermitteln Sie rechnerisch die Gleichgewichtswerte für den Reallohn, das Preisniveau, den Nominallohn, den Zins und den Konsum.

A25. Gilt das Gesetz von Walras nur bei funktionierenden Märkten?

Beantwortung der Verständnisfragen

F1. Richtig ist Antwort c). Folge dieser Dichotomie ist die Aufspaltung der Klassisch-Neoklassischen Lehre in eine Werttheorie und eine Geldtheorie.

F2. Richtig sind Antworten b) und c). Die Klassiker verneinten sehr wohl die Möglichkeit langfristiger Zusammenbruchstendenzen, behaupteten aber nicht eine heile Welt ohne Wirtschaftskrisen.

F3. Richtig sind Antworten a) und b). Es werden nur positive Gütermengen produziert [Antwort a)], und die Grenzproduktivität eines Faktors ist positiv [Antwort b)]. Weiterhin gilt das Gesetz des von Anfang an abnehmenden Grenzertrages, weshalb die direkten zweiten Ableitungen negativ sind [Antwort c)], während die Kreuzableitungen im Lehrbuch gleich Null gesetzt wurden.

F4. Richtig sind Antworten a), e) und f). Der Anfangskapitalbestand ist historisch gegeben [Antwort a)], und bei vollständiger Konkurrenz verhält sich das Unternehmen als Preisnehmer [Antworten e) und f)]. Die Arbeitsnachfrage, damit auch die Grenzproduktivität der Arbeit, und der Endkapitalbestand werden hingegen vom Unternehmen frei gewählt, sie sind endogen. In bezug auf Antwort d) ist zu beachten, dass nach der Grenzproduktivität $\partial F(N_0)/\partial N$ an einer bestimmten Stelle N_0 gefragt war. Die gesamte Funktion $\partial F/\partial N$ ist als Ableitung der Produktionsfunktion selbstverständlich exogen.

F5. Richtig ist Antwort b). Der Einsatz einer zusätzlichen kleinen Faktoreinheit erhöht den Erlös stärker als die Kosten, wenn die Wertgrenzproduktivität über dem Faktorpreis liegt, und steigert damit den Gewinn. Ob auch der Einsatz eines anderen Faktors verändert werden sollte, hängt vom Vorzeichen der Kreuzableitung der Produktionsfunktion ab und lässt sich allgemein nicht sagen.

F6. Richtig ist Antwort a). Antwort b) ist falsch, weil der Reallohn der Grenzproduktivität entsprechen muss: $w/P=\partial F/\partial N$. Durch Multiplikation dieser Gleichung mit P erhält man die Bedingung zu Antwort a). Antwort c) ist falsch, weil der Zins der Grenzproduktivität des Kapitals entsprechen muss: $i=\partial F/\partial K$. Der Zins hat die Dimension [1/Zeit] und ist somit eine nicht-monetäre Größe. Man kann ihn deshalb nicht mit der Wertgrenzproduktivität des Kapitals ($P\cdot\partial F/\partial K$) gleichsetzen, die als monetäre Größe angibt, wie stark der Gelderlös bei Einsatz einer zusätzlichen Faktoreinheit steigt.

F7. Richtig sind Antworten a) und c). Aus der Bedingung "Grenzproduktivität der Arbeit gleich Reallohn" für ein Gewinnmaximum ergibt sich sofort, dass die Grenzproduktivität der Arbeit bei steigendem Reallohn ebenfalls zunehmen muss. Dies wird durch eine Verringerung der Arbeitsnachfrage erreicht und gilt allgemein. — Antwort c) ist im speziellen Fall einer verschwindenden Kreuzableitung $\partial^2 F/(\partial N\partial K)$ richtig, weil die Grenzproduktivität des Kapitals hierbei unabhängig vom Arbeitseinsatz ist. Bei positiver Kreuzableitung (eine realistischere Annahme) würde auch die Kapitalnachfrage verringert, wenn der Reallohn steigt, weil die Grenzproduktivität des Kapitals in diesem Fall mit sinkendem Arbeitseinsatz zurückgehen würde.

F8. Ja. Betrachten Sie Abbildung 1, in der die Arbeitsnachfragefunktion dargestellt ist. Weil im Gewinnmaximum stets $w/P=\partial F/\partial N$ gilt, kann man den entlang der Ordinate abgetragenen Reallohn durch die Größe $\partial F/\partial N$ ersetzen. Man erhält dann die erste Ableitung der Produktionsfunktion in Abhängigkeit vom Arbeitseinsatz.

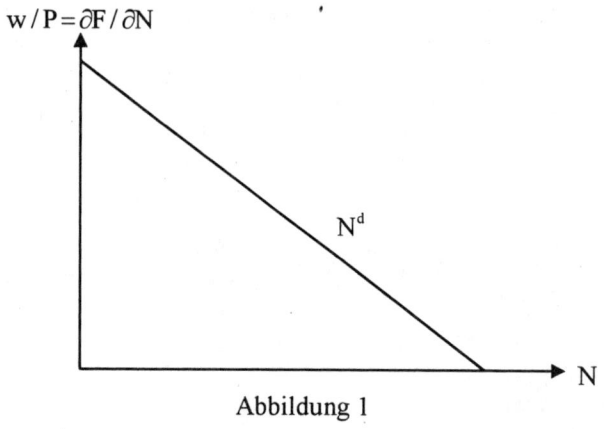

Abbildung 1

F9. Ja. K ist der Kapitalbestand, P·K der Wert des Kapitals. Da alle Investitionen außenfinanziert werden, ist die Verschuldung des Unternehmens B=P·K. Auf die Schuld müssen jährlich Zinsen vom Betrage i·B=i·P·K gezahlt werden; dies sind die Kapitalkosten.

F10. Richtig ist Antwort c). Der optimale Kapitaleinsatz ist unabhängig vom Preisniveau, weil sich sowohl der Grenzerlös ($P\cdot\partial F/\partial K\cdot dK^d$) als auch die Grenzkosten ($i\cdot P\cdot dK^d$) einer Kapitaleinheit verdoppeln, wenn das Preisniveau um 100 Prozent steigt. — Eine intuitive Erklärung lautet folgendermaßen: Im makroökonomischen Modell gibt es nur ein Gut, das zugleich als Konsumgut und Investitionsgut verwendet wird. Steigt dessen Preis, so wird einerseits der Preis des Absatzgutes zunehmen; aber andererseits werden die zu kaufenden Kapitalgüter in gleicher Weise teurer. Folglich ändert sich der optimale Kapitalbestand nicht. — Anders wäre es bei Annahme einer positiven Kreuzableitung der Produktionsfunktion: Hier würde aufgrund des sinkenden Reallohns der Arbeitseinsatz ausgedehnt, weshalb wegen $\partial^2 F/(\partial N\partial K)>0$ die Grenzproduktivität des Kapitals zunehmen und folglich auch der Kapitaleinsatz vermehrt würde.

F11. Richtig ist Antwort a). Sparen (als Kauf von Wertpapieren) und Horten (von Geldbeständen) werden sprachlich scharf voneinander getrennt, weil sie ganz verschiedene ökonomische Wirkungen haben. Kapitalgüter werden im Neoklassischen Modell nur von Unternehmen gekauft, nicht von Haushalten. Anders bei den Klassikern, die Sparen und Investieren oft als ein und denselben Vorgang betrachteten.

F12. Nein. Ganz im Gegenteil bestimmt der Haushalt sein Realeinkommen weitgehend selbst, indem er sein Arbeitsangebot und seine Ersparnis wählt. Exogen für den Haushalt sind lediglich der Lohn, das Preisniveau, der Zins und das Gewinneinkommen.

F13. Nein. Realistisch ist vielmehr ein inverser Zusammenhang zwischen Reallohn und Arbeitsangebot. Im Verlauf der letzten hundert Jahre haben sich in Deutschland die Reallöhne ungefähr versechsfacht, während die durchschnittliche Arbeitszeit massiv zurückgegangen ist. Allerdings beruhen die Ergebnisse der dargebotenen Theorie nicht wesentlich auf dieser Annahme.

F14. Nein. Ein Reallohn unterhalb von $(w/P)^*$ bedeutet, dass die Grenzproduktivität der Arbeit den Reallohn übersteigt. Folglich werden einzelne Unternehmen zusätzliche Arbeitskräfte nachfragen, um damit ihren Gewinn zu erhöhen. Dies hält solange an, bis der Reallohn auf $(w/P)^*$ gestiegen ist. Alles andere verstößt gegen die Gewinnmaximierungshypothese.

F15. Ja. Dies folgt unmittelbar aus der Bedingung für ein Gewinnmaximum: $i = \partial F / \partial K$. Bei steigendem Zins werden die Unternehmen den Kapitaleinsatz verringern, bis die Kapitalproduktivität wieder dem Zins entspricht. Dieses Prinzip gilt einzelwirtschaftlich wie volkswirtschaftlich.

F16. Richtig ist Antwort c). Nach dem Gesetz von Walras addieren sich die Überschussnachfragen der drei Märkte des Modells notwendig zu Null. Auf ein Gütermarktgleichgewicht kann man deshalb nur schließen, wenn auf dem Arbeitsmarkt und dem Kapitalmarkt zugleich ein Gleichgewicht besteht. Die unter a) und b) genannten Bedingungen sind dagegen für sich genommen nicht hinreichend.

F17. Richtig ist Antwort c). Als Zahlungsmittel dient Geld zur Senkung der Transaktionskosten (oder Tauschkosten), und insofern ist seine Haltung rational. Nur eine darüber hinausgehende Wertaufbewahrungsfunktion wurde als unvernünftig angesehen.

F18. Richtig sind Antworten a) und b). Die Umlaufsgeschwindigkeit ist der Reziprokwert des Kassenhaltungskoeffizienten; letzterer ist folglich gleich 1/6 Jahr oder 2 Monate [Antwort a)]. Formt man $M \cdot 6 = P \cdot Y$ um zu $M/(P \cdot Y) = 1/6$, so wird klar, dass die Wirtschaftssubjekte ein Sechstel ihres Jahreseinkommens in Form von Kasse halten [Antwort b)].

F19. Richtig ist Antwort c). Geldmenge und Nominaleinkommen beeinflussen zwar die Kassenhaltung, aber nicht den Kassenhaltungskoeffizienten. Ein entscheidendes Merkmal der Quantitätstheorie ist, dass die Kassenhaltung als zinsunabhängig angenommen wird.

F20. Richtig ist Antwort b). Die Nominalkasse ist für die Wirtschaftssubjekte ein Datum, weil zwar ein einzelner seine Kassenhaltung verändern kann, nicht aber alle Wirtschaftssubjekte im Aggregat. Denn wenn der A dem B fünf Euro gibt, bleibt die gesamte Kassenhaltung dieselbe.

F21. Nein. Das Realeinkommen Y ist die physische Güterproduktion. Bei einer Geldmengenerhöhung und steigenden Preisen bleibt diese Größe, das ist die Essenz der Quantitätstheorie, unverändert. Zwar muss jetzt jeder beim Kauf höhere Preise bezahlen, aber ebenso erhält er für den Verkauf von Gütern (und Arbeit) mehr Geld. Das Realeinkommen bleibt dasselbe.

F22. Richtig ist Antwort c). Wenn Sie diese Frage falsch beantwortet haben, sollten Sie unbedingt den entsprechenden Abschnitt des Lehrbuches wiederholen!

F23. Ja. Umstritten ist die Geltung der Quantitätstheorie, derzufolge eine Geldmengenerhöhung nur Preissteigerungen nach sich zieht. Die Quantitätsgleichung hingegen ist eine Identität, nämlich eine implizite Definition der Umlaufgeschwindigkeit des Geldes.

F24. Richtig ist Antwort a). Der Ausdruck Theorem (= abgeleitete Schlussfolgerung) besagt schon, dass es sich hierbei nicht um eine Voraussetzung handeln kann. Ginge es um ex post-Identitäten, dann wäre das Theorem nichtssagend und auch nicht umstritten.

F25. Nein. Dieser Lehrsatz besagt nur, dass Angebot und Nachfrage sich gesamtwirtschaftlich ausgleichen. Auf Einzelmärkten hingegen können aufgrund von Fehlplanungen oder administrierten Preisen sehr wohl Ungleichgewichte auftreten.

F26. Nein. Die Aussage, dass sich bei funktionierenden Märkten auf Dauer Vollbeschäftigung ergibt, ist keine Annahme des Klassisch-Neoklassischen Modells, sondern eine aus diesem Modell abgeleitete Schlussfolgerung. Es würde auch wenig Sinn machen, solche Dinge "anzunehmen"; dann ließen sich ja Wirtschaftswachstum, Preisstabilität usw. ebenfalls "annehmen", und alle Probleme wären gelöst.

F27. Ja. Aus dem Gleichungssystem (C.1) bis (C.5) im Lehrbuch folgt, dass die realen Größen des Modells unabhängig von den Geldgrößen sind.

F28. Richtig ist Antwort b). Dies ist eine besonders einfache Anwendung des Gesetzes von Walras: Aus einem Modell mit zwei Märkten lässt sich nur ein relativer Preis bestimmen.

Lösung der Übungsaufgaben

A1. Das Y steht für engl. yield — der Ertrag. Die Variable repräsentiert folglich die realisierte Produktionsmenge, die definitionsgemäß mit der Summe der Arbeits-, Zins- und Gewinneinkommen übereinstimmt. Zweitens kann Y für das geplante Güterangebot (im Lehrbuch: Y^s) stehen, drittens für die geplante Güternachfrage (Y^d).

A2. Es ist die Annahme, dass alle Investitionen durch Ausgabe von Schuldverschreibungen außenfinanziert werden. — Betrachten Sie ein Unternehmen, das Maschinen im Wert von P·I=1.000,- kauft. Würden davon 200,- aus dem laufenden Gewinn und 800,- durch Wertpapieremission finanziert, dann wäre P·I offenbar verschieden von der Finanzkapitalnachfrage. Nimmt man hingegen an, was ökonomisch auf dasselbe hinausläuft, dass der Gewinn erst an die Haushalte ausgeschüttet und sodann vom Unternehmen neu geborgt wird, dann ergibt sich die genannte Übereinstimmung von Investitionsgüter- und Finanzkapitalnachfrage, welche die Darstellung wesentlich vereinfacht.

A3. Für die Ableitungen ergibt sich nach den üblichen Regeln:

$$\partial F/\partial N = \alpha \cdot N^{\alpha-1} \cdot K^{1-\alpha} > 0,$$

$$\partial F/\partial K = (1-\alpha) \cdot N^{\alpha} \cdot K^{-\alpha} > 0,$$

$$\partial^2 F/\partial N^2 = (\alpha^2-\alpha) \cdot N^{\alpha-2} \cdot K^{1-\alpha} < 0,$$

$$\partial^2 F/\partial K^2 = (\alpha^2-\alpha) \cdot N^{\alpha} \cdot K^{-\alpha-1} < 0,$$

$$\partial^2 F/(\partial N \partial K) = \partial^2 F/(\partial K \partial N) = (\alpha-\alpha^2) \cdot N^{\alpha-1} \cdot K^{-\alpha} > 0.$$

Alle Vorzeichen erweisen sich als eindeutig, wenn Sie bedenken, dass N, K unabhängig vom Exponenten positiv sind und $\alpha^2-\alpha$ wegen $\alpha<1$ negativ ist. Folglich genügt die Cobb-Douglas-Funktion nicht der Annahme einer verschwindenden Kreuzableitung; ihre Kreuzableitung ist vielmehr positiv. Würde man jedoch das Multiplikationszeichen in dieser Funktion durch ein Additionszeichen ersetzen, dann ergäbe sich eine allen Annahmen genügende Produktionsfunktion.

A4. Mit dem Ergebnis aus der Aufgabe A3 folgt durch Einsetzen von $1/Y=N^{-\alpha} \cdot K^{-(1-\alpha)}$

$$\partial Y/\partial N \cdot N/Y = \alpha \cdot N^{\alpha-1} \cdot K^{1-\alpha} \cdot N \cdot N^{-\alpha} \cdot K^{-(1-\alpha)} = \alpha.$$

Somit ist α die Produktionselastizität in bezug auf den Faktor Arbeit: Wird der Arbeitseinsatz um ein Prozent erhöht, so steigt der Output um weniger als ein Prozent, weil α annahmegemäß kleiner Eins ist.

A5. Man kann die Güterangebotsfunktion etwas ausführlicher als $Y^s=Y^s[N^d(w/P)]$ schreiben: die geplante Produktion hängt ab von der geplanten Arbeitsnachfrage und diese wiederum vom Reallohn. Die Annahmen a) einer Neoklassischen Produktionsfunktion und b) der Konstanz des Kapitalbestandes in der laufenden Periode sind hinreichend für die Herleitung. Annahme a) schließt fallende Grenzerträge des Faktors Arbeit ein, weshalb Arbeitsnachfrage und Güterangebot mit steigendem Reallohn abnehmen. Annahme b) garantiert, dass das laufende Güterangebot nur vom Reallohn als exogener Variable und nicht vom Zins abhängt.

A6. Zuerst ist die Gewinnfunktion aufzustellen (beachten Sie, dass 10% gleich 0,1 ist!) und nach den Variablen N und K abzuleiten. Durch Nullsetzen der Ableitungen ergeben sich die Werte für den Arbeits- und Kapitaleinsatz:

$$\pi = 6 \cdot (N^{0,75} + K^{0,5}) - 1,5 \cdot N - 6 \cdot 0,1 \cdot K,$$

$$\partial\pi/\partial N = 4,5 \cdot N^{-0,25} - 1,5 = 0 \quad \Rightarrow \quad N = 81,$$

$$\partial\pi/\partial K = 3 \cdot K^{-0,5} - 0,6 = 0 \quad \Rightarrow \quad K = 25.$$

Das Güterangebot ergibt sich durch Einsetzen des gefundenen Wertes von N und des Anfangskapitalbestandes in die Produktionsfunktion (es darf nicht der Endkapitalbestand genommen werden, weil sich der Kapazitätseffekt annahmegemäß erst in der Folgeperiode bemerkbar macht). Die Investitionsnachfrage ist die Differenz zwischen End- und Anfangskapitalbestand:

$$Y^s = 81^{0,75} + 16^{0,5} \quad \Rightarrow \quad Y^s = 31,$$

$$I = K - K_0 = 25 - 16 \quad \Rightarrow \quad I = 9.$$

Haben Sie vielleicht $Y^s=32$ statt 31 ausgerechnet? Bedenken Sie: In die Produktionsfunktion muss der Anfangskapitalbestand $K_0=16$ eingesetzt werden, weil Investitionen annahmegemäß erst in der folgenden Periode die Produktion erhöhen.

A7. Aus den Grenzproduktivitätsregeln sowie den in der Lösung zur Aufgabe A3 abgeleiteten Ergebnissen erhält man durch Potenzieren und Auflösen:

$$\partial F/\partial N = \alpha \cdot N^{\alpha-1} \cdot K^{1-\alpha} = w/P \quad \Rightarrow \quad N^d = [w/(P \cdot \alpha)]^{1/(\alpha-1)} \cdot K.$$

$$\partial F/\partial K = (1-\alpha)\cdot N^{\alpha}\cdot K^{-\alpha} = i \quad \Rightarrow \quad K^d = [i/(1-\alpha)]^{-1/\alpha}\cdot N.$$

Die Elastizitäten $\partial N^d/\partial(w/P)\cdot(w/P)/N^d$ und $\partial K^d/\partial i\cdot i/K^d$ errechnen sich durch Ableiten dieser beiden Ergebnisse und Multiplikation. Es resultieren die beiden überraschend einfachen Formen

$$\partial N^d/\partial(w/P)\cdot(w/P)/N^d = 1/(\alpha-1) \quad \text{und} \quad \partial K^d/\partial i\cdot i/K^d = -1/\alpha.$$

Wegen $0<\alpha<1$ sind diese beiden Ausdrücke betragsmäßig größer Eins, und es lässt sich der wichtige Schluss ziehen, dass Arbeits- und Kapitalnachfrage bei Cobb-Douglas-Produktionsfunktionen elastisch reagieren. Das heißt, wenn der Lohn um ein Prozent steigt, geht die Arbeitsnachfrage um mehr als ein Prozent zurück; und wenn der Zins um ein Prozent steigt, vermindert sich die Kapitalnachfrage um mehr als ein Prozent.

A8. Bei Zahlung von Subventionen sieht die Gewinnfunktion des Unternehmens wie folgt aus:

$$\pi = P\cdot F(N) - w\cdot N + q\cdot N.$$

Leiten wir diese Funktion nach N ab und setzen das Ergebnis gleich null, erhalten wir die Gewinnmaximierungsbedingung

$$d\pi/dN = P\cdot dF(N)/dN - w + q = 0,$$

die die modifizierte Grenzproduktivitätsregel

$$dF(N)/dN = (w-q)/P$$

impliziert. Aus dieser Grenzproduktivitätsregel können wir ablesen, wie die Arbeitsnachfrage auf die Einführung der Subvention reagiert. Durch die Subvention reduzieren sich die Grenzkosten der Arbeit: sie haben jetzt statt einer Höhe von w/P nur noch eine Höhe von (w–q)/P. Als Folge dieser Reduktion muss sich auch die Grenzproduktivität der Arbeit dF(N)/dN verringern, andernfalls operiert das Unternehmen nicht im Gewinnmaximum. Ein Rückgang der Grenzproduktivität der Arbeit ist aber nur möglich, wenn das Unternehmen den Arbeitseinsatz ausweitet. Also führt die Einführung der Subventionen zu einer Erhöhung der Arbeitsnachfrage.

A9. Es ist die Annahme, dass der Substitutionseffekt einer Zinsänderung den Einkommenseffekt dominiert. — Die Ersparnis ist Ergebnis einer Wahl zwischen Gegenwartsgütern ("Konsum heute") und Zukunftsgütern ("Konsum morgen"). Ein Zinsanstieg hat zweierlei Wirkungen: Erstens werden Gegenwartsgüter relativ teurer im Vergleich zu Zukunftsgütern (Substitutionseffekt), zweitens steigt das Zins- und damit das Gesamteinkommen des Haushaltes (Einkommenseffekt). Aufgrund der ersten Wirkung erhöht der Haushalt seine Ersparnis, aufgrund der zweiten vermindert er sie, weil mehr

Einkommen normalerweise mehr "Konsum heute" und damit eine geringere Ersparnis bedeutet. Überwiegt also der Substitutionseffekt, dann besteht ein positiver Zusammenhang zwischen Zins und Ersparnis.

A10. Um die Sparfunktion und die Konsumfunktionen zu finden, lösen wir zunächst die Budgetrestriktionen nach C_1 und C_2 auf:

$$C_1 = 1 - S, \quad C_2 = (1+i) \cdot S.$$

Die nach C_1 und C_2 aufgelösten Budgetrestriktionen setzen dann wir in die Nutzenfunktion ein, leiten das Ergebnis nach S ab und setzen die Ableitung gleich null:

$$U = \sqrt{(1-S)} + \sqrt{[(1+i) \cdot S]},$$

$$dU/dS = -1/[2 \cdot \sqrt{(1-S)}] + (1+i)/\{2 \cdot \sqrt{[(1+i) \cdot S]}\} = 0.$$

Nun lösen wir die so erhaltene Nutzenmaximierungsbedingung nach S auf, was uns auf die Sparfunktion

$$S = (1+i)/(2+i)$$

führt. Wenn wir schließlich die Sparfunktion in die nach C_1 und C_2 aufgelösten Budgetrestriktionen einsetzen, erhalten wir die Konsumfunktionen

$$C_1 = 1 - (1+i)/(2+i), \quad C_2 = (1+i)^2/(2+i).$$

Wie im Lehrbuch dargelegt, hängen Ersparnis und Konsum vom Zinssatz i ab.

A11. Die Budgetrestriktionen sehen jetzt wie folgt aus:

$$C_1 = 1 - S - B, \quad C_2 = (1+i) \cdot S + R.$$

Die Sparfunktion ergibt sich wie in der Aufgabe A10 aus der Maximierung der Nutzenfunktion unter Beachtung der veränderten Budgetrestriktionen:

$$U = \sqrt{(1-S-B)} + \sqrt{[(1+i) \cdot S+R]},$$

$$dU/dS = -1/[2 \cdot \sqrt{(1-S-B)}] + (1+i)/\{2 \cdot \sqrt{[(1+i) \cdot S+R]}\} = 0,$$

$$S = (1+i)/(2+i) \cdot (1-B) - R/[(1+i) \cdot (2+i)].$$

Wie die Sparfunktion zeigt, sinkt die Ersparnis, wenn der Beitrag steigt. Grund: Ein Anstieg des Beitrags reduziert das Einkommen der ersten Lebensperiode, was den Haushalt dazu veranlasst, sowohl den Konsum aus Periode 1 als auch den Konsum aus Periode 2 zurückzunehmen. Letzteres ist mit einem Rückgang der Ersparnis verbunden.

A12. Zur Ermittlung der Arbeitsangebotsfunktion setzen wir die nach C aufgelöste Budgetrestriktion in die Nutzenfunktion ein, leiten nach N ab, setzen das Resultat gleich null und lösen nach N auf:

$$U = (w/P \cdot N)^\beta + (1-N)^\beta,$$

$$dU/dN = \beta \cdot (w/P \cdot N)^{\beta-1} \cdot w/P - \beta \cdot (1-N)^{\beta-1} = 0,$$

$$N^s = 1/[1+(w/P)^{\beta/(\beta-1)}].$$

Wie das Ergebnis zeigt, steigt das Arbeitsangebot nach einer Reallohnerhöhung, falls $\beta < 1$; falls $\beta > 1$, sinkt das Arbeitsangebot, wenn der Reallohn erhöht wird. Die Abhängigkeit der Reaktion des Arbeitsangebots von dem Parameter β spiegelt zwei gegenläufige Effekte einer Reallohnerhöhung wider. Einerseits verteuert die Reallohnerhöhung die Freizeit, die daraufhin weniger nachgefragt und durch Konsum substituiert wird (Substitutionseffekt). Andererseits führt die Reallohnerhöhung zu einem höheren Einkommen, was die Nachfrage nach allen normalen Gütern und somit auch nach Freizeit erhöht (Einkommenseffekt). Im Normalfall geht man davon aus, dass der Substitutionseffekt den Einkommenseffekt dominiert; dann geht die Freizeitnachfrage nach einer Reallohnerhöhung insgesamt zurück und das Arbeitsangebot steigt (dieser Fall liegt vor, wenn $\beta < 1$). Wenn hingegen der Einkommenseffekt den Substitutionseffekt dominiert, nimmt die Freizeitnachfrage zu und das Arbeitsangebot geht zurück (dieser Fall liegt vor, wenn $\beta > 1$). — Die Konsumfunktion erhalten wir, indem wir die Arbeitsangebotsfunktion in die nach C aufgelöste Budgetrestriktion einsetzen:

$$C = (w/P)/[1+(w/P)^{\beta/(\beta-1)}].$$

Wir erkennen, dass die Konsumfunktion hier nicht wie im Klassisch-Neoklassischen Lehrbuchmodell von dem Zinssatz i abhängt, sondern vom Reallohn w/P.

A13. Gefragt war nach der Elastizität von $(1-N)/C$ in Bezug auf w/P, $d[(1-N)/C]/d[w/P] \cdot [w/P]/[(1-N)/C]$. Um diese zu ermitteln, setzen wir zunächst die in A12 errechneten Funktionen für das Arbeitsangebot und den Konsum in $(1-N)/C$ ein und vereinfachen:

$$(1-N)/C = (w/P)^{1/(\beta-1)}.$$

Dann setzen wir den so erhaltenen Ausdruck beziehungsweise seine erste Ableitung nach w/P in die Definition der Elastizität ein und vereinfachen abermals:

$$d[(1-N)/C]/d[w/P] \cdot [w/P]/[(1-N)/C] = 1/(\beta-1).$$

Wir erkennen, dass die gesuchte Elastizität, die auch "Substitutionselastizität" oder im Englischen "elasticity of substitution" genannt wird, konstant ist. Eine konstante Substitutionselastizität ergibt sich nur bei Nutzenfunktionen vom Typ $U=(w/P \cdot N)^{\beta}+(1-N)^{\beta}$, weshalb diese Funktionen auch CES-Nutzenfunktion genannt werden, wobei CES als Abkürzung für "constant elasticity of substitution" steht.

A14. Bei gegebener Bevölkerung ist die Maximierung des durchschnittlichen Pro-Kopf-Einkommens identisch mit der Maximierung des Gesamteinkommens. Das gesamte Realeinkommen Y hängt in der laufenden Periode nur von der Beschäftigung ab und wächst mit steigender Beschäftigung: $Y=F(N)$. Folglich muss man fragen, ob die Beschäftigung vom Reallohn abhängt und welcher Reallohn die Beschäftigung maximiert. Aus Abbildung 2 geht hervor, dass dies der Gleichgewichtslohn $(w/P)^{*}$ ist. Neben der Arbeitsnachfrage- und der Arbeitsangebotsfunktion ist dort fett eine Beschäftigungslinie eingezeichnet, die zu jedem Reallohn die daraus resultierende Beschäftigung angibt. Sowohl bei einem höheren als auch bei einem niedrigeren Reallohn als $(w/P)^{*}$ ist die Beschäftigung geringer als N^{*}, weil sich in diesen Fällen die "kürzere" Marktseite durchsetzt. Deshalb maximiert der Gleichgewichtslohn $(w/P)^{*}$ das durchschnittliche reale Pro-Kopf-Einkommen.

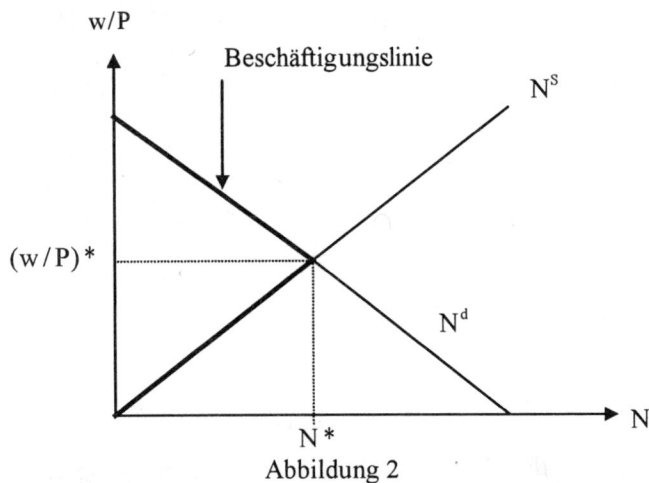

Abbildung 2

A15. Wie in Abbildung 3 gezeigt, verdreht sich die Produktionsfunktion bei arbeitsvermehrendem technischen Fortschritt nach links oben. Man erkennt aus dieser Graphik sofort, dass die resultierende Funktion an jeder Stelle eine größere Steigung (Grenzproduktivität der Arbeit) aufweist. Der Reallohn $(w/P)^*$, der mit der Grenzproduktivität der Arbeit im Gewinnmaximum übereinstimmt, muss folglich steigen.

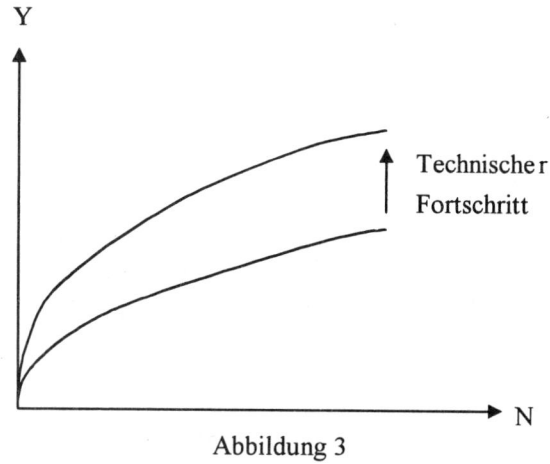

Abbildung 3

Bezüglich des Arbeitsmarktes ergibt sich eine Rechtsverschiebung der Arbeitsnachfragefunktion: die Unternehmen sind bereit, bei jeder Beschäftigung einen höheren Reallohn zu zahlen, weil die Arbeitsproduktivität gestiegen ist. Deshalb nimmt die Beschäftigung zu und ebenso das Realeinkommen.

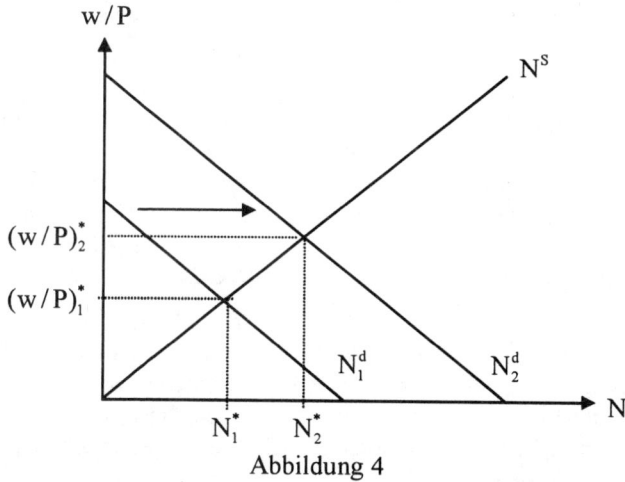

Abbildung 4

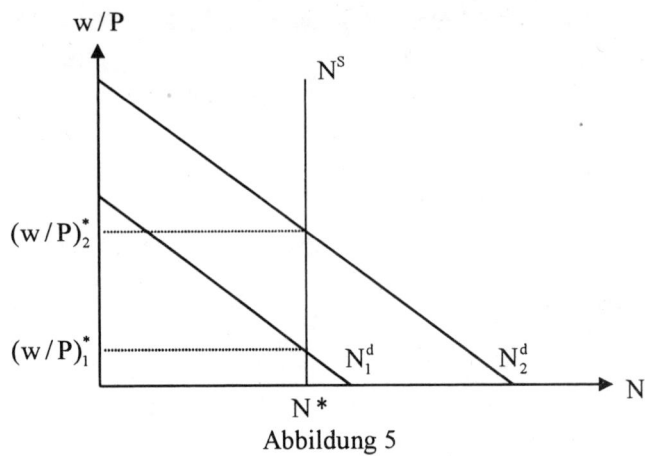

Abbildung 5

Die Beschäftigung würde unverändert bleiben, wenn die Arbeitsangebots-kurve einen senkrechten Verlauf hätte. In diesem Fall, der in Abbildung 5 dargestellt ist, würden lediglich der Reallohn und das Realeinkommen zu-nehmen; letzteres deshalb, weil annahmegemäß mit jeder gegebenen Be-schäftigung ein höherer Output als zuvor erzeugt werden kann. — In den Abbildungen haben wir aus Gründen der Vereinfachung die Arbeitsange-bots- und die Arbeitsnachfragekurven als Geraden gezeichnet. Dass die Kurven linear sind, ist allerdings nicht zwingend; im Allgemeinen wird es so sein, dass die Kurven einen nichtlinearen Verlauf haben.

A16. Eine leichte Schlussfolgerung: In jedem Punkt entlang der Kapital-nachfragekurve sind Zins und Grenzproduktivität des Kapitals gleich; das Kapitalmarktgleichgewicht ist ein Punkt auf der Kapitalnachfragekurve; also sind dort Zins und Grenzproduktivität gleich. Der erste Satz dieser Schlusskette folgt direkt aus der Konstruktion der Kapitalnachfragekurve: Sie bildet alle gewinnmaximalen Kombinationen von Zins und Investitions-nachfrage ab, also alle jene, bei denen nach der Grenzproduktivitätsregel Zins und Grenzproduktivität des Kapitals übereinstimmen.

A17. Die Anpassungsprozesse beruhen wesentlich auf der Annahme voll-ständiger Konkurrenz, wobei kein Marktteilnehmer glaubt, den Gleichge-wichtspreis beeinflussen zu können. Was den Arbeitsmarkt angeht, ist diese Annahme sicherlich nicht wirklichkeitsnah, weil die Löhne in der Realität größtenteils von einem bilateralen Kartell (Arbeitgeberverbände und Ge-werkschaften) ausgehandelt werden. Die Kapitalmärkte hingegen kommen dem Ideal des vollkommenen Marktes recht nahe; deshalb sind dort auch kaum anhaltende Überschussnachfragen oder -angebote beobachtbar. Es ist kein Zufall, dass Walras durch die Börse zu seinem Auktionatormodell inspiriert wurde.

A18. Die Dimension des Kassenhaltungskoeffizienten kann aus der Cambridge-Gleichung M=k·P·Y abgeleitet werden. Diese Gleichung impliziert k=M/(P·Y) oder, in Dimensionen ausgedrückt,

[k] = Geldeinheit/(Geldeinheit/Gütereinheit·Gütereinheit/Zeiteinheit).

Daraus folgt durch Kürzen, dass der Kassenhaltungskoeffizient in Zeiteinheiten gemessen wird. Um die Dimension der Umlaufsgeschwindigkeit zu ermitteln, verwenden wir die Definition v=1/k bzw.

[v] = 1/Zeiteinheit.

Wir erkennen, dass die Umlaufsgeschwindigkeit die Dimension 1/Zeiteinheit hat. Diese Dimension ist für eine "Geschwindigkeit" durchaus plausibel, genauso wie es nicht ungewöhnlich ist, dass der Kassenhaltungskoeffizient die Dimesion Zeiteinheit hat.

A19. Im allgemeinen Gleichgewicht entspricht das Realeinkommen Y dem geplanten Güterangebot Y^s. Das Güterangebot wiederum hängt nur vom Reallohn w/P ab, und letzterer wird durch den Schnittpunkt von Arbeitsangebots- und Arbeitsnachfragekurve bestimmt. Nimmt die Geldmenge zu, so steigt zunächst das Preisniveau, gleichzeitig aber der Nominallohn, weil sonst am Arbeitsmarkt ein Nachfrageüberschuss entstünde. Der Reallohn hingegen bleibt unter der Bedingung $N^d=N^s$ unverändert und folglich auch das Güterangebot und das Realeinkommen.

A20. Gefragt war nach dem Cambridge-Effekt. Er lässt sich schematisch folgendermaßen darstellen: Höhere Geldmenge (Kassenbestände) → höhere Güternachfrage → (konstantes Güterangebot) → steigende Preise → sinkende reale Geldmenge. Der Anpassungsprozeß ist abgeschlossen, wenn die Realkasse M/P auf ihren ursprünglichen Wert gesunken ist.

A21. a) Voraussetzung für die Geltung des Sayschen Theorems ist in der Tat, dass nicht alle Wirtschaftssubjekte in jeder Hinsicht gesättigt sind. Denn die Begründung des Theorems lautet, dass jeder nur deshalb etwas anbietet, weil er gleichzeitig plant, etwas anderes nachzufragen. Dies ist bei allgemeiner Sättigung nicht der Fall. b) Allgemeine Sättigung ist nicht ökonomisch problematisch, sondern ganz im Gegenteil die Lösung aller ökonomischen Probleme. Der resultierende Zustand, bei dem die ökonomischen Bedürfnisse eines jeden voll befriedigt werden, ist keine Krise, sondern ein "Paradies".

A22. Bei einer Zunahme der Investitionsnachfrage wird die Ersparnis wegen S=I steigen. Wegen der Budgetbeschränkung Y=C+S indes wird die Konsumnachfrage um exakt denselben Betrag sinken, so dass die Gesamtnachfrage C+I und das Realeinkommen unverändert bleiben. Im Klassisch-Neoklassischen Modell haben Investitionen also keinen Nachfrageeffekt. Sie bewirken erst in späteren Perioden eine Zunahme des Realeinkommens, weil der dann größere Kapitalbestand eine höhere Produktion erlaubt (Kapazitätseffekt).

A23. a) Die reale Lohnsumme muss nach dem Reallohn abgeleitet werden, wenn man etwas über ihre Veränderung aussagen will. Durch Anwendung der Produktregel ergibt sich:

$$\partial(w/P \cdot N)/\partial(w/P) = 1 \cdot \overset{*}{N} + w/P \cdot \partial N/\partial(w/P) = N \cdot (1+\varepsilon),$$

wobei ε die Elastizität der Arbeitsnachfrage $\partial N^d/\partial(w/P) \cdot (w/P)/N^d$ ist. Diese Ableitung ist positiv, d.h. die reale Lohnsumme nimmt zu, wenn ε betragsmäßig kleiner Eins, die Arbeitsnachfrage also unelastisch ist (denn nur dann ist $1+\varepsilon>0$). Reagiert die Arbeitsnachfrage aber elastisch, so geht die Lohnsumme bei einer Reallohnerhöhung zurück: Mit $\varepsilon=-2$ etwa würde bei einer einprozentigen Reallohnerhöhung die Arbeitsnachfrage um zwei Prozent vermindert und die reale Lohnsumme $w/P \cdot N$ entsprechend sinken. b) Die Änderung des Realeinkommens lässt sich mittels der Produktionselastizität in bezug auf den Faktor Arbeit $(\partial Y/\partial N \cdot N/Y)$ bestimmen. Angenommen, diese Elastizität sei 0,25: Dann wird bei einer einprozentigen Verminderung des Arbeitseinsatzes (infolge der Reallohnzunahme) der Output um 0,25 Prozent sinken. c) Bei Annahme einer Cobb-Douglas-Produktionsfunktion sinkt die Arbeitsnachfrage infolge einer einprozentigen Reallohnerhöhung um $1/(1-\alpha)$ Prozent; dieser Wert wurde in Aufgabe A7 für die Elastizität der Arbeitsnachfrage errechnet. Mit der Produktionselastizität in Höhe von α (Lösung zu Aufgabe A4) resultiert durch Multiplikation, dass der Output um $\alpha/(1-\alpha)$ sinken muss. Addiert man die Reallohnzunahme (1 Prozent) zur Verminderung der Arbeitsmenge (nämlich $1/(1-\alpha)$ Prozent), so zeigt sich, dass die reale Lohnsumme um $\alpha/(1-\alpha)$ Prozent sinkt. Weil reale Lohnsumme und Realeinkommen also beide um $\alpha/(1-\alpha)$ sinken, bleibt die Lohnquote $(w/P \cdot N)/Y$ unverändert. Dieses Ergebnis lässt sich alternativ begründen, indem man $\partial Y/\partial N=w/P$ in die Lohnquotenformel einsetzt: Es ergibt sich, dass die Lohnquote der Produktionselastizität des Faktors Arbeit $(\partial Y/\partial N \cdot N/Y)$ entspricht; in Aufgabe A4 zeigte sich aber, dass diese Elastizität konstant gleich α ist. Somit gelangt man zu den sehr interessanten Resultaten, dass bei einer Cobb-Douglas-Produktionsfunktion a) eine quasi naturgesetzlich bestimmte Einkommensverteilung resultiert und b) die reale Lohnsumme bei einer Erhöhung des Reallohns stets zurückgeht.

A24. Die Arbeitsnachfragefunktion ist in der Aufgabenstellung nicht gegeben und muss deshalb aus Produktionsfunktion und Grenzproduktivitätsregel berechnet werden:

$$\partial F/\partial N = 0{,}5 \cdot N^{-0{,}5} = w/P \quad \Rightarrow \quad N^d = 1/(2 \cdot w/P)^2.$$

Durch Gleichsetzung von Arbeitsnachfrage und Arbeitsangebot ergeben sich nun Reallohn und Beschäftigung:

$$N^d = N^s \quad \Rightarrow \quad 1/(2 \cdot w/P)^2 = 16 \cdot w/P \quad \Rightarrow \quad (w/P)^* = 0{,}25, \quad N^* = 4.$$

Aus der Produktionsfunktion $Y = N^{0{,}5}$ folgt sofort $Y^* = 2$. Das Preisniveau ergibt sich aus der Quantitätsgleichung:

$$M = k \cdot P \cdot Y \quad \Rightarrow \quad 8 = 1/6 \cdot P \cdot 2 \quad \Rightarrow \quad P^* = 24, \quad w^* = 6.$$

Der Zins lässt sich durch Gleichsetzung von Ersparnis und Investition berechnen:

$$S = I \quad \Rightarrow \quad 15 \cdot i = 1 - 10 \cdot i \quad \Rightarrow \quad i^* = 4\%.$$

Der Konsum schließlich ergibt sich als Differenz von Realeinkommen und Ersparnis:

$$C = Y - S \quad \Rightarrow \quad C = 2 - 15 \cdot 0{,}04 \quad \Rightarrow \quad C^* = 1{,}4.$$

A25. Das Gesetz von Walras, demzufolge sich die Überschussnachfragen aller Märkte zu Null addieren, gilt auch außerhalb eines allgemeinen Gleichgewichtes. Es gilt auch dann, wenn der Preismechanismus außer Kraft gesetzt wird oder aus anderen Gründen Marktungleichgewichte bestehen. Sie müssen bedenken, dass zur Begründung dieses Gesetzes nur die Budgetrestriktionen der Individuen herangezogen werden und kein Gebrauch von Gleichgewichtsbedingungen gemacht wird.

Kapitel V. Die Keynesianische Theorie

Verständnisfragen

F1. Ist das Aufkommen der Keynesianischen Theorie damit zu erklären, dass die Klassisch-Neoklassische Lehre durch die Große Depression widerlegt wurde?

F2. Besteht über den Inhalt von Keynes' "General Theory of Employment, Interest and Money" eine einhellige Meinung?

F3. Versteht man unter "Keynesianischer Theorie" die Lehre der "General Theory"?

F4. Was meint man mit dem Begriff "effektive Nachfrage" in der wirtschaftswissenschaftlichen Literatur: a) den Bedarf der Bevölkerung, b) die aggregierte Güternachfrage, wie sie am Markt geäußert wird, c) keine dieser beiden Größen?

F5. Unterscheidet sich die Keynesianische Theorie von der Klassisch-Neoklassischen nach herrschender Auffassung vor allem durch a) eine andere Investitionstheorie, b) den Verzicht auf die Annahme der Gewinnmaximierung, c) eine anders spezifizierte Konsumfunktion, d) eine andere Geldnachfragetheorie, e) die Möglichkeit starrer Löhne und Preise?

F6. Ist die Keynesianische Konsumfunktion eine Beziehung zwischen a) realem Konsum und Zins, b) nominalem Konsum und Preisniveau, c) nominalem Konsum und Nominaleinkommen, d) keiner dieser Größen?

F7. Widerspricht die Keynesianische Konsumfunktion der Klassisch-Neoklassischen durch die Annahme, dass a) der Konsum zinsunabhängig ist, b) das Realeinkommen für den Haushalt gegeben ist, c) der Konsum nicht vom Preisniveau abhängt, d) der Konsum nicht vom Kassenbestand abhängt?

F8. Ist die Annahme eines zinsunabhängigen Konsums (und somit auch einer zinsunabhängigen Ersparnis) realistisch?

F9. Ist die marginale Konsumneigung das Verhältnis von realem Konsum und Realeinkommen?

F10. Was behauptet das Keynessche fundamental-psychologischen Gesetz: a) die durchschnittliche Konsumneigung nimmt mit steigendem Einkommen ab, b) die marginale Konsumneigung ist strikt positiv, c) der Konsum nimmt bei einer Einkommenserhöhung um eine Einheit um weniger als eine Einheit zu?

F11. Welche der folgenden Behauptungen trifft auf den autonomen Konsum, das heißt die Größe C_{aut} in der linearen Konsumfunktion $C=C_{aut}+C_Y \cdot Y$, zu: a) er entspricht dem Existenzminimum, b) er ist eine statistische Illusion, c) er spielt in der Keynesianischen Theorie eine wichtige Rolle?

F12. Sind der Begriff "Grenzleistungsfähigkeit des Kapitals" und der betriebswirtschaftliche Ausdruck "interner Zinsfuß" Synonyme?

F13. Wird die Investition innerhalb der Keynesianischen Theorie generell als zinsunelastisch betrachtet?

F14. Wird im Einkommen-Ausgaben-Modell dargestellt, wie das Realeinkommen und die gesamtwirtschaftliche Nachfrage a) vom Arbeitsmarkt her bestimmt werden, b) vom Geldmarkt her bestimmt werden, c) keine dieser Antworten ist richtig?

F15. Werden im Einkommen-Ausgaben-Modell die Investition und die Ersparnis durch Änderungen des Realeinkommens Y zur Übereinstimmung gebracht?

F16. Ist das Gleichgewicht im Einkommen-Ausgaben-Modell a) ein Gleichgewicht im methodischen Sinn, b) ein Gleichgewicht im theoretischen Sinn, c) ein Gleichgewicht im normativen Sinn, d) nichts von alledem?

F17. Wenn die Voraussetzungen des Einkommen-Ausgaben-Modells gegeben sind, die marginale Konsumneigung $C_Y=0{,}9$ beträgt, und die Investitionsnachfrage um 1 Einheit steigt, um wie viele Einheiten steigt dann der Konsum: a) 10 Einheiten, b) 9 Einheiten, c) 0,9 Einheiten?

F18. Ist die LM-Kurve eine wesentliche Innovation der Keynesschen "General Theory"?

F19. Hängt die reale Geldnachfrage laut Liquiditätspräferenztheorie unter anderem vom Preisniveau ab?

F20. Besteht zwischen dem Kurswert eines festverzinslichen Wertpapiers mit unendlicher Laufzeit und dem Marktzins a) ein positiver Zusammenhang, b) ein negativer Zusammenhang, c) kein systematischer Zusammenhang?

F21. Ist die Nachfrage eines Individuums nach Spekulationskasse eine stetige Funktion?

F22. Hat die LM-Kurve notwendig folgende Eigenschaften: a) sie verläuft durch den Ursprung, b) sie ist eine Gerade, c) sie hat eine positive Steigung?

F23. Bedeutet die Annahme einer negativen Zinselastizität der Geldnachfrage übertragen auf das Klassisch-Neoklassische Modell, dass die Zinselastizität der Umlaufsgeschwindigkeit des Geldes positiv ist.

F24. Wenn ein Punkt auf der IS-Kurve realisiert ist, a) stimmen dann Ersparnis und Investition überein, b) besteht dann ein Gleichgewicht auf dem Kapitalmarkt, c) stimmen Güterangebot und Güternachfrage überein?

F25. Angenommen sei ein Punkt links unterhalb des Schnittpunktes von IS- und LM-Kurve, also ein Ungleichgewicht. Lässt sich bezüglich der unmittelbaren Anpassungsreaktion voraussagen, dass a) das Realeinkommen zurückgehen und der Zins steigen wird, b) Realeinkommen und Zins beide zunehmen werden, c) die Reaktionen nicht eindeutig bestimmt sind?

F26. Besteht im Allgemeinen Keynesianischen Modell eine Dichotomie zwischen realem und monetärem Sektor?

F27. Verschiebt sich die Güternachfragekurve Y^d nach rechts, wenn a) das Preisniveau sinkt, b) die Geldmenge zunimmt, c) die Investitionserwartungen sich verbessern, d) der Reallohn sinkt.

F28. Gilt der von der Quantitätstheorie her geläufige Cambridge-Effekt auch im Allgemeinen Keynesianischen Modell?

F29. Gilt bei einer Investitionsfalle notwendig, dass a) der Vollbeschäftigungs-Reallohn besteht, b) die Unternehmen einen Punkt (N;Y) wählen, der sich auf der Produktionsfunktion befindet, c) die Grenzproduktivität der Arbeit dem Reallohn entspricht, d) Investition und Ersparnis übereinstimmen?

F30. Folgt man der Logik des Keynesianischen Modells, müsste dann eine Investitionsfalle in der Realität einhergehen mit a) fallenden Güterpreisen, b) fallendem Zins, c) fallenden Nominallöhnen, d) keines von alledem?

F31. Ist die Annahme starrer Löhne entscheidend für die Keynesianische Erklärung der Unterbeschäftigung?

F32. Besteht "Unterbeschäftigung" in einer Volkswirtschaft, a) wenn arbeitsfähige Personen nicht beschäftigt sind, b) wenn der Reallohn die Grenzproduktivität der Arbeit übersteigt, c) wenn die Arbeitslosenstatistik Arbeitslose ausweist, d) in keinem dieser Fälle?

F33. Welche Eigenschaften hat das Keynesianische Modell mit starren Löhnen: a) es gilt die makroökonomische Dichotomie, b) die Y^s-Kurve hat teilweise ein positive Steigung, c) es kommt notwendig zu Unterbeschäftigung?

Übungsaufgaben

A1. Laut Tabellenanhang im Jahresgutachten 2001/02 des Sachverständigenrates zur Begutachtung der gesamtwirtschaftlichen Entwicklung betrugen im Jahre 1999 das Bruttonationaleinkommen 3716,83, die privaten Konsumausgaben 2248,12 und die Nettoanlageinvestitionen 269,86 Mrd. DM. Die entsprechenden Werte für 2000 lauten: 3838,30, 2313,01 und 289,39 Mrd. DM. Berechnen Sie die Konsumquote, die Investitionsquote und die marginale Konsumneigung für das Jahr 2000. Welches Wirtschaftswachstum ergab sich im Jahre 2000?

A2. Eine empirisch geschätzte Konsumfunktion sei $C=40,0+0,85 \cdot Y$. Wie lautet die zugehörige Sparfunktion?

A3. Investor K. denkt, dass eine bestimmte Investition im Werte von 180.000 Euro über 5 Jahre einen konstanten Reinertrag von 40.000 Euro pro Jahr abwerfen wird, der jeweils am Jahresbeginn anfällt. Welche Grenzleistungsfähigkeit des Kapitals ordnet er dieser Investition zu? Wird er die Investition bei einem Zinssatz von 7 Prozent durchführen? Wird er sie bei einem Zinssatz von 4 Prozent durchführen?

A4. Ein Unternehmer überlegt, ob er in die Ausbildung junger Arbeitskräfte investieren soll. Die Kosten für die Einrichtung eines Ausbildungsplatzes haben eine Höhe von 2 Einheiten. Die mit einer auszubildenden Arbeitskraft verbundenen Nettoeinnahmen betragen $Q_1=1$, $Q_2=1$ und $Q_3=0,75$, wobei die Nettoeinnahmen jeweils am Anfang der Perioden 1, 2 und 3 anfallen. Berechnen Sie die (nicht-negative) Grenzleistungsfähigkeit R. Wird der Unternehmer Ausbildungsplätze zur Verfügung stellen, wenn der Marktzins 10 Prozent beträgt? Wie ändert sich die Entscheidung des Unternehmers, wenn er eine Erhöhung der Lohnnebenkosten erwartet, die Q_2 und Q_3 auf 0,5 senkt?

A5. Warum konvergiert die Grenzleistungsfähigkeit des Kapitals einer Volkswirtschaft stets gegen den Marktzins?

A6. Welche Gemeinsamkeiten und Unterschiede bestehen zwischen der Klassisch-Neoklassischen und der Keynesianischen Investitionstheorie?

A7. Der Student Paul vermutet, dass die Unternehmen aufgrund ihrer derzeitigen pessimistischen Geschäftserwartungen ihre Investitionsentscheidung nicht vom Marktzinssatz abhängig machen. Außerdem ist er der Auffassung, dass jeder Haushalt einen bestimmten Betrag konsumieren muss, auch wenn er kein Einkommen hat und er demzufolge entspart. Da er in der Wirtschaftswoche gelesen hat, die marginale Konsumneigung der Haushalte betrage konstant 80 Prozent, fragt er sich, wie die Konsum- und die Sparfunktion lauten. a) Stellen Sie diese Funktionen auf. b) Nehmen Sie an, die autonomen Investitionen betragen 3, der autonome Konsum 5, und berechnen Sie das gleichgewichtige Volkseinkommen.

A8. Von Keynesianern wird zuweilen die Ansicht vertreten, der Staat könne das Volkseinkommen erhöhen und die Beschäftigungslage verbessern, indem er die Einkommen "von oben nach unten" umverteilt. Leiten Sie diese Ansicht aus dem Einkommen-Ausgaben-Modell ab. Dabei ist das Modell in der Weise zu erweitern, dass es in der Volkswirtschaft zwei Einkommensgruppen gibt: eine arme, deren marginale Sparneigung gering ist, und eine reiche, die eine höhere marginale Sparneigung hat. Gehen Sie davon aus, dass die marginale Sparneigung der beiden Gruppen konstant ist. •

A9. Das Einkommen-Ausgaben-Modell führt zu Schlussfolgerungen, die radikal nicht nur von jenen der Klassisch-Neoklassischen Theorie, sondern auch von jenen des Allgemeinen Keynesianischen Modells abweichen. Welches ist die wesentliche Annahme des Einkommen-Ausgaben-Modells, auf der die unterschiedlichen Folgerungen beruhen? Wie kann man diese Annahme begründen?

A10. Betrachten Sie zur Verdeutlichung des Keynesschen Spekulationsmotivs ein festverzinsliches Wertpapier mit unendlicher Laufzeit. Der Nennwert NW des Wertpapiers betrage 50 Euro, die nominale Verzinsung i_0 des Wertpapiers sei 10 Prozent. a) Wie hoch ist der mit diesem Wertpapier verbundene Zinsertrag Z pro Jahr? b) Wie hoch ist der aktuelle Kurswert KW des Wertpapiers, wenn der Marktzins i eine Höhe von 5 Prozent hat? c) Wie hoch ist der erwartete Kurswert KW^e, wenn der für die Zukunft erwartete Zinssatz i_n 8 Prozent ist? d) Würden Sie Ihr Vermögen in der geschilderten Situation in dem Wertpapier oder in Geld anlegen?

A11. Die Keynesianische und die Klassisch-Neoklassische Geldnachfragetheorie unterscheiden sich in vielerlei Hinsicht in ihren Annahmen. Im Ergebnis jedoch gibt es nur einen wesentlichen Unterschied. Worin besteht er?

A12. Schildern Sie den Anpassungsprozess bei einem Ungleichgewicht auf dem Geldmarkt (LM-Kurve), und stellen Sie ihn für den Fall einer Überschussnachfrage graphisch dar. Gehen Sie dabei insbesondere auf die Frage ein, ob sich das Realeinkommen oder der Zins anpasst.

A13. Wenn Ersparnis und Investition nicht übereinstimmen, passt sich das Realeinkommen an (Bewegung in Richtung auf die IS-Kurve). Wie heißt dieser Anpassungsprozeß?

A14. Auch die Quantitätstheorie des Geldes lässt sich im IS/LM-Diagramm darstellen. Ersetzt man die Liquiditätspräferenztheorie durch die quantitätstheoretische Geldnachfragefunktion, so ergibt sich ein charakteristischer Verlauf der LM-Kurve. Stellen Sie dies graphisch dar.

A15. Die gesamtwirtschaftliche Sparfunktion einer Volkswirtschaft, in der die Voraussetzungen des Allgemeinen Keynesianischen Modells gelten, ändere sich spontan in der Weise, dass bei jedem Realeinkommen eine Einheit weniger gespart wird. Die konstante marginale Spareigung bleibe unverändert. In welcher Weise verschiebt sich daraufhin die IS-Kurve?

A16. Das Güterangebot bei Vollbeschäftigung betrage in einer Volkswirtschaft $Y^*=Y^s=20$; weiterhin laute die Gleichung der IS-Kurve dieser Volkswirtschaft IS: $i=0{,}1-0{,}003 \cdot Y$. Der kritische Zins sei für alle Wirtschaftssubjekte gleich 3 Prozent. Was heißt das? Schildern Sie das daraus folgende Verhalten der Menschen hinsichtlich der Geldnachfrage. Handelt es sich hier um eine Liquiditätsfalle?

A17. Wie wirkt sich ein Börsencrash, der durch einen unerwarteten Anstieg der autonomen Geldnachfrage L_{aut} verursacht wird, auf eine Volkswirtschaft aus, die durch die Gleichungen $I(i)-S(Y)=0$ und $L_{aut}+L(Y,i)-M/P=0$ beschrieben wird? Errechnen Sie die Wirkungen des Geldnachfrageschocks auf den Zinssatz i und das Realeinkommen Y.

A18. Betrachten Sie ein modifiziertes IS/LM-Modell, das durch die Gleichungen $I_{aut}+I(i)-S(Y,i)=0$ und $L(Y,i)-M/P=0$ beschrieben wird. Von einem gewöhnlichen IS/LM-Modell unterscheidet sich dieses System außer durch die explizite Aufführung der autonomen Investitionsnachfrage I_{aut} nur durch die Abhängigkeit der Ersparnis vom Zins. Es sei angenommen, dass $\partial S/\partial i > 0$ ist. Berechnen Sie den Multiplikator dY/dI_{aut}. Zeigen Sie, dass dieser Multiplikator in dem modifizierten IS/LM-Modell kleiner ist als in dem gewöhnlichen.

A19. Durch eine Änderung der Investitions- oder Sparfunktion verschiebt sich die IS-Kurve. Wird sich die Güternachfragefunktion im Allgemeinen Keynesianischen Modell daraufhin um einen größeren, einen geringeren oder den gleichen Betrag verschieben?

A20. Für eine Volkswirtschaft wurden die Geldnachfragefunktion $L(Y,i)=1,5 \cdot Y-100 \cdot i$, die Sparfunktion $S(Y)=0,2 \cdot Y$ und die Investitionsfunktion $I(i)=4-40 \cdot i$ empirisch ermittelt. Berechnen Sie Realeinkommen und Zins für eine gegebene Realkasse $M/P=6$. Leiten Sie weiterhin die Gleichung der Güternachfragefunktion Y^d her unter der Annahme, dass die Geldmenge $M=24$ ist.

A21. Schildern Sie detailliert die Wirkungen einer Geldmengenerhöhung auf das Preisniveau im Keynesianischen Modell. Welchen Namen hat diese Wirkungskette?

A22. In einer Modellökonomie, die den Annahmen des Allgemeinen Keynesianischen Modells genügt, laute die Produktionsfunktion $Y=3 \cdot N^{2/3}$, die Arbeitsangebotsfunktion $N^s=0,5 \cdot w/P$, die Sparfunktion $S=0,1 \cdot Y$, die Investitionsfunktion $I=1-10 \cdot i$ und die Geldnachfragefunktion $L=5 \cdot Y-20 \cdot i$. Berechnen Sie die Gleichgewichtswerte für die Beschäftigung, das Realeinkommen, den Nominallohn, das Preisniveau und den Zins für $M=27,2$.

A23. Zwischen 1954 und 1991 waren in den USA der Konsum, die Beschäftigung und die durchschnittliche Arbeitsproduktivität positiv mit dem Bruttoinlandsprodukt korreliert, wohingegen die Arbeitslosenquote und das Preisniveau negativ mit dem Bruttoinlandsprodukt korreliert waren. Untersuchen Sie, ob sich ein solches Muster auch in dem Keynesianischen Modell mit starren Nominallöhnen ergibt, wenn sich die autonome Investitionsnachfrage ändert. Verdeutlichen Sie Ihre Überlegungen mit Hilfe einer geeigneten Grafik. (Hinweis: Von positiver Korrelation zwischen zwei Größen x und y spricht man, wenn $dx/dy>0$, von negativer Korrelation, wenn $dx/dy<0$.)

A24. Nach dem sogenannten Kaufkraftargument der Löhne bewirken Lohnerhöhungen eine Zunahme der gesamtwirtschaftlichen Nachfrage und insoweit eine höhere Beschäftigung. Gilt dieses Argument im Keynesianischen Modell?

Beantwortung der Verständnisfragen

F1. Nein. Widerlegt im wissenschaftlichen Sinn wurde die Klassisch-Neoklassische Orthodoxie nicht; sie verlor nur an Glaubwürdigkeit und erschien vielen zunehmend fraglich.

F2. Nein. Vielmehr gibt es verschiedene konkurrierende Interpretationen, von denen die Keynesianische, die Postkeynesianische, die Neokeynesianische und die Neukeynesianische die wichtigsten sind.

F3. Nein. Vielmehr wird seit Leijonhufvuds "Keynes and the Keynesians: A Suggested Interpretation" im deutschen Sprachraum getrennt zwischen Keynesscher Theorie (die Theorie von Keynes selbst) und Keynesianischer Theorie (die Theorie der Keynesianer). Im Lehrbuch wird nur die letztere behandelt, weil — wie gesagt — der Inhalt der "General Theory" ziemlich fraglich ist.

F4. Richtig ist Antwort b). Relevant zum Beispiel für das Verhalten der Investoren ist nur jene Nachfrage, die am Markt geäußert wird. Begriffe wie "Bedarf der Bevölkerung" gehören nicht in eine positive Theorie, die das Verhalten von Unternehmen und Haushalten erklären will.

F5. Richtig sind Antworten a) und c) bis e). Falsch ist b): Die Annahme, dass sich Unternehmen gewinnmaximierend verhalten, ist zentraler Bestandteil auch der Keynesianischen Theorie. Aufgrund dieser Annahme werden etwa die Unternehmen in der Rezession Arbeitskräfte entlassen.

F6. Richtig ist Antwort d). Antwort a) trifft für die Klassisch-Neoklassische Konsumfunktion zu. Die Keynesianische Konsumfunktion C=C(Y) hingegen ist eine Beziehung zwischen realem Konsum und Realeinkommen.

F7. Richtig sind Antworten a) und b). Antwort c) ist deshalb falsch, weil auch nach der Klassisch-Neoklassischen Theorie der reale Konsum unabhängig vom Preisniveau ist. Dies will Nichtökonomen oft nicht recht einleuchten: aber wenn alle Preise und Löhne um einen gewissen Prozentsatz steigen, bleiben die Kaufkraft der Haushalte sowie der Konsum unverändert. Analog verhält es sich mit Antwort d).

F8. Ja. Dies ist eine der seltenen empirischen Fragen, bei denen fast völlige Übereinstimmung besteht: Die Sparquote einer Volkswirtschaft steht in keiner signifikanten Beziehung zum Zins. Auch die theoretische Betrachtung (entgegengerichtete Einkommens- und Substitutionseffekte) legt diese Möglichkeit nahe. Übrigens sind bereits etliche Neoklassische Autoren, wie etwa Marshall, von einer zinsunempfindlichen Ersparnis ausgegangen.

F9. Nein. Durch den obigen Satz wird die Konsumquote C/Y (auch durchschnittliche Konsumneigung genannt) definiert. Die marginale Konsumneigung dC/dY hingegen gibt an, wie stark der Konsum aufgrund einer kleinen Einkommenserhöhung zunimmt.

F10. Richtig sind Antworten b) und c). Diese beiden Antworten fassen die kürzere Forderung $0 < C_Y < 1$ zusammen. Antwort a) ist falsch, wird zwar in der Literatur bisweilen behauptet, kann aber nur von jemandem vertreten werden, der die "General Theory" nicht gelesen hat.

F11. Richtig ist Antwort b). Der autonome Konsum ist insofern eine statistische Illusion, als dieser Koeffizient bei ökonometrischen Schätzungen stets nicht signifikant ist. Antwort a) ist falsch, weil die Konsumfunktion nicht die Wünsche eines philanthropischen Diktators offenbart ("Ich will, dass die Menschen mindestens soundsoviel haben."), sondern das tatsächliche Verhalten der Haushalte beschreiben soll. Und wenn die (geschlossene) Volkswirtschaft kein Einkommen erwirtschaftet, kann zumindest langfristig nicht konsumiert werden. Antwort c) ist auch falsch, weil der numerische Wert von C_{aut} keines der Ergebnisse der Keynesianischen Theorie beeinflusst. Von zentraler Bedeutung ist nur der numerische Wert von C_Y, der marginalen Konsumneigung.

F12. Ja. Beide Begriffe beziehen sich auf die interne "Verzinsung" einer Investition im Unternehmen. Übersteigt dieser interne Zinsfuß den Marktzins, dann ist eine Investition vorteilhaft, sonst nicht.

F13. Nein. Vielmehr wird mit dem Konzept der Grenzleistungsfähigkeit des Kapitals gerade die Zinselastizität der Investitionsnachfrage begründet. Die vollkommen zinsunelastische Investition ist ein Sonderfall, der nur auftreten kann, wenn der Planungshorizont aller Investoren auf Null schrumpft. Hierbei müssten auch Bauinvestoren über einen Horizont von Null Perioden planen; sie müssten mit anderen Worten fordern, dass die gesamten Baukosten bereits durch die erste Monatsmiete wieder hereinkommen (und diese Miete im voraus gezahlt wird).

F14. Richtig ist Antwort c). Das Modell zeigt, wie sich das Realeinkommen aus einem Gütermarktgleichgewicht herleiten lässt. Antwort a) wäre für das Klassisch-Neoklassische Modell zutreffend gewesen.

F15. Ja. In der Kapitalmarktgleichung S(Y)=I ist das Realeinkommen bei gegebener Investition die einzig freie Variable. Dies ist der wesentliche Unterschied zum Klassisch-Neoklassischen Modell, wo gemäß S(i)=I(i) der Zins für eine Übereinstimmung von Investition und Ersparnis sorgt.

F16. Richtig ist Antwort a). Es liegt zweifellos ein Ruhezustand (Gleichgewicht im methodischen Sinn) vor, nicht aber ein Gleichgewicht im theoretischen Sinn (Ausgleich von Angebot und Nachfrage), weil die Nachfrage geringer ist als das Angebot. Um ein Gleichgewicht im normativen Sinn (wünschenswerter Zustand) handelt es sich bei einem Unterbeschäftigungsgleichgewicht sicherlich nicht.

F17. Richtig ist Antwort b). Bei $C_Y=0{,}9$ ist der elementare Multiplikator m=10. Folglich wird das Realeinkommen um $\Delta Y=10$ Einheiten steigen. Gefragt war aber nach der Zunahme des realen Konsums ΔC. Aus $\Delta C=C_Y\cdot\Delta Y$ ergibt sich sofort $\Delta C=9$.

F18. Nein. Die "General Theory" enthält weder eine Darstellung der LM-Kurve noch irgend ein anderes Diagramm (mit Ausnahme einer Darstellung des Klassischen Kapitalmarktes). Die LM- und die IS-Kurve wurden erst 1937 von Hicks eingeführt und sind eine (zudem umstrittene) Interpretation der "General Theory".

F19. Nein. Aus der Gleichung $M^d/P=L(Y,i)$ ergibt sich, dass die reale Geldnachfrage M^d/P nur von Realeinkommen und Zins abhängt. Bei steigendem Preisniveau nimmt allerdings die nominale Geldnachfrage M^d zu.

F20. Richtig ist Antwort b). Angenommen, das festverzinsliche Wertpapier werfe 5 Prozent vom Nennwert ab. Steigt nun der Marktzins auf 10 Prozent, so wird niemand bereit sein, das fragliche Wertpapier zu pari (d.h. Kurswert=Nennwert) zu kaufen, weil dies mit einem Zinsentgang verbunden wäre. Sinkt der Kurswert indes auf die Hälfte des Nennwertes, dann ergibt sich eine marktgerechte Rendite von 10 Prozent.

F21. Nein. Es existiert, wie im Lehrbuches gezeigt, für jedes Individuum ein sogenannter kritischer Zins i_k. Liegt der Marktzins über diesem Wert, dann ist die gewünschte Spekulationskasse gleich Null; fällt er auf einen niedrigeren Wert, so springt die spekulative Kassenhaltung auf einen positiven Wert. Folglich ist die individuelle Nachfragekurve an der Stelle i_k unstetig. Die gesamtwirtschaftliche Nachfrage nach Spekulationskasse ist eine (nahezu) stetige Funktion unter der Annahme, dass die Erwartungen der Individuen hinsichtlich des kritischen Zinses über einen weiten Bereich gleichmäßig verteilt sind.

F22. Richtig ist Antwort c). Antwort a) ist falsch, weil die Lage der LM-Kurve vom Preisniveau abhängt und sie sich bei Änderungen des Preisniveaus vertikal verschiebt. Antwort b) ist nicht allgemein richtig. Zwar wird die LM-Kurve zur Veranschaulichung meist als Gerade gezeichnet, aber aus den zugrundeliegenden Annahmen lässt sich nicht auf einen linearen Verlauf schließen. Ohnehin ist es bezüglich der qualitativen Ergebnisse der Theorie egal, ob die LM-Kurve eine Gerade ist oder nicht; entscheidend ist allein die positive Steigung.

F23. Ja. Betrachten Sie die Cambridge-Gleichung für die Geldnachfrage

$$M^d = k \cdot P \cdot Y.$$

Nimmt man eine negative Beziehung zwischen Zins und Kassenhaltungskoeffizient an,

$$M^d = k(i) \cdot P \cdot Y, \quad k'<0,$$

so erfüllt diese Geldnachfragefunktion die Annahmen der Liquiditätspräferenztheorie. Weil die Umlaufsgeschwindigkeit des Geldes der Kehrwert des Kassenhaltungskoeffizienten ist (v=1/k), wird zwischen dieser Größe und dem Zins eine positive Beziehung bestehen, was auch intuitiv einleuchtet: Steigen mit dem Zins die Opportunitätskosten der Kassenhaltung, so wird die Kassenhaltung rationalisiert, und das Geld läuft rascher um. Empirisch ist dieser Tatbestand bedeutsam.

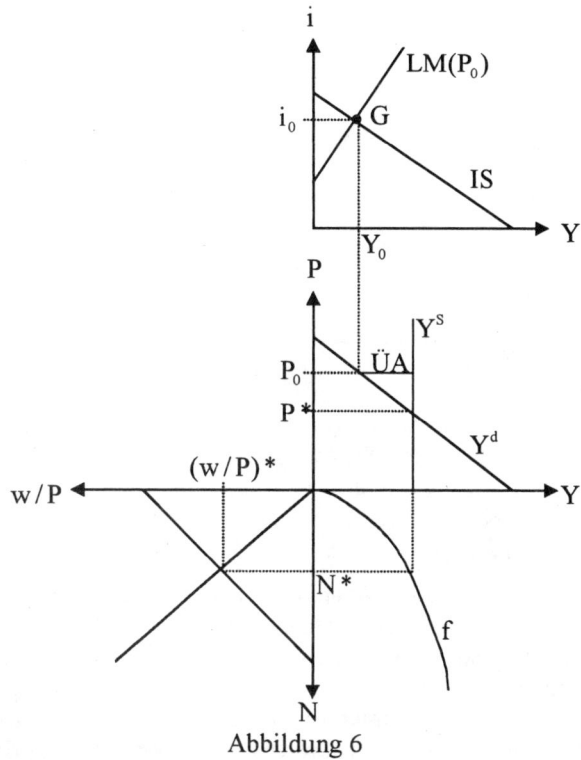

Abbildung 6

F24. Richtig sind Antworten a) und b). Diese Antworten sind synonym und beide richtig. Antwort c) ist falsch, wird aber in manchen Lehrbüchern als richtig hingestellt, weil einige Autoren die IS-Kurve als Gleichgewichtskurve für den Gütermarkt definieren. Abbildung 6 zeigt einen Fall, in dem auf dem Gütermarkt ein Überschussangebot (ÜA) besteht, also ein Ungleichgewicht, zugleich aber mit G ein Gleichgewicht auf dem Geld- und Kapitalmarkt realisiert ist. Denn G ist ein Punkt, der gleichzeitig auf der LM- und der IS-Kurve liegt. Somit impliziert "S=I" nicht ein Gütermarktgleichgewicht.

F25. Richtig ist Antwort c). Antwort b) kann zwar richtig sein, muss aber nicht. Aus Abbildung 7 ist ersichtlich, dass bei einem Punkt links unterhalb des Gleichgewichtspunktes kurzfristig einer von zwei Anpassungsmechanismen stattfinden kann: Erstens ist es möglich, dass das Realeinkommen zunimmt und der Zins zurückgeht (Punkt A). Zweitens können Realeinkommen und Zins beide zunehmen (Punkt B). Im schließlichen Gleichgewicht müssen selbstverständlich beide Variablen höhere Werte aufweisen, aber danach war nicht gefragt.

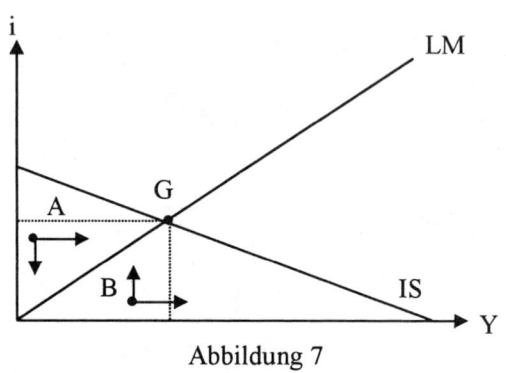

Abbildung 7

F26. Ja. Auch das Allgemeine Keynesianische Modell besteht aus einem monetären und einem realen Sektor, und der reale Sektor ist unabhängig vom monetären. Im Modell K aus dem Lehrbuch umfasst der reale Sektor die Gleichungen (K.1) bis (K.3), während der monetäre Sektor aus den Gleichungen (K.4) und (K.5) besteht.

F27. Richtig sind Antworten b) und c). Antwort a) ist falsch, weil die Güternachfragekurve im P/Y-Diagramm gezeichnet wird. Ändert sich eine der Variablen P oder Y, so ergibt sich eine Bewegung entlang der Kurve, keine Kurvenverschiebung. Antwort b) ist richtig, weil sich bei steigender Geldmenge die LM-Kurve und Antwort c), weil sich bei verbesserten Investitionserwartungen die IS-Kurve nach rechts verschiebt. Antwort d) ist falsch, weil die Höhe des Reallohns nur die Lage der Güterangebotsfunktion Y^s beeinflusst und für die Güternachfragefunktion ohne Belang ist.

F28. Nein. Der Cambridge-Effekt der Klassisch-Neoklassischen Theorie gilt im Allgemeinen Keynesianischen Modell nicht; an seine Stelle tritt der Keynes-Effekt. Während nach dem Cambridge-Effekt Zunahmen der Realkasse unmittelbar zu höheren Ausgaben führen, steht der Keynes-Effekt für eine indirekte Wirkung der Realkasse auf die Investitionsausgaben, wobei der Wertpapier-Zins-Mechanismus das Bindeglied ist.

F29. Richtig sind Antworten b) und d). Antwort a) ist falsch, denn es ist gerade ein wesentliches Merkmal der Investitionsfalle, dass sich der Reallohn in weiten Grenzen ändern kann, ohne dass dies einen Einfluss auf andere Modellvariablen hat; $w/P = (w/P)^*$ wird nur zur Illustration angenommen. Antwort b) ist richtig, weil die Unternehmen gemäß der Gleichung $Y = f(N)$ zu jeder möglichen Absatzmenge den kostenminimierenden Arbeitseinsatz wählen. Antwort c) ist folglich falsch: Wird N von der Absatzseite her bestimmt (und damit auch $\partial f/\partial N$), während w/P in weiten Grenzen veränderbar ist, dann stimmen $\partial f/\partial N$ und w/P höchstens zufällig überein. Im allgemeinen wird die Grenzproduktivität der Arbeit bei einer Investitionsfalle über dem Reallohn liegen. Antwort d) ist richtig, weil S=I immer erfüllt sein muss, auch bei der Investitionsfalle.

F30. Richtig sind Antworten a), b) und c). Infolge des Überschussangebotes auf dem Gütermarkt muss das Preisniveau beständig sinken; ebenso der Nominallohn, wenn der Reallohn nicht unbegrenzt steigen soll. Auch der Zins muss fortwährend fallen, weil bei gegebener Geldmenge und sinkendem Preisniveau die Realkasse M/P zunimmt. Graphisch gesehen verschiebt sich die LM-Kurve immer weiter nach rechts, so dass ihr Schnittpunkt mit der senkrechten IS-Kurve beständig nach unten wandert.

F31. Nein. Diese Auffassung wird im Schrifttum tatsächlich vereinzelt vertreten. Sie ist indes aus folgendem Grund unhaltbar: Dass starre Löhne zu Unterbeschäftigung führen, steht nicht nur nicht im Widerspruch zur Klassisch-Neoklassischen Orthodoxie, sondern ist geradezu die Essenz der Klassisch-Neoklassischen Unterbeschäftigungsanalyse. Sollte dies also die entscheidende "Neuerung" der Keynesianischen Theorie sein, so könnte man von einer "Keynesianischen Revolution" kaum sprechen.

F32. Richtig ist Antwort d). Unterbeschäftigung im Sinne der Theorie bedeutet, dass die tatsächliche Beschäftigung geringer als N^* ist. Dabei mag es gut sein, dass einige arbeitsfähige Personen freiwillig nicht beschäftigt sind; dieser Umstand fällt bei den heutigen Industrienationen mit ihrer hohen Wertschätzung für Freizeit quantitativ stark ins Gewicht. Um "Vollbeschäftigung" im Sinne von Antwort a) zu erlangen, müssten arbeitsfähige Rentner, Hausfrauen oder die finanziell unabhängigen Mitbürger sämtlich zwangsweise beschäftigt werden. Antwort b) klingt hochplausibel, ist aber falsch, weil ein die Grenzproduktivität übersteigender Reallohn einen instabilen Zustand anzeigt, der nicht mit dem Gewinnmaximierungspostulat vereinbar ist. Abbildung 8 zeigt, dass solch ein Zustand im Punkt P sogar mit "Überbeschäftigung" verbunden sein kann. Auf alle Fälle ist er nur vorübergehend. Antwort c) schließlich ist falsch, weil die mit dem Erscheinen in der Statistik verbundene Arbeitslosenunterstützung regelmäßig dazu führt, dass sich einige Personen vorübergehend als "arbeitslos" melden, ohne im ökonomischen Sinn unfreiwillig arbeitslos zu sein. Umgekehrt gehen Menschen, die keinen Anspruch auf Arbeitslosenunterstützung haben, oftmals nicht zum Arbeitsamt, obwohl sie zum geltenden Lohnsatz eine Beschäftigung annehmen würden.

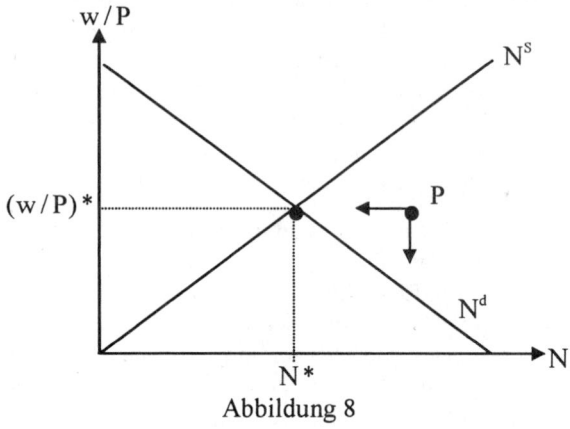

Abbildung 8

F33. Richtig ist Antwort b). Die makroökonomische Dichotomie gilt in diesem Modell nicht, weil bei Konstanz des Nominallohns Preisänderungen eine unmittelbare Wirkung auf Realgrößen (Reallohn, Produktion, Beschäftigung) ausüben. Die $Y^s(P)$-Kurve hat hierbei eine positive Steigung, weil etwa eine Abnahme des Preisniveaus eine Reallohnerhöhung und damit einen Rückgang der Arbeitsnachfrage und des Güterangebotes bewirkt. Bei starrem Nominallohn herrscht selbstverständlich nicht notwendig Unterbeschäftigung, sondern nur dann, wenn der jeweils starre Lohn größer als w^* ist. Aus praktischer Perspektive ist dieser Fall allerdings der interessanteste und wichtigste.

Lösung der Übungsaufgaben

A1. Es ergibt sich für die Konsumquote $C/Y=2313,01/3838,30\approx0,60$, die Investitionsquote $I/Y=289,39/3838,30\approx0,08$ und die marginale Konsumneigung $\Delta C/\Delta Y=64,89/121,47\approx0,53$. Für die Wachstumsrate des Bruttonationaleinkommens erhalten wir $\Delta Y/Y=121,47/3716,83\approx3,3\%$.

A2. Bei $Y=0$ muss $C+S=Y$ ebenfalls verschwinden; deshalb muss S_{aut} wegen $C_{aut}=40,0$ gleich $-40,0$ sein. Weil sich marginale Konsumneigung und marginale Sparneigung zu Eins addieren müssen, beträgt die marginale Sparneigung $1-0,85=0,15$. Somit lautet die Sparfunktion $S=-40,0+0,15\cdot Y$.

A3. Finanztechnisch ausgedrückt muss der Barwert einer vorschüssigen Rente berechnet werden. In Ihren Formelsammlungen finden Sie hierzu die Formel

$$Q_0 = r \cdot (q^n - 1)/[q^{n-1} \cdot (q-1)].$$

Dabei ist q=1+R der Aufzinsungsfaktor, n die Laufzeit und r die jährliche Rente. R ist die gesuchte Grenzleistungsfähigkeit des Kapitals. Konkret ergibt sich

$$Q_0 = 40.000 \cdot (q^5 - 1)/[q^4 \cdot (q-1)] = 180.000.$$

Die Grenzleistungsfähigkeit des Kapitals lässt sich aus dieser Formel durch Probieren oder durch ein numerisches Verfahren ermitteln. Die Näherungslösung lautet: $R \approx 5,6\%$. Die Probe folgt durch Einsetzen von q=1+R=1,056 in die obige Formel. Folglich wird die Investition bei einem Zinssatz von 7 Prozent nicht durchgeführt, wohl aber bei einem Zinssatz von 4 Prozent.

A4. Wie im Lehrbuch erklärt, ergibt sich die Grenzleistungsfähigkeit R aus der Gleichung

$$2 = 1 + 1/(1+R) + 0,75/(1+R)^2 \quad \text{bzw.} \quad (1+R)^2 - (1+R) - 0,75 = 0.$$

Wenden wir hierauf die Lösungsformel für quadratische Gleichungen an, erkennen wir, dass die Grenzleistungsfähigkeit R=0,5 oder R=−1,5 ist, wobei wir den negativen Wert laut Aufgabenstellung fallen lassen können. Bei einer Grenzleistungsfähigkeit von 50 Prozent und einem Marktzins von 10 Prozent lohnt es sich für den Unternehmer, in die Ausbildung junger Arbeitskräfte zu investieren. Das sieht anders aus, wenn sich die Nettoeinnahmen durch die Erhöhung der Lohnnebenkosten verringern. Mit den kleineren Werten für Q_2 und Q_3 erhalten wir als Definitionsgleichung für R

$$2 = 1 + 0,5/(1+R) + 0,5/(1+R)^2 \quad \text{bzw.} \quad (1+R)^2 - 0,5 \cdot (1+R) - 0,5 = 0.$$

Jetzt ergeben sich R=0 bzw. R=−1,5 als Lösungswerte für die Grenzleistungsfähigkeit. Bei einer auf 0 Prozent gesunkenen Grenzleistungsfähigkeit und einem Marktzins von 10 Prozent wird der Unternehmer nicht mehr in die Ausbildung von Arbeitskräften investieren.

A5. Alle Investitionsprojekte lassen sich gedanklich nach abnehmender Grenzleistungsfähigkeit des Kapitals ordnen. Sofern diese Grenzleistungsfähigkeit über dem Marktzins liegt, wird die entsprechende Investition durchgeführt. Dieser Prozess hält an, bis Grenzleistungsfähigkeit und Marktzins übereinstimmen. Allerdings gelten diese Aussagen nur bei Vernachlässigung des Investitionsrisikos.

A6. Gemeinsam führen beide Ansätze im Ergebnis zu einer Investitionsfunktion I(i), derzufolge die Investitionsnachfrage bei steigendem Zins fällt.
Der einzig wesentliche Unterschied besteht darin, dass die Keynesianische
Investitionsfunktion durch Absatzerwartungen mitbestimmt ist und sich
deshalb aufgrund rein psychologischer Ereignisse verschieben kann. Die
Klassisch-Neoklassische Investitionsfunktion ist demgegenüber allein aus
der Produktionsfunktion als einem technischen Zusammenhang abgeleitet.

A7. Zunächst ist festzustellen, dass sich diese Aufgabe auf das Einkommen-
Ausgaben-Modell bezieht. Der in der Aufgabenstellung verwendete Begriff
"marginale Konsumneigung" (dC/dY) impliziert, das die Aufgabe nicht auf
das Klassisch-Neoklassische Modell Bezug nimmt, denn dort ist C keine
Funktion von Y. Auch das IS/LM- und das Allgemeine Keynesianische
Modell kommen nicht in Frage, da wir für diese Modelle Informationen
über den Geldmarkt bräuchten. Bleibt das Einkommen-Ausgaben-Modell,
auf das auch die Annahme hindeutet, dass die Investitionen zinsunabhängig
sind. — a) Da die marginale Konsumneigung annahmegemäß konstant ist,
können wir von einer linearen Konsumfunktion ausgehen. Mit dem in der
Aufgabenstellung angegebenen Zahlenwert lautet sie $C(Y)=C_{aut}+0,8 \cdot Y$. Die
Sparfunktion folgt dann aus der Restriktion $S=Y-C$; sie ist
$S(Y)=-C_{aut}+0,2 \cdot Y$.   b) Die Gleichgewichtsbedingung des Einkommen-
Ausgaben-Modells ist I=S. Setzen wir hier die in Teilaufgabe a) ermittelte
Sparfunktion sowie die in der Aufgabenstellung angegebenen Zahlenwerte
ein, ergibt sich $3=-5+0,2 \cdot Y$. Durch Auflösen nach Y erhalten wir daraus
Y=40 als Lösungswert für das gleichgewichtige Volkseinkommen.

A8. Die Gleichgewichtsbedingung des Einkommen-Ausgaben-Modells ist
S(Y)=I. Zur Lösung dieser Aufgabe muss diese Bedingung jedoch abge-
wandelt werden. Zunächst ist zu berücksichtigen, dass sich die gesamtwirtschaftliche Ersparnis S(Y) aus der Ersparnis der armen Gruppe $S_A(Y_A)$ und
der der reichen Gruppe $S_R(Y_R)$ zusammensetzt. Das verändert die Gleichgewichtsbedingung folgendermaßen: $S_A(Y_A)+S_R(Y_R)=I$. Sodann muss be-
achtet werden, dass die marginale Sparneigung beider Gruppen per Annahme konstant ist: $dS_A/dY_A=s_A=$konstant, $dS_R/dY_R=s_R=$konstant. Das führt auf
$s_A \cdot Y_A+s_R \cdot Y_R=I$, wenn man zur Vereinfachung von einer autonomen Ersparnis absieht. Schließlich muss man einbeziehen, dass sich das gesamtwirtschaftliche Einkommen aus dem Einkommen der beiden Gruppen zusammensetzt: $Y=Y_A+Y_B$. Somit gilt in dieser Aufgabe die Gleichgewichtsbedingung

$$s_A \cdot Y_A + s_R \cdot (Y-Y_A) = I.$$

In der Aufgabe wird nun gefragt, wie sich das gesamtwirtschaftliche Einkommen Y verändert, wenn der Staat das Einkommen der Armen Y_A durch

Umverteilung erhöht. Gesucht ist also die Ableitung dY/dY_A. Um diese zu finden, löst man die Gleichgewichtsbedingung $s_A \cdot Y_A + s_R \cdot (Y - Y_A) = I$ nach Y auf und leitet ab. Auf diese Weise ermittelt man

$$Y = I/s_R + (s_R - s_A)/s_R \cdot Y_A \quad \Rightarrow \quad dY/dY_A = (s_R - s_A)/s_R.$$

Da laut Aufgabentext $s_R > s_A$ gilt, ist dY/dY_A positiv. Damit führt eine Umverteilung zugunsten der Armen im Rahmen des Einkommen-Ausgaben-Modells zu einer Erhöhung des gesamtwirtschaftlichen Einkommens (siehe zur Fragestellung der Umverteilung auch Aufgabe A24).

A9. Gefragt war nach der Annahme gegebener Investitionen, die sich auf zweierlei Weise begründen lässt: Erstens durch die Voraussetzung, dass die Investition nicht auf Zinsänderungen reagiert (Investitionsfalle). Zweitens durch die Voraussetzung, dass zwar die Investition zinselastisch ist, der Zins selbst aber nicht genügend fallen kann (Liquiditätsfalle). Die Annahme starrer Löhne erlaubt für sich genommen nicht die Schlussfolgerungen des Einkommen-Ausgaben-Modells.

A10. a) Der Zinsertrag ist $Z = i_0 \cdot NW = 10\% \cdot 50$ Euro$= 5$ Euro. b) Der aktuelle Kurswert des Wertpapiers nimmt im Gleichgewicht die Höhe an, bei der die effektive Verzinsung des Wertpapiers Z/KW gleich dem Marktzins i ist. Es muss also 5 Euro/KW=5% gelten, woraus ein Kurswert von KW=100 Euro folgt. c) Der erwartete Kurswert des Wertpapiers nimmt die Höhe an, bei der 5 Euro/KW^e=8% gilt. Daraus folgt, dass der erwartete Kurswert eine Höhe von KW^e=62,5 Euro hat. d) Wer das Wertpapier hält, erzielt einen Zinsertrag von Z=5 Euro, einen Kursgewinn von $KW^e - KW = -37,5$ Euro und damit einen Gesamtgewinn von $-32,5$ Euro. Daraus ergibt sich, dass es besser ist, das Vermögen in Geld anzulegen.

A11. Der einzig wesentliche Unterschied zwischen diesen beiden Ansätzen ist die Zinsabhängigkeit der Geldnachfrage. Nach der Keynesianischen Liquiditätspräferenztheorie ist die Geldnachfrage zinselastisch, laut Quantitätstheorie nicht.

A12. Ein Ungleichgewicht auf dem Geldmarkt beinhaltet ein Ungleichgewicht auf dem Wertpapiermarkt mit umgekehrtem Vorzeichen. Dies folgt unmittelbar aus der Vermögensrestriktion $M + B = W_n$, nach der die Überschussnachfragen von Geld- und Wertpapiermarkt sich zu Null addieren müssen. Bei einer Überschussnachfrage auf dem Geldmarkt etwa besteht zugleich ein Überschussangebot auf dem Wertpapiermarkt. Deshalb werden die Wertpapierkurse fallen bzw. wird, was auf dasselbe hinauskommt, der Marktzins steigen. Mit steigendem Zins schließlich vermindert sich die Überschussnachfrage auf dem Geldmarkt, wie die Abbildung 9 zeigt. Es ist wichtig, dass der Anpassungsmechanismus allein über den Zins, nicht über das Realeinkommen abläuft.

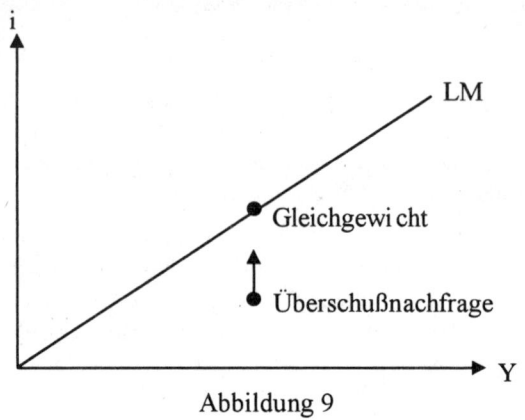

Abbildung 9

A13. Gefragt war nach dem Multiplikatorprozess. In der Tat ist die horizontale Bewegung im IS/LM-Modell, also die Anpassung des Realeinkommens bei S≠I, identisch mit dem Anpassungsprozeß des Einkommen-Ausgaben-Modells. Denn diese Bewegung, weil horizontal, findet bei gegebenem Zins und also gegebener Investition statt. Vermindert sich die Investitionsnachfrage um 1 Einheit, dann verschiebt sich die IS-Kurve um m Einheiten nach links, wobei m der elementare Multiplikator ist.

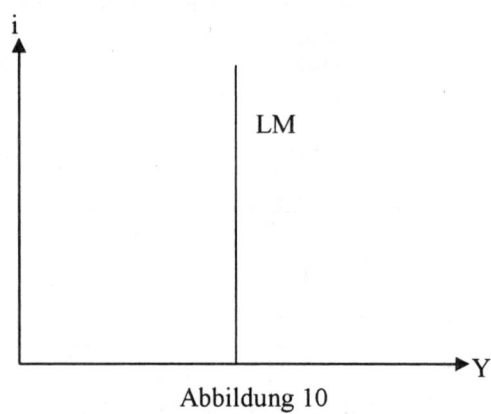

Abbildung 10

A14. Die quantitätstheoretische Geldnachfragefunktion

$$M^d = k \cdot P \cdot Y,$$

auch Cambridge-Gleichung genannt, unterscheidet sich von der Liquiditätspräferenztheorie durch die Annahme, dass die Geldnachfrage vom Zins unabhängig ist. Durch diese Funktion wird, zusammen mit dem Geldangebot, ein bestimmter Wert von Y definiert, der zu einem Ausgleich von Geldangebot und Geldnachfrage führt. Bei diesem Wert des Realeinkommens ist die Höhe des Zinses gleichgültig. Mit anderen Worten: die LM-Kurve verläuft senkrecht, wie in Abbildung 10 dargestellt.

A15. In der Aufgabenstellung war eine lineare Sparfunktion vorausgesetzt ("konstante marginale Sparneigung") und angenommen worden, dass die marginale Sparneigung unverändert bleibt. Folglich ist der Rückgang der Ersparnis durch eine Erhöhung des autonomen Konsums bzw. einen Rückgang der autonomen Ersparnis bedingt. Die IS-Kurve wird sich um m Einheiten nach rechts verschieben, wobei m der elementare Multiplikator ist. Ein Beispiel: Sei $S_Y=0,2$ und folglich der Multiplikator $m=5$. Wenn jetzt die Ersparnis bei gegebener Investition und gegebenem Einkommen um eine Einheit sinkt, dann muss das Realeinkommen wegen $S_Y=0,2$ um 5 Einheiten steigen, damit wiederum $I=S$ gilt. Ergo verschiebt sich die IS-Kurve um $m=5$ Einheiten nach rechts.

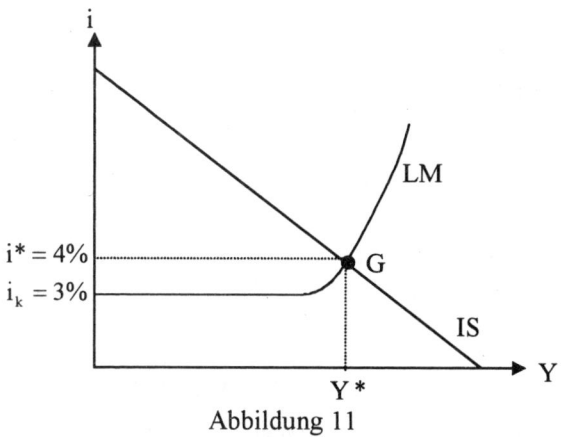

Abbildung 11

A16. Wenn der kritische Zins für alle gleich 3 Prozent ist, dann würden bei einem gedachten Marktzins von etwas unter 3 Prozent alle Wirtschaftssubjekte die Kassenhaltung der Wertpapierhaltung vorziehen. Folglich würden die Wertpapierkurse sinken bzw. würde der Marktzins steigen. Folglich kann in diesem Fall jeder Marktzins unterhalb von 3 Prozent nicht bestehen; die Geldnachfrage wird ab $i=3\%$ unendlich elastisch. Aus der gegebenen IS-Kurve folgt, dass der Zins bei Realisation des Vollbeschäftigungseinkommens $Y^*=20$ gleich 4 Prozent sein muss. Um eine Liquiditätsfalle würde es sich aber nur dann handeln, wenn der zur Vollbeschäftigung erforderliche Zins unterhalb des besagten kritischen Zinses von 3 Prozent läge. Abbildung 11 veranschaulicht dies: Die LM-Kurve hat zwar einen horizontalen

Bereich, aber gleichwohl existiert ein Schnittpunkt der beiden Kurven an der Stelle Y^*, so dass Vollbeschäftigung besteht.

A17. Wir lösen die Aufgabe durch implizite Differenziation, einer Technik, die im mathematischen Anhang des Lehrbuchs und dort insbesondere in Abschnitt 4.3. beschrieben wird. Angewandt auf die Gleichungen

$$I(i) - S(Y) = 0,$$

$$L_{aut} + L(Y,i) - M/P = 0$$

erhalten wir damit

$$\frac{dY}{dL_{aut}} = -\frac{\begin{vmatrix} 0 & I_i \\ 1 & L_i \end{vmatrix}}{\begin{vmatrix} -S_Y & I_i \\ L_Y & L_i \end{vmatrix}} = -\frac{-I_i}{-S_Y L_i - I_i L_Y} < 0,$$

$$\frac{di}{dL_{aut}} = -\frac{\begin{vmatrix} -S_Y & 0 \\ L_Y & 1 \end{vmatrix}}{\begin{vmatrix} -S_Y & I_i \\ L_Y & L_i \end{vmatrix}} = -\frac{-S_Y}{-S_Y L_i - I_i L_Y} > 0.$$

Der Börsencrash führt also zu einem Rückgang des Realeinkommens und einem Anstieg des Zinssatzes.

A18. Auch diese Aufgabe lösen wir durch implizite Differenziation. Wenn wir diese Technik auf die Gleichungen

$$I_{aut} + I(i) - S(Y,i) = 0,$$

$$L(Y,i) - M/P = 0$$

anwenden, erhalten wir für den gesuchten Multiplikator

$$\frac{dY}{dI_{aut}} = -\frac{\begin{vmatrix} 1 & I_i - S_i \\ 0 & L_i \end{vmatrix}}{\begin{vmatrix} -S_Y & I_i - S_i \\ L_Y & L_i \end{vmatrix}} = \frac{L_i}{S_Y L_i + (I_i - S_i)L_Y} > 0.$$

Im gewöhnlichen IS/LM-Modell ergibt sich dagegen der Multiplikator

$$\frac{dY}{dI_{aut}} = - \frac{\begin{vmatrix} 1 & I_i \\ 0 & L_i \\ -S_Y & I_i \\ L_Y & L_i \end{vmatrix}}{\begin{vmatrix} 1 \end{vmatrix}} = \frac{L_i}{S_Y L_i + I_i L_Y} > 0.$$

Wegen $S_i = \partial S / \partial i > 0$ ist der Multiplikator im modifierten IS/LM-Modell kleiner als im gewöhnlichen.

A19. Verschiebungen der Y^d-Kurve sind im Allgemeinen Keynesianischen Modell immer geringer als die zugrundeliegenden Verschiebungen der IS-Kurve. Dies können Sie sich an zwei Extrembeispielen klarmachen: Bei senkrechter LM-Kurve würde sich die Y^d-Kurve gar nicht verschieben (Klassischer Fall), bei waagerechter LM-Kurve würde sie sich um den gleichen Betrag wie die IS-Kurve verschieben (Liquiditätsfalle). Im Allgemeinen Keynesianischen Modell, in dem die LM-Kurve eine positive Steigung hat, liegt die resultierende Verschiebung der Y^d-Kurve zwischen diesen beiden Extremen.

A20. Aus der Gleichsetzung von Investition und Ersparnis folgt durch Auflösen nach i die Gleichung der IS-Kurve:

$$IS: \quad i = 0,1 - 0,005 \cdot Y.$$

Setzt man die Geldnachfrage gleich der vorgegebenen Realkasse M/P=6 und löst ebenfalls nach i auf, so ergibt sich die Gleichung der LM-Kurve:

$$LM: \quad i = 0,015 \cdot Y - 0,06.$$

Durch Gleichsetzen dieser beiden Ausdrücke lässt sich der Zins eliminieren und das Realeinkommen berechnen, und setzt man die Lösung für Y in eine der Gleichungen ein, so ergibt sich der Zins:

$$Y_0 = 8 \quad \text{und} \quad i = 6\%.$$

Für den Fall einer vorgegebenen Nominalkasse M=24 und beliebigem Preisniveau lautet die Gleichung der LM-Kurve

$$LM: \quad i = 0,015 \cdot Y - 0,24/P.$$

Wenn man den Zins durch Gleichsetzen dieses Ausdrucks mit der Gleichung für die IS-Kurve eliminiert, folgt durch Auflösen nach Y die gesuchte Güternachfragefunktion:

$$Y: \quad Y^d = 5 + 12/P.$$

Zur Probe kann man P=4 einsetzen: dies ist jener Wert, der bei M=24 die Realkasse M/P=6 der ersten Teilaufgabe ergibt. Es ergibt sich mit Y^d=8 der oben errechnete Gleichgewichtswert für Y.

A21. Gefragt war nach dem Keynes-Effekt: Höhere Geldmenge (Kassenbestände) → höhere Wertpapiernachfrage → steigende Kurse → sinkender Zins → steigende Investitions- und Güternachfrage → steigende Preise.

A22. Man kann mit der Herleitung der Arbeitsnachfragefunktion beginnen:

$$\partial Y/\partial N = 2 \cdot N^{-1/3} = w/P \quad \Rightarrow \quad N^d = 8/(w/P)^3.$$

Durch Gleichsetzung von Arbeitsnachfrage und Arbeitsangebot ergeben sich Reallohn und Beschäftigung:

$$N^d = N^s \quad \Rightarrow \quad 8/(w/P)^3 = 0,5 \cdot w/P \quad \Rightarrow \quad (w/P)^* = 2; \quad N^* = 1.$$

Aus der Produktionsfunktion $Y=3 \cdot N^{2/3}$ folgt Y^*=3. Setzt man diesen gefundenen Wert in die Sparfunktion ein, so folgt

$$S = 0,1 \cdot 3 \quad \Rightarrow \quad S = 0,3,$$

und aus I=S und der Investitionsfunktion folgt

$$I = S \quad \Rightarrow \quad 1 - 10 \cdot i = 0,3 \quad \Rightarrow \quad i = 7\%.$$

Durch Einsetzen der Werte von Realeinkommen, Zins und Geldmenge in die Geldnachfragefunktion errechnen sich schließlich das Preisniveau,

$$L = 5 \cdot 3 - 20 \cdot 0,07 = 13,6 = 27,2/P \quad \Rightarrow \quad P = 2,$$

und der Nominallohn

$$w = (w/P) \cdot P = 2 \cdot 2 = 4.$$

A23. In Abbildung 12 werden die Auswirkungen eines exogenen Anstiegs der autonomen Investitionen dargestellt. Man erkennt, dass das Realeinkommen Y, das Preisniveau P und die Beschäftigung N steigen. Der Konsum C steigt ebenfalls, da C=C(Y) mit C_Y>0. Die Arbeitsproduktivität Y/N und die Arbeitslosigkeit N_{VB}−N sinken. Folglich sind in dem Modell der Konsum, die Beschäftigung und das Preisniveau positiv, die Arbeitsproduktivität und die Arbeitslosigkeit hingegen negativ mit dem Realeinkommen korreliert. Für das Preisniveau und die Arbeitsproduktivität erhält man somit Ergebnisse, die den Fakten widersprechen.

A24. Das Kaufkraftargument der Löhne gilt in allen hier vorgestellten Varianten des Keynesianischen Modells nicht, und zwar aus folgendem Grund: Höhere Löhne erhöhen zwar unter Umständen die Kaufkraft der Arbeitnehmer — nämlich dann, wenn die Arbeitsnachfrage unelastisch ist, wie in Aufgabe A23 zur Klassisch-Neoklassischen Theorie gezeigt — aber zugleich sinken die Gewinn- und eventuell die Zinseinkommen. Das Einkommen des repräsentativen Haushaltes wird unter keinen Umständen steigen und somit auch nicht die Güternachfrage. — Nach einem Argument von Kaldor allerdings kann die Umverteilung zugunsten der Arbeitnehmer expansiv wirken, wenn diese eine geringe Sparquote als die Bezieher von Gewinn- und Zinseinkommen haben. Unter Kaldors Annahme würde die Lohnerhöhung eine Verringerung der gesamtwirtschaftlichen Sparquote induzieren, also eine Rechtsverschiebung der IS-Kurve. Letzteres führt allerdings bei steigenden Reallöhnen nur dann zu einer Beschäftigungszunahme, wenn man von einer Investitions- oder Liquiditätsfalle ausgeht (siehe dazu auch Aufgabe A8).

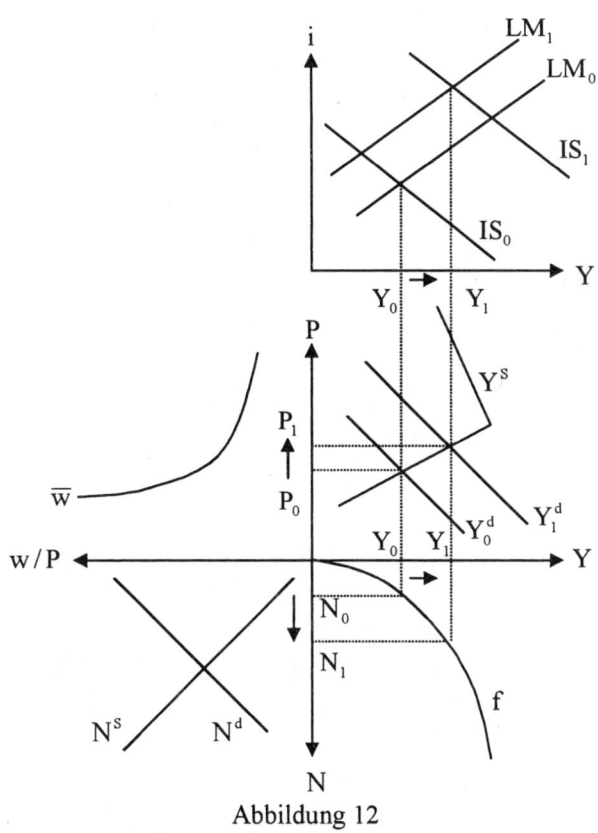

Abbildung 12

Kapitel VI. Wirtschaftspolitische Implikationen der Theorien im Vergleich

Verständnisfragen

F1. Welche grundsätzlichen Möglichkeiten hat der Staat, um seine Ausgaben finanzieren?

F2. Was ändert sich, wenn, ausgehend von einer Modellökonomie ohne Staat, Staatsausgaben eingeführt werden, deren Finanzierung ausschließlich über Verschuldung erfolgt?

F3. Welche der folgenden Instrumente kann der Staat in der Bundesrepublik Deutschland für seine wirtschaftspolitischen Zielsetzungen einsetzen: Geldpolitik; Finanzpolitik; Lohnpolitik; Preispolitik?

F4. Sind die Begriffe "Finanzpolitik" und "Fiskalpolitik" synonym verwendbar?

F5. Stimmen Sie zu, dass sich im Klassisch-Neoklassischen Modell bei einer Erhöhung der Staatsausgaben allein die private Investitionsnachfrage vermindert?

F6. Welche Wirkung haben im Klassisch-Neoklassischen Modell zusätzliche Staatsausgaben, die über Steuern oder durch Verschuldung finanziert werden?

F7. Abweichend von den Annahmen der Klassisch-Neoklassischen Theorie sei unterstellt, dass die Investitionsnachfrage, wie in der Keynesianischen Theorie, erwartungsabhängig ist, so dass sich die Investitionsnachfragekurve aufgrund rein psychologischer Ursachen spontan verschieben kann. Ist in diesem Fall eine antizyklische Fiskalpolitik sinnvoll?

F8. Erläutern Sie, warum im Keynesianischen Modell die aggregierte Güternachfrage infolge einer Zunahme steuerfinanzierter Staatsausgaben auch dann steigt, wenn keine Investitions- oder Liquiditätsfalle vorliegt und die Löhne und Preise flexibel sind.

F9. "Im Keynesianischen Modell mit starren Nominallöhnen ist ein Beschäftigungsprogramm in Form schuldfinanzierter Staatsausgaben aus Arbeitnehmersicht vorteilhaft, weil die Beschäftigung ohne Reallohnsenkung zunehmen kann." Nehmen Sie Stellung.

F10. In welcher Situation hat eine expansive Geldpolitik einen Anstieg der nominalen Güternachfrage und des Nominaleinkommens zur Folge?

F11. Es seien die Voraussetzungen des Haavelmo-Theorems gegeben, das heißt, es liege eine Investitions- oder Liquiditätsfalle vor. Welche Wirkung haben steuerfinanzierte zusätzliche Staatsausgaben in diesem Fall auf das Investitionsvolumen, das Realeinkommen, das verfügbare Einkommen und den realen Konsum?

F12. Würde eine expansive Geldpolitik das Realeinkommen auch im Klassisch-Neoklassischen Modell erhöhen, wenn man unterstellt, dass die Nominallöhne auf einem Niveau oberhalb von w^* fixiert sind?

F13. Welchen Effekt hat die Geldschöpfung im Klassisch-Neoklassischen Modell und im Allgemeinen Keynesianischen Modell auf den Zins?

F14. "Rezessionen sind in der Bundesrepublik meist Niedrigzinsphasen, insofern ist die Gefahr eines Crowding-Out bei schuldfinanzierten Konjunkturprogrammen gering." Nehmen Sie zu dieser Behauptung Stellung.

F15. Ist es für die Wirksamkeit des Multiplikatorprozesses entscheidend, ob in der Wirtschaft Unterbeschäftigung besteht oder Vollbeschäftigung?

Übungsaufgaben

A1. Wenn man wirtschaftliche Aktivität des Staates berücksichtigt und von Steuern abstrahiert, lautet die Gleichgewichtsbedingung für das Keynesianische Einkommen-Ausgaben-Modell S(Y)=I+G. a) Leiten Sie aus dieser Gleichgewichtsbedingung den Investitionsmultiplikator her und bestimmen Sie sein Vorzeichen. b) Die Regierung verfolge eine antizyklische Fiskalpolitik, so dass die Staatsausgaben funktional von der Höhe des Volkseinkommens abhängen. Setzen Sie eine geeignete Funktion in die Gleichgewichtsbedingung ein, bestimmen Sie abermals den Investitionsmultiplikator und vergleichen Sie die beiden Multiplikatoren.

A2. Über welche vier Mechanismen kann es prinzipiell in einer geschlossenen Volkswirtschaft zu einem Crowding-Out kommen?

A3. Sowohl im Klassisch-Neoklassischen als auch im Allgemeinen Keynesianischen Modell besteht auf Dauer ein Gleichgewicht bei Vollbeschäftigung. Eine kreditfinanzierte Zunahme der Staatsausgaben bewirkt jedoch im letzteren Modell einen Preisniveauanstieg, im erstgenannten nicht. Auf welchen Unterschied in den Annahmen der beiden Modelle ist dies zurückzuführen?

A4. Betrachten Sie ein IS/LM-Modell, in dem die Geldnachfrage zinsunelastisch ist. Erläutern Sie, warum steuer- und kreditfinanzierte Fiskalpolitik in diesem Modell unwirksam sind, Geldpolitik hingegen nicht.

A5. Stellen Sie die Wirkungen einer Ausgaben- und gleichzeitigen Steuerreduktion im Allgemeinen Keynesianischen Modell graphisch dar. Inwiefern ändert sich im Laufe des Anpassungsprozesses die Realkasse M/P?

A6. Schildern Sie die Auswirkungen einer Geldmengenerhöhung im Klassisch-Neoklassischen sowie im Keynesianischen Modell. Skizzieren Sie die Wirkungsketten. Welche Unterbrechungen können in der Keynesianischen Wirkungskette auftreten?

A7. Erörtern Sie den Fall, dass die Zentralbank den Zins anstelle der Geldmenge steuert. Das bedeutet, dass die Zentralbank ein bestimmtes von ihr für richtig erachtetes Zinsniveau am Markt durchsetzt, also bereit ist, die sich zu diesem Zins und Einkommen ergebende Geldnachfrage voll zu befriedigen. Welche Variablen eines IS/LM-Modells mit konstantem Preisniveau sind unter einem solchen Regime exogen, welche endogen? Wie groß ist der Staatsausgabenmultiplikator einer kreditfinanzierten Fiskalpolitik in diesem System? Wie ändert sich die Geldmenge infolge der Fiskalexpansion?

A8. Ein Einkommensteuertarif lässt sich durch eine Funktion $T^n=T^n(P \cdot Y)$ beschreiben, wobei T^n das nominale Steueraufkommen und PY das Nominaleinkommen bezeichnet. Im einfachsten Fall ist der Tarif linear: $T^n=t \cdot P \cdot Y$, aber das Steueraufkommen kann auch progressiv mit dem Nominaleinkommen wachsen. Wie ändert sich unter den Annahmen des Klassisch-Neoklassischen Modells das nominale Steueraufkommen, wenn sich die Produktionsfunktion aufgrund technischen Fortschritts nach oben verschiebt (Wirtschaftswachstum)?

A9. Viele Zentralbanken betreiben heute eine mehr oder weniger strikt gefasste Geldmengenpolitik, die in der Ankündigung und Verfolgung eines bestimmten Geldmengenziels oder -korridors besteht. In den 50er und 60er Jahren stand demgegenüber die Zinspolitik im Vordergrund, bei der die Zentralbanken versuchten, ein bestimmtes Niveau des Nominalzinses zu halten. Solche Zinsziele spielen auch heute noch eine gewisse Rolle. Erörtern Sie anhand des IS/LM-Modells, welche der beiden genannten Formen der Geldpolitik eine größere Stabilität der gesamtwirtschaftlichen Nachfrage und des Preisniveaus gewährleistet, wobei unterstellt sei, dass Schwankungen der Nachfrage durch Änderungen des Investitionsklimas bedingt sind.

A10. $Y_v := Y-T$ sei das verfügbare Einkommen der Haushalte und $T=t \cdot Y$ ein linearer Einkommensteuertarif. Im Einkommen-Ausgaben-Modell lautet der

Multiplikator aufgrund der Einkommensteuer nicht mehr $m=1/(1-C_Y)$. Berechnen Sie erstens den allgemeinen Ausdruck für den Multiplikator und zweitens seinen konkreten Wert für $C_Y=0,8$ und einen Marginalsteuersatz $t=0,25$. Erklären Sie verbal, warum sich der Wert des Multiplikators durch die Einkommensteuer vermindert.

A11. Es gibt zwei unterschiedliche Konzepte der antizyklischen Fiskalpolitik, die sich beide im Stabilitäts- und Wachstumsgesetz niedergeschlagen haben. Nach dem ersten Konzept ("reine Fiskalpolitik") werden zusätzliche Staatsausgaben in der Rezession durch Ausgabe von Wertpapieren, also Verschuldung finanziert. Nach dem zweiten Konzept ("gemischte Fiskalpolitik") erfolgt die Finanzierung durch Geldschöpfung, etwa durch Auflösung einer zuvor gebildeten Konjunkturausgleichsrücklage. Haben diese beiden Politikarten im Allgemeinen Keynesianischen Modell quantitativ denselben Einfluss auf die aggregierte Güternachfrage?

A12. Das geplante Güterangebot (verstanden als Realeinkommen bei Vollbeschäftigung) einer Keynesianischen Volkswirtschaft belaufe sich auf $Y^*=80$. Die Sparfunktion laute $S(Y)=0,25\cdot Y$, die Geldnachfragefunktion laute $L(Y,i)=2\cdot Y-2000\cdot i$, und das Geldangebot sei mit $M=100$ angesetzt. Aufgrund extremer Umstände seien die Unternehmen zur Investition eines Betrages von nur $I=15$ bereit. Berechnen Sie das resultierende Gleichgewicht. Welche Wirkung auf Produktion und Beschäftigung hat eine Ausdehnung der Geldmenge um 10 Prozent? Wie wirkt sich ein schuldfinanziertes Ausgabenprogramm des Staates mit dem Volumen $D=G=5$ aus?

A13. In einer Klassisch-Neoklassischen Volkswirtschaft werden die Staatsausgaben um 10 Prozent gesenkt. Ändert sich infolge dieser Maßnahme der Zins?

A14. In einer Volkswirtschaft, die den Annahmen des Allgemeinen Keynesianischen Modells genügt, soll eine allgemeine Verbrauchsteuer ("Mehrwertsteuer" mit dem Steuersatz t) eingeführt werden. Während die Produzenten weiterhin den Betrag P pro Gütereinheit erhalten, haben die Nachfrager den Betrag $P'=P(1+t)$ zu zahlen, so dass das Preisniveau nicht mehr durch P, sondern durch P' gemessen wird. Das Steueraufkommen wird zur Senkung anderer Steuern verwendet. Welche Wirkung hat die Einführung oder Erhöhung einer solchen allgemeinen Verbrauchsteuer auf das Preisniveau P'? Nehmen Sie hierbei zur Vereinfachung an, dass das Arbeitsangebot und der Konsum der Haushalte nur von der gesamten Steuerlast T und nicht von dessen Aufteilung auf verschiedene Steuerarten abhängen.

Beantwortung der Verständnisfragen

F1. Grundsätzlich kann der Staat seine Ausgaben durch Verschuldung oder durch Steuern finanzieren. Eine Finanzierung durch Geldschöpfung ist möglich, kann allerdings institutionell durch eine autonome Notenbank erschwert sein.

F2. Änderungen machen sich am Güter- und Kapitalmarkt bemerkbar. Am Gütermarkt tritt die staatliche Güternachfrage hinzu. Am Kapitalmarkt muss die staatliche Kreditnachfrage mit berücksichtigt werden. Die Budgetrestriktion der Haushalte hingegen bleibt unverändert; sie muss erst bei Einführung von Steuern modifiziert werden.

F3. Die Lohnpolitik scheidet wegen der verfassungsmäßig gewährleisteten Tarifautonomie aus, was nicht ausschließt, dass der Staat indirekt auf die Lohnfindung einzuwirken versuchen kann. Als direkte Mittel stehen ihm jedoch die Geld- und Finanzpolitik und (in Ausnahmefällen) die Preispolitik zu Gebote.

F4. Der Begriff "Finanzpolitik" ist weiter und bezeichnet alle Maßnahmen, die mit Änderungen des staatlichen Budgets verbunden sind. "Fiskalpolitik" umfasst nach herrschender Terminologie jene finanzpolitischen Instrumente, die auf das Stabilisierungsziel gerichtet sind. Allerdings bezeichnet man auf einer anderen Ebene auch solche Maßnahmen als "fiskalisch", die der Erzielung von Staatseinnahmen dienen.

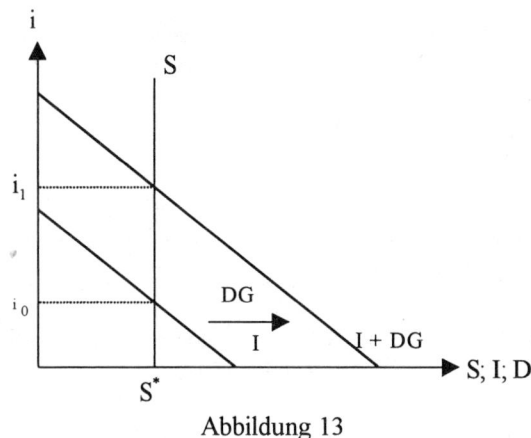

Abbildung 13

F5. Bei gleichzeitiger Steuererhöhung würde auch der private Konsum zurückgehen. Bei der Schuldfinanzierung gehen zusätzliche Staatsausgaben nur dann allein zu Lasten der Investition, wenn man eine vollkommen zinsune-

lastische Ersparnis annimmt, wie Abbildung 13 zeigt: Bei vollkommen zinsu-
nelastischer Ersparnis (senkrechte Sparfunktion) bedeutet eine Zunahme der
Staatsverschuldung um ΔG einen Rückgang der privaten Investition um genau diesen Betrag, weil das Kapitalangebot, das auf diese beiden Nachfrage-
komponenten verteilt werden muss, unverändert bleibt.

F6. Im Klassisch-Neoklassischen Modell verdrängt die Staatsnachfrage Euro
für Euro private Nachfrage (totales Crowding-Out), so dass die gesamtwirtschaftliche Güternachfrage unverändert bleibt. Weil dem so ist, erhöht eine
Zunahme der Staatsausgaben nicht das Preisniveau, und es steigt auch nicht
das Realeinkommen. Die im Widerspruch zur öffentlichen Meinung stehende
Tatsache, dass zusätzliche Staatsausgaben nicht inflationär wirken, gilt im
Rahmen des Klassisch-Neoklassischen Modells allerdings nur bei Steuer-
oder Schuldfinanzierung, nicht bei einer Finanzierung durch Geldschöpfung.

F7. Es ist wichtig zu verstehen, dass die Keynesianische Investitionstheorie
für sich genommen keines der Ergebnisse der Klassisch-Neoklassischen Theorie hinfällig werden lässt: Eine Verschlechterung des Investitionsklimas
führt zu einer Linksverschiebung der Kapitalnachfragekurve. Ist die Ersparnis zinsunelastisch, so wird daraufhin allein der Zins fallen, das Investitionsvolumen ändert sich nicht. Bei zinselastischer Ersparnis gehen Investition
und Ersparnis zurück, aber dies wird Euro für Euro durch eine Zunahme des
privaten Konsums ausgeglichen. Die aggregierte Güternachfrage ändert sich
in keinem Fall; ergo macht auch eine antizyklische Fiskalpolitik keinen Sinn.
Es kommt weiterhin zu einem totalen Crowding-Out.

F8. Die Güternachfrage steigt im Keynesianischen Modell bei steuerfinanzierten Staatsausgaben immer; betrachten Sie hierzu die Herleitung im Lehrbuch. Die Rechtsverschiebung der Y^d-Kurve folgt allein schon aus der Annahme einer zinselastischen Geldnachfrage. Zu einer Zunahme der Güterproduktion kommt es indes nur bei einer Investitions- oder Liquiditätsfalle oder
bei starren Löhnen.

F9. Ganz im Gegenteil führt die expansive Fiskalpolitik im Keynesianischen
Modell mit starren Nominallöhnen allein über Reallohnsenkungen zu mehr
Beschäftigung. Wie Abbildung 14 zeigt, bewirkt die expansive Fiskalpolitik
einen Preisanstieg, der über die damit verbundene Reallohnsenkung bei starren Nominallöhnen eine erhöhte Arbeitsnachfrage der Unternehmen indu-
ziert.

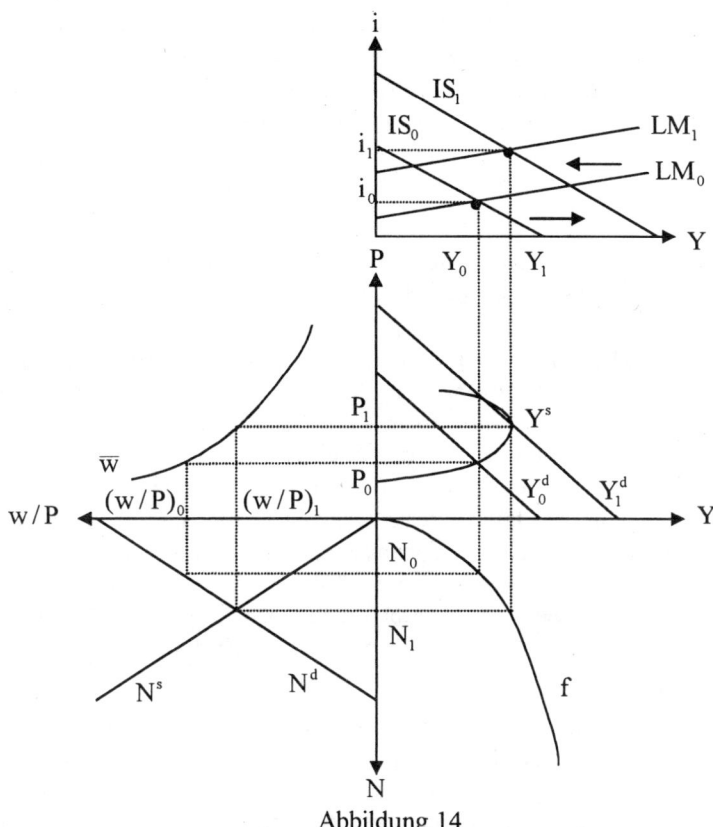

Abbildung 14

F10. Im Klassisch-Neoklassischen Modell ergibt sich die Zunahme des Nominaleinkommens (P·Y) direkt aus der Quantitätsgleichung M·v=P·Y. Im Allgemeinen Keynesianischen Modell und bei starren Löhnen verschiebt sich die Y^d-Kurve nach rechts, bei einer Investitions- und Liquiditätsfalle bleibt ihre Lage unverändert. Freilich steigt das reale Einkommen nur bei Annahme starrer Löhne; in allen anderen Fällen ergibt sich lediglich ein Anstieg des Preisniveaus.

F11. Das Investitionsvolumen bleibt in jedem Fall unverändert, weil entweder die Investitionen nicht auf Zinsänderungen reagieren (Investitionsfalle) oder der Zins selbst sich nicht ändert (Liquiditätsfalle). Das Realeinkommen steigt gemäß dem Haavelmo-Theorem genau um den Betrag der zusätzlichen Staatsausgaben. Weil nun ΔY=ΔT ist, verändert sich das verfügbare Einkommen der Haushalte (Y−T) nicht; ergo bleibt auch der Konsum gleich.

F12. Gemäß der Quantitätstheorie müsste eine solche Politik in einen allgemeinen Preisanstieg münden, und über die damit verbundene Reallohnsenkung würden Arbeitsnachfrage, Beschäftigung und Produktion zunehmen. In der wirtschaftspolitischen Praxis allerdings hat sich eine derartige Politik kaum einmal bewährt, weil nach kürzester Zeit die Nominallöhne ihrerseits gemäß der Preisentwicklung angehoben werden und sogar ausdrücklich an die Inflationsrate gekoppelt sind.

F13. Im Klassisch-Neoklassischen Modell wird der Zins allein durch Ersparnis und Investition bestimmt, und da die Funktionen S(i) und I(i) sich bei Geldschöpfung nicht verändern, bleibt der Zins konstant. Demgegenüber wirkt die Geldschöpfung im Allgemeinen Keynesianischen Modell zunächst zinssenkend (Rechtsverschiebung der LM-Kurve), wenn auch der Zins auf Dauer unverändert bleibt (Linksverschiebung der LM-Kurve wegen Preisanstieg). Dies hat folgende Ursache: Bei zunächst unverändertem Preisniveau steigt mit der nominalen Geldmenge auch die Realkasse, und der Zins muss etwas sinken, damit die höhere reale Geldmenge freiwillig gehalten wird. Wegen der dadurch induzierten Zunahme der Investitionsnachfrage kommt es sofort zu einer Überschussnachfrage auf dem Gütermarkt, die durch steigende Preise kompensiert wird. Dieser Prozess hält so lange an, bis die Realkasse auf ihr Ausgangsniveau gesunken bzw. der Zins auf sein Ausgangsniveau gestiegen ist.

F14. Die Behauptung ist erstens empirisch falsch, denn ganz im Gegenteil sind die Rezessionen in der Bundesrepublik Deutschland oft ausgesprochene Hochzinsphasen gewesen, egal ob man lang- oder kurzfristige Zinsen bzw. Real- oder Nominalzinsen zugrundelegt. Zweitens enthält die Behauptung ein non sequitur, weil das Ausmaß des Crowding-Out nichts mit dem Zinsniveau zu tun hat. Auch bei sehr niedrigen Zinsen (niedriger Schnittpunkt von IS und LM-Kurve) können die Investitionen höchst zinselastisch sein, und selbst wenn das nicht der Fall ist, ergibt sich im Allgemeinen Keynesianischen Modell ein vollständiges Crowding-Out über den Preisanstieg.

F15. Es kommt bei der Beurteilung von Multiplikatorwirkungen nicht darauf an, ob Unterbeschäftigung besteht oder nicht, sondern entscheidend ist die Ursache der Unterbeschäftigung. Die im Einkommen-Ausgaben-Modell dargestellten Multiplikatorwirkungen ergeben sich dann und nur dann, wenn eine Investitions- oder Liquiditätsfalle vorliegt. Geht die Unterbeschäftigung aber auf starre Nominallöhne zurück, so kann sie durch eine expansive Fiskalpolitik entweder gar nicht (Klassisch-Neoklassisches Modell) oder nur indirekt vermittels einer Reallohnsenkung (Keynesianisches Modell) behoben werden.

Lösung der Übungsaufgaben

A1. a) Aus der in der Aufgabenstellung gegebenen Gleichgewichtsbedingung

$$F_1 := S(Y) - I - G = 0$$

folgt unter Verwendung des Satzes über implizite Funktionen der folgende Ausdruck für den Investitionsmultiplikator

$$dY/dI = -(\partial F_1/\partial I)/(\partial F_1/\partial Y) = 1/S_Y > 0.$$

Dieser ist wegen $0<S_Y<1$ positiv und größer als eins. b) Eine antizyklische Fiskalpolitik, bei der die Staatsausgaben negativ vom Volkseinkommen abhängen, nimmt die folgende allgemeine Form an

$$G = G(Y), \quad G_Y < 0.$$

Hierbei sinken die Staatsausgaben bei einem höheren Volkseinkommen. Setzt man diese Funktion in die Gleichgewichtsbedingung ein, erhält man

$$F_2 := S(Y) - I - G(Y) = 0,$$

so dass sich nun der folgende Investitionsmultiplikator ergibt:

$$dY/dI = -(\partial F_2/\partial I)/(\partial F_2/\partial Y) = 1/(S_Y - G_Y) > 0.$$

Offenbar ist der Multiplikator im Falle einer antizyklischen Fiskalpolitik wegen $G_Y<0$ geringer $[1/(S_Y-G_Y)<1/(S_Y)]$. Folglich werden die Konjunkturschwankungen, die eine exogene Schwankung des Investitionsvolumens auslöst, durch eine antizyklische Fiskalpolitik gedämpft.

A2. Vier denkbare Mechanismen sind die folgenden: Erstens findet bei Steuerfinanzierung von Staatsausgaben eine direkte Einkommensreduktion der Privaten statt, so dass die private Nachfrage entsprechend fallen muss. Zweitens kann über einen Zinsanstieg Investitionsnachfrage und, bei zinselastischer Ersparnis, Konsumnachfrage verdrängt werden. Drittens können, wie im Allgemeinen Keynesianischen Modell, Preissteigerungen den Rückgang privater Nachfrage verursachen. Und schließlich kann das Crowding-Out, was allerdings erst in Kapitel X erörtert wird, über eine Rationierung am Gütermarkt erfolgen, wenn die Güternachfrage das Angebot übersteigt, die Preise fixiert sind und staatliche Nachfrage Vorrang vor privater Nachfrage hat.

A3. Im Klassisch-Neoklassischen Modell ist die Geldnachfrage zinsunelastisch, im Allgemeinen Keynesianischen Modell ist sie zinselastisch. Allein diese Annahmen sind für die unterschiedlichen Preisniveauwirkungen einer expansiven Fiskalpolitik verantwortlich, wie die beiden folgenden Überle-

gungen zeigen: Angenommen, die Geldnachfrage bzw. die Umlaufsgeschwindigkeit des Geldes sei im Klassisch-Neoklassischen Modell zinselastisch. Kreditfinanzierte Staatsausgaben bewirken dann über den resultierenden Zinsanstieg eine Zunahme der Umlaufsgeschwindigkeit des Geldes. Gemäß $M \cdot v = P \cdot Y$ muss deshalb bei unveränderter Geldmenge und unverändertem Realeinkommen das Preisniveau steigen. Sei umgekehrt die Geldnachfrage im Allgemeinen Keynesianischen Modell zinsunelastisch, so dass die
LM-Kurve, wie in einer früheren Aufgabe gezeigt, senkrecht verläuft. Trotz
der Rechtsverschiebung der IS-Kurve (höhere Staatsausgaben) verschiebt
sich die Güternachfragekurve (Y^d-Kurve) in diesem Fall nicht. Folglich
kommt es auf dem Gütermarkt auch nicht zu einem Preisanstieg.

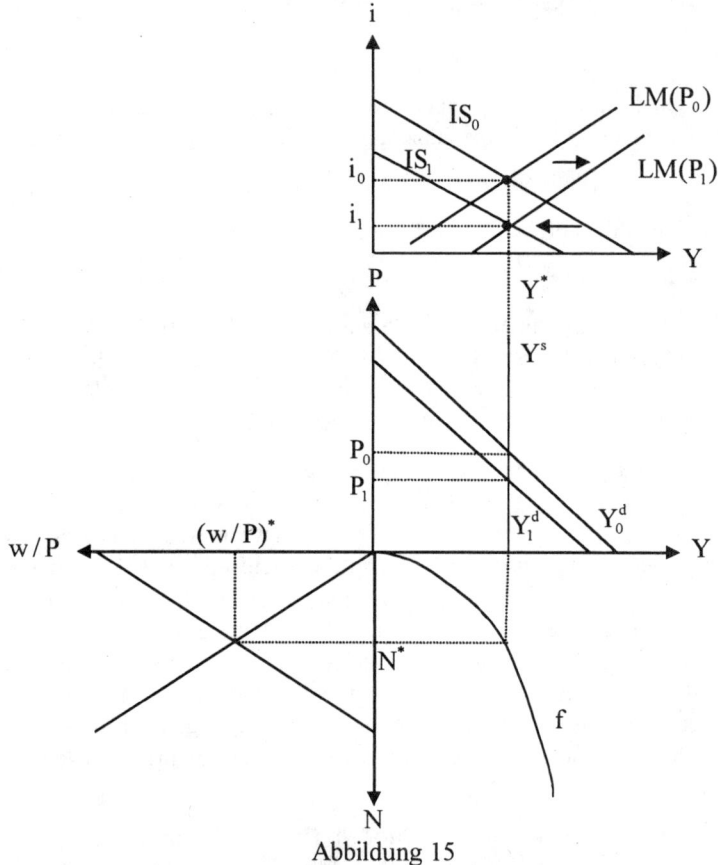

Abbildung 15

A4. Weil die Geldnachfrage zinsunelastisch ist, vereinfacht sich die LM-
Gleichung zu: $L(Y) = M/P$. Folglich ist die effektive Nachfrage durch das

Geldmarktgleichgewicht eindeutig festgelegt. Betrachtet man den Fall einer steuerfinanzierten Fiskalpolitik (G=T), so lautet die IS-Kurve: I(i)=S(Y−G). Eine Erhöhung der Staatsausgaben führt somit lediglich zu höheren Zinsen. Bei einer kreditfinanzierten Fiskalpolitik (T=0) ist die IS-Kurve durch I(i)+G=S(Y) gegeben. Da die effektive Nachfrage abermals durch das Geldmarktgleichgewicht determiniert ist, führt auch kreditfinanzierte Fiskalpolitik ausschließlich zu Zinserhöhungen. Dagegen führt eine Ausweitung der Geldmenge zu einer Rechtsverschiebung der LM-Kurve, so dass sich das neue Gleichgewicht bei einer höheren Nachfrage und einem niedrigerem Zinssatz einstellt.

A5. Infolge der Ausgaben- und Steuersenkung verschiebt sich die IS-Kurve und damit auch die Y^d-Kurve nach links. Auf dem Gütermarkt besteht im ersten Moment ein Überschussangebot, so dass das Preisniveau sinkt und die Realkasse zunimmt. Folglich verschiebt sich die LM-Kurve allmählich nach rechts, und dieser Prozess hält so lange an, bis sie die Lage LM(P_1) erreicht hat (vgl. Abbildung 15). Bei gleicher Geldmenge und geringeren Preisen hat die Realkasse im neuen Gleichgewicht einen höheren Wert; sie nimmt während des Anpassungsprozesses stetig zu.

A6. Im Klassisch-Neoklassischen Modell wird das Volkseinkommen Y über den Arbeitsmarkt und die Produktionsfunktion bestimmt und ist insofern für den Geldmarkt und die Cambridge-Gleichung M=k·P·Y eine exogene Größe. Wenn k ebenfalls exogen und konstant ist, bleibt als endogene Größe, die sich bei einer Geldmengenausdehnung ändert, nur das Preisniveau P. Es wird proportional zum Anstieg der Geldmenge M anwachsen. Der Mechanismus, über den dieses passiert, heißt Cambridge-Effekt: Höhere Geldmenge (Kassenbestände) → höhere Güternachfrage → (konstantes Güterangebot) → steigende Preise → sinkende reale Geldmenge. — Im Keynesianischen Ansatz laufen die Auswirkungen einer Geldmengenerhöhung ganz anders ab: Höhere Geldmenge (Kassenbestände) → höhere Realkasse → Störung des Geldmarktgleichgewichts → LM-Kurve verschiebt sich nach rechts → Haushalt versucht, Wertpapiere zu kaufen um die bei gegebenem Y zu hohe Geldhaltung abzubauen → Wertpapierkurse steigen → Zinsen sinken → Investitions- und damit Gesamtnachfrage steigt → (Vollbeschäftigungs-)Güterangebot kann nicht weiter ausgedehnt werden → Preise steigen → Realkasse sinkt wieder bzw. LM-Kurve verschiebt sich zurück nach links → neues Gleichgewicht bei höherem Preisniveau und unverändertem i, Y und N. Diesen, vom Ergebnis her mit der Klassisch-Neoklassischen Theorie vergleichbaren Ablauf, nennt man Keynes-Effekt. Dieser Keynes-Effekt kann aus zwei Gründen gestört werden. Erstens ist der Fall einer Investitionsfalle möglich. Dann führt die Rechtsverschiebung der LM-Kurve nicht zu einer Ausdehnung der effektiven Nachfrage, weil die Unternehmen nicht auf die Zinssenkung reagieren. Zweitens wird im Fall einer Liquiditätsfalle keine Zinssenkung stattfinden. Der Zins befindet sich dann nach Einschätzung der Haushalte an einer absoluten Zinsuntergrenze i_0, unter die er nicht fallen kann. Durch ihre absolute Liquiditätspräferenz aus einem übersteigerten Spekulationsmotiv halten die Haushalte die umlaufende Menge an Wertpapieren nur, wenn die Kurse höchstens ein bestimmtes Niveau erreichen, dass gerade dem Zins i_0 entspricht. Steigen die Kurse darüber hinaus, werden Kursverluste befürchtet und wieder Wertpapiere angeboten, bis der Zins auf i_0 angestiegen ist bzw. die Kurse wieder gefallen sind. Unter diesen Bedingungen wird die zusätzliche Geldmenge ebenfalls gehalten; sie kann nicht dazu führen, dass der Zins unter das stabile Niveau i_0 sinkt. Die Nachfrage nach Wertpapieren steigt nicht. Also kann sich auch hier das Verhalten der Unternehmen und damit die effektive Nachfrage nicht ändern.

A7. Wenn ein bestimmtes Zinsniveau fixiert werden soll, ist i offenbar eine exogene Variable. Somit ist in diesem Modell neben dem Einkommen Y noch die Geldmenge M endogen. Um den Staatsausgabenmultiplikator einer kreditfinanzierten Fiskalpolitik in diesem Fall zu bestimmen, verwendet man den Satz über implizite Funktionen. Das Gleichungssystem ist gegeben durch:

$$F_1(Y,M) := I(i) + G - S(Y) = 0,$$

$$F_2(Y,M) := L(Y,i) - M/P = 0.$$

Somit ergibt sich der folgende Ausdruck für den Multiplikator:

$$\frac{dY}{dG} = -\frac{\begin{vmatrix} \dfrac{\partial F_1}{\partial G} & \dfrac{\partial F_1}{\partial M} \\[2mm] \dfrac{\partial F_2}{\partial G} & \dfrac{\partial F_2}{\partial M} \end{vmatrix}}{\begin{vmatrix} \dfrac{\partial F_1}{\partial Y} & \dfrac{\partial F_1}{\partial M} \\[2mm] \dfrac{\partial F_2}{\partial Y} & \dfrac{\partial F_2}{\partial M} \end{vmatrix}} = -\frac{\begin{vmatrix} 1 & 0 \\[1mm] 0 & -\dfrac{1}{P} \end{vmatrix}}{\begin{vmatrix} -S_Y & 0 \\[1mm] L_Y & -\dfrac{1}{P} \end{vmatrix}} = -\frac{-\dfrac{1}{P}}{S_Y \dfrac{1}{P}} = \frac{1}{S_Y} > 0.$$

Dieses Ergebnis ist wenig überraschend, denn man hätte sich gleich überlegen können, dass die Gesamtwirkung der kreditfinanzierten Fiskalpolitik bei konstant gehaltenem Zins dem üblichen elementaren Multiplikator entspricht. Die Wirkung der Fiskalpolitik auf die Geldmenge lässt sich über den Lösungsansatz über implizite Funktionen analog herleiten:

$$\frac{dM}{dG} = -\frac{\begin{vmatrix} \dfrac{\partial F_1}{\partial Y} & \dfrac{\partial F_1}{\partial G} \\ \dfrac{\partial F_2}{\partial Y} & \dfrac{\partial F_2}{\partial G} \end{vmatrix}}{\begin{vmatrix} \dfrac{\partial F_1}{\partial Y} & \dfrac{\partial F_1}{\partial M} \\ \dfrac{\partial F_2}{\partial Y} & \dfrac{\partial F_2}{\partial M} \end{vmatrix}} = -\frac{\begin{vmatrix} -S_Y & 1 \\ L_Y & 0 \end{vmatrix}}{\begin{vmatrix} -S_Y & 0 \\ L_Y & -\dfrac{1}{P} \end{vmatrix}} = -\frac{-L_Y}{S_Y \cdot \dfrac{1}{P}} = \frac{PL_Y}{S_Y} > 0.$$

Somit steigt die Geldmenge in Reaktion auf einen positiven fiskalischen Impuls im Falle einer Zinssteuerung. Dieses Ergebnis lässt sich leicht anhand der folgenden Überlegung verdeutlichen. Die IS-Kurve verschiebt sich durch die Fiskalpolitik nach rechts, wodurch der Zins steigen würde. Die Zentralbank muss die Geldmenge nun soweit ausdehnen, dass sich die LM-Kurve genauso weit nach rechts verschiebt wie die IS-Kurve; dann ist der Zins wieder auf dem alten Niveau.

A8. Das Steueraufkommen ändert sich nicht. Aus der Quantitätsgleichung $M \cdot v = P \cdot Y$ folgt unmittelbar, dass eine einprozentige Zunahme des Realeinkommens bei unveränderter Geldmenge und Umlaufsgeschwindigkeit von einem einprozentigen Rückgang des Preisniveaus begleitet ist. Das Nominaleinkommen ist unabhängig vom Realeinkommen, folglich ändert sich die Steuerbemessungsgrundlage PY bei realem Wachstum nicht. Dieser Zusammenhang wird in der Wirtschaftspolitik häufig übersehen, weshalb sich der Fiskus oft zu Unrecht freut, wenn das Realwachstum die Prognosen übertrifft. Allerdings kann der Staat bei sinkendem Preisniveau gemäß $T^n = P \cdot G$ real mehr Güter kaufen, weil auch er von der Preissenkung profitiert.

A9. Änderungen des Investitionsklimas bedingen eine Verschiebung der IS-Kurve. In Abbildung 16 wurde angenommen, dass die IS-Kurve aufgrund psychologischer Einflüsse zwischen den Positionen IS_1 und IS_2 oszilliert. LM_1 ist die ursprüngliche Lage der LM-Kurve. Bei einer Geldmengenpolitik behält die LM-Kurve ihre Lage zunächst bei, weil die Geldmenge unverändert bleibt. Bei der Zinspolitik hingegen verschiebt sie sich in die Lage LM_2, wenn die IS-Kurve die Lage IS_2 einnimmt; dies deshalb, weil der Zins im Schnittpunkt von IS_2 und LM_2 derselbe wie im Schnittpunkt von IS_1 und LM_1 ist. Die Graphik zeigt weiterhin das Realeinkommen bei Vollbeschäftigung, Y_1 und die Einkommen Y_2^M und Y_2^Z, die sich aus der Geldmengen- bzw. aus der Zinspolitik ergeben. Es ist ersichtlich, dass die Zinspolitik zu größeren Schwankungen des Gleichgewichtseinkommens und damit auch zu stärkeren Verschiebungen der Güternachfragekurve führt. Nach Abschluss aller Anpassungsprozesse wird im Allgemeinen Keynesianischen Modell

selbstverständlich $Y_1 = Y^*$ realisiert; dazu sind aber im Fall der Zinspolitik
stärkere Preisanpassungen auf dem Gütermarkt und raschere Nominallohnänderungen erforderlich, weil sich die Y^d-Kurve in diesem Fall weiter nach
rechts verschiebt.

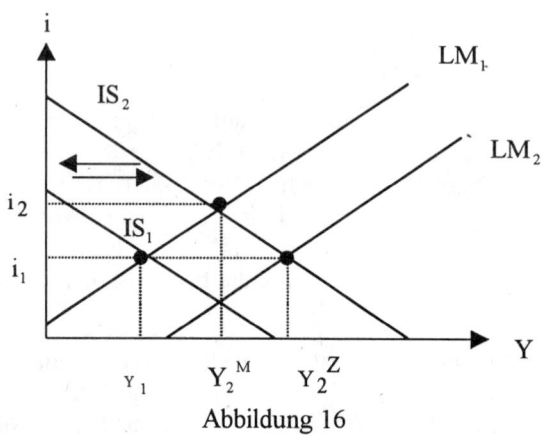

Abbildung 16

Das Charakteristikum der Zinspolitik besteht darin, dass die Geldmenge zu
einer endogenen Größe wird. Die Zentralbank kann entweder die Geldmenge
oder das Zinsniveau steuern; entscheidet sie sich für ein Zinsziel, so hängt die
Geldmenge vom Verhalten der Investoren und übrigen Wirtschaftssubjekte
ab. Ist dieses Verhalten, wie in der Keynesianischen Theorie angenommen,
erratisch, dann ergeben sich zwangsläufig erratische Änderungen der Geldmenge, der Güternachfrage und des Preisniveaus. Aus hauptsächlich diesem
Grund ist man in den 70er Jahren zu einer eher geldmengenorientierten Politik übergegangen.

A10. Am einfachsten geht man analog zu den Berechnungen im Lehrbuch
vor, wobei der Konsum vom verfügbaren Einkommen abhängig gemacht
wird:

$$Y^d = C_{aut} + C_Y \cdot Y^v + I \quad \Rightarrow \quad Y^d = C_{aut} + C_Y \cdot (1-t) \cdot Y + I.$$

Durch Gleichsetzung von Y^d und Y ergibt sich das Gleichgewichtseinkom-
men Y_0:

$$Y_0 = (C_{aut} + I)/[1 - C_Y \cdot (1-t)]$$

Für die vorgegebenen Werte $C_Y = 0,8$ und $t = 0,25$ hat der Multiplikator
$1/[1 - C_Y \cdot (1-t)]$ den Wert 2,5, während man für den elementaren Multiplikator $m = 1/(1 - C_Y)$ den doppelt so hohen Wert $m = 5$ findet. Dieses Resultat hat

folgende Ursache: Bei einem anfänglichen Anstieg des Realeinkommens um eine Einheit nimmt der Konsum im Modell ohne Steuer in der ersten Runde um C_Y Einheiten zu. Hier jedoch steigt das verfügbare Einkommen der Haushalte zunächst um $(1-t)$ Einheiten und der Konsum um nur $C_Y\cdot(1-t)$. Es ist unmittelbar klar, dass auch die weiteren Glieder der Reihe im zweiten Fall geringer sein werden, so dass sich insgesamt ein geringerer Zuwachs des Realeinkommens ergibt.

A11. Die gemischte Fiskalpolitik hat eine quantitativ stärkere Wirkung auf die aggregierte Güternachfrage, was sich anhand des IS/LM-Modells zeigen lässt. Bekanntlich verschiebt sich die Y^d-Kurve nach rechts, wenn sich entweder die IS- oder die LM-Kurve nach rechts verschiebt. Während nun die reine Fiskalpolitik sich allein in einer Rechtsverschiebung der IS-Kurve äußert, erfolgt bei gleichzeitiger Geldschöpfung (gemischte Fiskalpolitik) zusätzlich eine Rechtsverschiebung der LM-Kurve. Verbal lässt sich die größere Wirksamkeit der gemischten Fiskalpolitik folgendermaßen erklären: Schuldfinanzierte Staatsausgaben induzieren einen Zinsanstieg, durch den private Investitionsnachfrage verdrängt wird. Bei Finanzierung der Ausgaben durch Geldschöpfung kommt es hingegen nicht zu einem Zinsanstieg und somit auch nicht zur Verdrängung privater Investitionen.

A12. Natürlich geht es hier um die Investitionsfalle. Durch Gleichsetzung von Investition und Ersparnis ergibt sich unmittelbar die gesamtwirtschaftliche Güternachfrage:

$$S(Y) = 0{,}25\cdot Y = I = 15 \quad \Leftrightarrow \quad Y^d = 60.$$

Durch diese senkrecht verlaufende Güternachfragefunktion (senkrecht, weil Y^d unabhängig vom Preisniveau ist), wird die tatsächliche Produktion auf $Y_0=60$ beschränkt. Für den monetären Sektor lässt sich, wie bei einer Investitionsfalle üblich, kein eindeutiges Gleichgewicht berechnen; denn Einsetzen der Geldmenge und des Realeinkommens in die Gleichung der LM-Kurve führt mit

$$L(Y,i) = M/P \quad \Leftrightarrow \quad 120 - 2000\cdot i = 100/P \quad \Leftrightarrow \quad i = 0{,}06 - 0{,}05/P$$

zu einer Unendlichkeit von Lösungen (P, i). Jede expansive Geldpolitik hat nur eine Modifikation dieser letzten Gleichung zur Folge und keine Auswirkung auf Realeinkommen und Beschäftigung. Bei einer expansiven Fiskalpolitik mit dem Volumen G=D=5 ändert sich die Gleichung der IS-Kurve

$$S(Y) = 0{,}25\cdot Y = I + G = 15 + 5 \quad \Leftrightarrow \quad Y^d=80,$$

und es ergibt sich, dass die Wirtschaft durch diese Maßnahme zum Vollbeschäftigungs-Realeinkommen $Y^d=Y^*=80$ zurückfindet. Bei der vorgegebenen marginalen Sparneigung $S_Y = 0{,}25$ ist der elementare Multiplikator m=4, so dass ein Ausgabenprogramm von 5 Einheiten das Realeinkommen um 20 Einheiten erhöht.

A13. In Ihrer Lösungsstrategie müssen Sie folgenden Umstand bedacht haben: Gemäß der staatlichen Budgetrestriktion G=D+T werden Staatsausgaben durch Verschuldung oder Erhebung von Steuern finanziert. Eine Reduktion der Staatsausgaben ist deshalb entweder mit einer Verminderung der Verschuldung oder mit einer Steuersenkung oder mit einer Kombination dieser beiden Maßnahmen verbunden. Es empfiehlt sich, lediglich die beiden Extremfälle zu untersuchen.

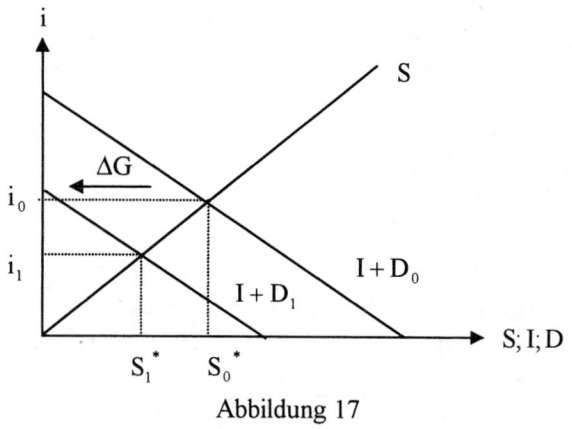

Abbildung 17

Verminderung der Verschuldung: Aufgrund der geringeren Staatsausgaben kann der Staat seine (gewöhnlich positive) Verschuldung verringern oder, was ökonomisch auf dasselbe hinauskommt, selbst sparen. In diesen Fällen verschiebt sich am Kapitalmarkt die Nachfragekurve um den Betrag ΔG nach links, wenn ΔG, eine negative Zahl, die Reduktion der Staatsausgaben misst. Folglich sinkt, wie in Abbildung 17 dargestellt, der Marktzins. Die private Güternachfrage steigt gleichzeitig um $-\Delta G$, wobei die Aufteilung der Zunahme auf Investition und Konsum von den Steigungen der Spar- und Investitionsfunktion abhängt. — Steuersenkung: Gemäß der Budgetbeschränkung Y–T=C+S nimmt das verfügbare Einkommen der privaten Haushalte infolge der Steuersenkung um $-\Delta T = -\Delta G$ zu. Deshalb werden die Haushalte sowohl den Konsum als auch die Ersparnis erhöhen. Am Kapitalmarkt ergibt sich eine Rechtsverschiebung der Sparfunktion um einen Betrag ΔS, der betragsmäßig geringer als die Steuersenkung ΔT ist; geringer deshalb, weil die Steuerersparnis auf zusätzlichen Konsum und zusätzliche Ersparnis aufgeteilt wird. Der Zins wird, wie Abbildung 18 veranschaulicht, auch in diesem Fall sinken. Es hängt von den Elastizitäten der Ersparnis und der Investition ab, ob er stärker oder weniger stark als bei der reduzierten Staatsverschuldung sinkt; dies ist unter den allgemeinen Modellannahmen nicht entscheidbar. Als Hauptergebnis bleibt festzuhalten, dass eine Verminderung der laufenden Staatsausgaben unabhängig von der Finanzierung zinssenkend wirkt. Abstrakt ausgedrückt ist die Ursache hierfür in dem Umstand zu sehen, dass geringere Staatsausgaben ·eine Reduktion der gesamtwirtschaftlichen Konsumquote bedeuten, wenn man unter "Konsum" den privaten und den Staatsverbrauch subsumiert.

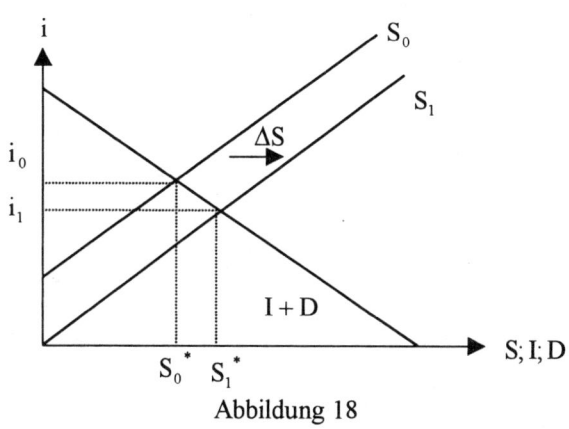

Abbildung 18

A14. Entgegen der populären Meinung steigt das Preisniveau bei einer Verbrauchsteuererhöhung nicht. Die Begründung setzt am besten schrittweise an folgenden Fakten an: Erstens ist unmittelbar ersichtlich, dass sich das Entscheidungsverhalten der Unternehmen nicht ändert, weil sie weiterhin den Betrag P erhalten; es muss nicht die Grenzproduktivitätsregel $w/P = \partial f/\partial N$ modifiziert werden. Infolgedessen bleiben die Arbeitsnachfragefunktion, die Investitionsfunktion und vor allem die Güterangebotsfunktion unverändert; letztere deshalb, weil sich die Arbeitsangebotsfunktion bei gleicher Steuerlast annahmegemäß nicht verschiebt. Zweitens ergibt sich das Realeinkommen im Allgemeinen Keynesianischen Modell direkt aus der senkrechten Güterangebotsfunktion; ergo wird sich auch das Realeinkommen durch die Verbrauchsteuererhöhung nicht ändern. Mit dieser Erkenntnis ist schon viel gewonnen!

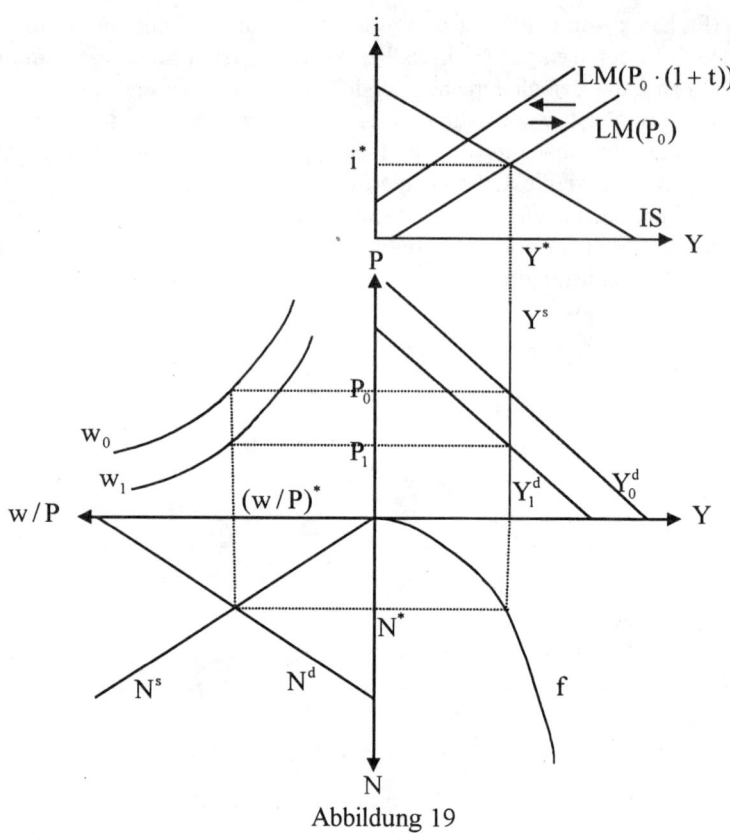

Abbildung 19

Drittens hängen Konsum und Ersparnis der Haushalte vom verfügbaren Einkommen Y–T ab, wobei T alle Steuern umfasst. Weil in der Aufgabenstellung angenommen wurde, dass das Aufkommen aus der Verbrauchsteuer zur Senkung anderer Steuern verwendet wird, bleiben T, das verfügbare Einkommen und somit auch die Sparfunktion unverändert. Wegen der ebenfalls unveränderten Investitionsnachfragekurve lässt sich schließen, dass die IS-Kurve ihre Lage beibehält. Viertens lautet die Gleichung der LM-Kurve nun $L(Y–T,i)=M/P'$ (wobei wir hier abweichend vom Lehrbuch annehmen, dass die Geldnachfrage vom verfügbaren Einkommen abhängt): Die nominale Geldnachfrage aus dem Transaktionsmotiv wird bei vorerst unverändertem Preis P und einer Steuererhöhung steigen, weil das Umsatzvolumen zunimmt, sie hängt jetzt von $P'=P\cdot(1+t)$ ab. Anders ausgedrückt bedeutet die Verbrauchsteuererhöhung eine Verminderung der Realkasse, die sich in einer Linksverschiebung der LM-Kurve und folglich der Y^d-Kurve äußert. Abbildung 19 verdeutlicht die Linksverschiebung der LM-Kurve aus der Lage

LM(P_0) in die Lage LM($P_0 \cdot (1+t)$). Wie die Abbildung 19 weiterhin zeigt, wird nun der Preis P von P_0 auf P_1 sinken. Die LM-Kurve verschiebt sich aufgrund der damit verbundenen Zunahme der Realkasse nach rechts, bis sie ihre ursprüngliche Lage wieder eingenommen hat. Bei unverändertem Y, T, i und M muss deshalb P' auf den Wert vor der Steuererhöhung gefallen sein. Aus einer simplen Partialbetrachtung folgt freilich, dass der Preisindex P'=P·(1+t) "unter sonst gleichen Umständen" bei Erhöhung von t steigen muss; nur sind, wie die makroökonomische Totalanalyse zeigt, die sonstigen Umstände nicht gleich. Wie in der Abbildung klar zu sehen ist, steigt zwar P' in einer ersten logischen Sekunde von P_0 auf $P_0 \cdot (1+t)$, doch unmittelbar danach kommt es zu Preissenkungen, bis $P_1 \cdot (1+t)$ gleich P_0 ist. Ökonomisch ausgedrückt tragen die Konsumenten bei gegebener Geldmenge eine Verbrauchsteuer nicht durch Zahlung höherer Preise, sondern durch die mit dem Rückgang von P verbundene Lohnsenkung, wobei allerdings in diesem speziellen Fall das verfügbare Realeinkommen wegen der gleichzeitigen Reduktion anderer Steuern unverändert bleibt. — Würde man alternativ annehmen, dass Arbeitnehmer eine geringere Sparquote als die übrigen Einkommensbezieher haben und dass eine Verbrauchsteuererhöhung bei gleichzeitiger Senkung der Einkommensteuer die Arbeitnehmer netto belastet und die anderen entlastet, so müsste sich die IS-Kurve aufgrund der resultierenden Zunahme der gesamtwirtschaftlichen Ersparnis nach links verschieben, und das Preisniveau P' würde sinken.

Kapitel VII. Makroökonomik der offenen Volkswirtschaft

Verständnisfragen

F1. Kommentieren Sie folgenden Satz: "Das Bruttoinlandsprodukt ist ein Maß für die Menge innerhalb der Landesgrenzen produzierter Güter".

F2. Grenzen Sie die Begriffe Handelsbilanzsaldo, Außenbeitrag, Nettoexport und Leistungsbilanzsaldo gegeneinander ab.

F3. Sollte die Wirtschaftspolitik Ihrer Meinung nach einen positiven Außenbeitrag anstreben?

F4. "Ein Dollar kostete heute 1,25 Euro, nach 1,19 Euro am Vortag." Geben Sie den heutigen Dollarkurs in Preis- und Mengennotierung an. Hat der Euro seit gestern aufgewertet oder abgewertet?

F5. Welche unterschiedlichen Sachverhalte charakterisiert der Begriff einer (nominalen) "Abwertung der Währung" bei flexiblem und bei festem nominalen Wechselkurs?

F6. Welche Annahme ist konstitutiv für das Konstrukt der "kleinen offenen Volkswirtschaft"?

F7. Welche zwei Merkmale charakterisieren vollständige Kapitalmobilität?

F8. Erläutern Sie, warum eine kleine offene Volkswirtschaft bei festem nominalen Wechselkurs die Fähigkeit zu eigenständiger Geldpolitik verliert.

F9. Welche Dimension hat der reale Wechselkurs?

F10. Angenommen, der reale Wechselkurs steigt. Welche Auswirkungen erwarten Sie auf die Exporte inländischer Güter ins Ausland?

F11. Warum ist im Keynesianischen Modell der geschlossenen Volkswirtschaft die aggregierte Güternachfrage eine fallende Funktion des Preisniveaus, und warum ist das gleiche in dem entsprechenden Modell der offenen Volkswirtschaft der Fall?

F12. Aufgrund welcher Modellannahme ist die Fiskalpolitik im Neoklassischen Modell der kleinen offenen Volkswirtschaft wirkungslos bezüglich des Güterangebotes, in der Keynesianischen Variante dagegen wirksam?

F13. Sowohl im Neoklassischen als auch im Keynesianischen Modell der kleinen offenen Volkswirtschaft gilt die Klassische Dichotomie. Erläutern Sie diesen Satz, und demonstrieren Sie, weshalb er jeweils gültig ist.

F14. Folgt aus dem Gesetz der Einheitlichkeit des Preises unmittelbar die Geltung der Kaufkraftparitätentheorie des Wechselkurses?

F15. Der Zentralbankpräsident bezeichnet die Währung seines Landes als "unterbewertet". Erläutern Sie, was damit gemeint sein könnte.

F16. In vielen Ländern, die eine Phase hoher Inflationsraten durchgemacht haben, versucht die Wirtschaftspolitik, die Landeswährung fest an die Währung eines anderen Landes zu koppeln, also den nominalen Wechselkurs zu fixieren. Erläutern Sie die möglichen Motive einer solchen Vorgehensweise.

Übungsaufgaben

A1. Angenommen, der Wechselkurs betrage 1 Euro/Dollar. Der jährliche Nominalzins in den USA ist 6 Prozent, und der entsprechende Zins in Euroland ist 4 Prozent. Kann diese Situation bei vollständiger Kapitalmobilität ein Gleichgewicht sein?

A2. Der jährliche Realzins in den USA und Euroland betrage 1 Prozent. Der Nominalzins in den USA ist 5 Prozent. Für Euroland wird Preisstabilität erwartet. a) Wie hoch ist die erwartete Änderung des realen Wechselkurses? b) Wie hoch ist die erwartete Änderung des nominalen Wechselkurses? c) Wie hoch ist der Nominalzins in Euroland?

A3. In einer Neoklassischen kleinen offenen Volkswirtschaft lässt die Zentralbank das nominale Geldangebot mit einer Rate von 3 Prozent pro Periode wachsen. Wie entwickelt sich der nominale Wechselkurs, wenn im Rest der Welt Preisstabilität herrscht?

A4. Wie wirkt im Neoklassischen Modell der kleinen offenen Volkswirtschaft eine defizitfinanzierte Erhöhung der Staatsausgaben auf den Außenbeitrag?

A5. Nehmen Sie an, im Neoklassischen Modell sei die Produktionsfunktion $Y=Af(N)$, wobei A ein exogener Index für das technologische Niveau ist, und die Funktion $f(N)$ die üblichen Eigenschaften hat (positive aber abnehmende Grenzproduktivität der Arbeit, d.h. $f_N>0$, $f_{NN}<0$; ein tiefgestellter Index an einem Funktionssymbol bezeichnet wie üblich die erste Ableitung nach dem im Index genannten Argument der Funktion, zwei Indizes bezeichnen die zweite Ableitung, usw.). Wie wirkt technischer Fortschritt (eine Erhöhung von A) auf den nominalen Wechselkurs?

A6. Nehmen Sie an, die Geldmenge M bestehe aus zwei Komponenten: der heimischen Komponente H, die aus Krediten der Zentralbank an inländische Kreditinstitute und der Bargeldhaltung der inländischen Nichtbanken besteht, und den Währungsreserven R, also den Devisenbeständen der Zentralbank. Die Zentralbankbilanz sieht daher vereinfacht folgendermaßen aus:

Aktiva	Passiva
H	M
R	

Nehmen Sie an, das Inland habe sich vertraglich verpflichtet, seinen nominalen Wechselkurs gegenüber dem Rest der Welt konstant zu halten. Welche Wirkung erzielt die Zentralbank auf Währungsreserven, Preisniveau und Beschäftigung, wenn sie die heimische Komponente H der Geldmenge ausdehnt? Argumentieren Sie im Rahmen des Neoklassischen Modells der kleinen offenen Volkswirtschaft.

A7. Im Keynesianischen Modell der kleinen offenen Volkswirtschaft sei die Exportnachfrage gegeben durch $EX = \varepsilon^{\alpha} \cdot Y^A$ und die Importnachfrage sei $IM = \varepsilon^{-\beta} \cdot (Y - T)^{\gamma}$, wobei $\alpha, \beta, \gamma > 0$ positive Parameter seien. Wird eine reale Abwertung (eine Erhöhung von ε) den Außenbeitrag erhöhen oder senken, wenn der Außenbeitrag in der Ausgangssituation gleich null ist?

A8. Nehmen Sie an, die Wirtschaftspolitik wolle unter den Gegebenheiten des Mundell-Fleming-Modells Schwankungen des Inlandseinkommens möglichst vermeiden. Die Ursache von Schwankungen wird darin gesehen, dass die Investitionsnachfrage außer vom Zins von rein psychologischen Faktoren (den berühmten Keynesschen *animal spirits*) beeinflusst wird. Die Investitionsfunktion ist daher $I = I(i^A, a)$, wobei a ein Indikator für die Stimmung der Investoren ist, mit $\partial I / \partial a > 0$. Sollte ein Regime fester oder flexibler Wechselkurse eingerichtet werden?

A9. Wie muss die Antwort zu der vorigen Frage lauten, falls eher Störungen im Bereich der Geldnachfrage zu erwarten sind? Nehmen Sie an, die Liquiditätsnachfragefunktion sei von dem psychologischen Stimmungsfaktor a abhängig und laute $L = L(Y, i^A, a)$, mit $\partial L / \partial a > 0$.

A10. Gegeben sei das Mundell-Fleming-Modell mit flexiblem nominalen Wechselkurs. Wie wirkt eine defizitfinanzierte Fiskalpolitik auf den Außenbeitrag?

A11. Gegeben sei das Mundell-Fleming-Modell mit festem nominalen Wechselkurs. Wie wirkt eine steuerfinanzierte Fiskalpolitik auf den Außenbeitrag?

A12. Wie wirkt im Mundell-Fleming-Modell mit festem nominalen Wechselkurs eine einmalige exogene Abwertung auf Einkommen und Geldmenge?

A13. Wie wirkt im Mundell-Fleming-Modell eine Erhöhung des Einkommens im Rest der Welt auf das inländische Einkommen bei festem und bei flexiblem nominalen Wechselkurs?

A14. In einer kleinen offenen Volkswirtschaft, die durch das Keynesianische Modell dargestellt werden kann, sind die Sparfunktion $S=0,8\cdot(Y-T)$, die Investitionsfunktion $I=10-i^A$, die Liquiditätsnachfragefunktion $L=6\cdot Y-2\cdot i^A$, und der Außenbeitrag $NX=2\cdot\varepsilon+Y^A-0,2\cdot(Y-T)$ gegeben. a) Leiten Sie die gesamtwirtschaftliche Nachfragefunktion her. b) Bestimmen Sie ihre Steigung und zeichnen Sie sie in ein (P,Y)-Diagramm. c) Welche Verschiebungen der gesamtwirtschaftlichen Nachfragekurve bewirken Änderungen von ε, Y^A, G, M?

A15. Gegeben sei das Keynesianische Modell der kleinen offenen Volkswirtschaft. Die Produktionsfunktion lautet $Y=N^{1/2}$. Das Arbeitsangebot ist eine Funktion der Kaufkraft des Lohnes in Konsumgütereinheiten, $N^s=(w/P^C)^{2/3}$. Hierin ist P^C das Preisniveau der Konsumgüter, das in folgender Beziehung zum Preisniveau P der im Inland produzierten Güter, zum nominalen Wechselkurs e und zum Preisniveau P^A der im Ausland produzierten Güter stehe: $P^C=P^{3/4}\cdot(e\cdot P^A)^{1/4}$. a) Berechnen Sie das gesamtwirtschaftliche Güterangebot Y^s als Funktion des realen Wechselkurses und ermitteln Sie die Steigung dieser Funktion. b) Formulieren Sie Y^s als Funktion von P und zeichnen Sie den Graphen in ein (P,Y)-Diagramm. c) Wie verändert eine nominale Abwertung die Lage der Y^s-Funktion im (P,Y)-Diagramm?

A16. Ermitteln Sie analytisch die Wirkung einer defizitfinanzierten Erhöhung der Staatsnachfrage auf das Inlandseinkommen bei flexiblem nominalen Wechselkurs im Keynesianischen Modell.

A17. Betrachten Sie folgende Variation des Keynesianischen Modells der kleinen offenen Volkswirtschaft: Die Produktionsfunktion ist $Y=2\cdot N^{1/2}\cdot Q^{1/4}$, worin Y und N die übliche Bedeutung haben und Q die Menge in der Produktion eingesetzter importierter Güter (z.B. Rohstoffe) bezeichnet. Das Inland kann beliebige Mengen von Q zum nominalen Preis (in Auslandswährung) P^A beziehen (der Auslandspreisindex P^A ist also auch der Preis des importierten Produktionsfaktors). Die inländischen Haushalte haben die Arbeitsangebotsfunktion $N^s=4\cdot w/P^C$, worin der Konsumgüterpreisindex definiert ist als $P^C=P^{4/5}\cdot(e\cdot P^A)^{1/5}$. Finden Sie das Güterangebot als Funktion des realen Wechselkurses.

A18. Im Keynesianischen Modell der kleinen offenen Volkswirtschaft sei die gesamtwirtschaftliche Güterangebotsfunktion gegeben als $Y^s=g(\varepsilon)$ mit $g_\varepsilon<0$. Spezifizieren Sie die Nachfrageseite des Modells und ermitteln Sie analytisch die Wirkung einer Erhöhung des ausländischen Preisniveaus auf das inländische Preisniveau bei flexiblem und bei festem nominalen Wechselkurs.

Beantwortung der Verständnisfragen

F1. Der Satz ist mindestens ungenau: Erstens sind alle Einkommensaggregate der VGR, auch das Bruttoinlandsprodukt, um Vorleistungen bereinigt, so dass nicht alle produzierten Güter, sondern nur die für die Endnachfrage zur Verfügung stehenden Güter eingehen. Zweitens ist, selbst wenn man den ersten Punkt berücksichtigt, das Bruttoinlandsprodukt nicht gleich der Endnachfrage. Die Endnachfrage besteht aus Konsum, Investition, Staatsnachfrage und Exportnachfrage, in das Bruttoinlandsprodukt geht aber statt der letzteren nur der Saldo aus Exporten und Importen, also der Außenbeitrag, ein. Korrekt wäre also, zu sagen, dass das Bruttoinlandsprodukt die Produktion aller Güter im Inland nach Abzug von Vorleistungen und Importen misst.

F2. Der Außenbeitrag ist die Differenz zwischen Exporten von Waren und Dienstleistungen und Importen von Waren und Dienstleistungen; synonym dazu ist der Begriff Nettoexport. Der Handelsbilanzsaldo umfasst nur die Differenz der Güterex- und -importe ohne die Dienstleistungen. Der Leistungsbilanzsaldo schließlich fügt dem Außenbeitrag die Bilanz der grenzüberschreitenden Erwerbs- und Vermögenseinkommen und die Bilanz der grenzüberschreitenden Transfers hinzu. Der Zusammenhang ist also

Warenexport − Warenimport = Handelsbilanzsaldo;

Handelsbilanzsaldo + Dienstleistungsexport − Dienstleistungsimport = Außenbeitrag;

Außenbeitrag + empfangene Faktoreinkommen aus dem Ausland + empfangene Übertragungen aus dem Ausland − geleistete Faktoreinkommen an das Ausland − geleistete Übertragungen an das Ausland = Leistungsbilanzsaldo.

F3. Wie immer Ihre Meinung hierzu aussieht, Sie sollten zwei Punkte berücksichtigen: zum einen impliziert ein positiver Außenbeitrag, dass die Nettoforderungen gegenüber dem Ausland steigen müssen; wenn der Außenbeitrag *in jeder Periode* positiv wäre, könnte das Inland sich *niemals* durch Nettokapitalimport gegenüber dem Ausland verschulden, sondern müsste eine in jeder Periode größer werdende Gläubigerposition gegenüber dem Rest der Welt aufbauen, was je nach wirtschaftlicher Situation nicht in jedem Fall und in jeder Periode sinnvoll sein muss. Zum anderen ist natürlich zu beachten, dass eine solche Politik nicht von jedem Land durchgeführt werden kann, denn es können nicht alle Länder Gläubiger sein, ohne dass es Schuldnerländer gäbe. Als *generelle* Politikempfehlung ist die Forderung nach einem positiven Außenbeitrag daher nicht geeignet.

F4. In *Preis*notierung erfolgt die Kursangabe in der Dimension [inländische Währungseinheiten / ausländische Währungseinheit], hier also 1,25 €/$ nach 1,19 €/$ gestern. In *Mengen*notierung ist die Angabe umgekehrt, hier also 0,8 $/€ nach ca. 0,84 $/€ gestern. Im Lehrbuch und in allen weiteren Aufgaben ist die Preisnotierung gewählt. Der Euro hat seit gestern *ab*gewertet, da eine größere Menge Euros für einen Dollar bezahlt wird als am Vortag, bzw. ein Dollar eine größere Menge Euros kaufen kann als vor einem Tag. Diese Abwertung drückt sich darin aus, dass der Dollarkurs in Preisnotierung gestiegen ist.

F5. Bei flexiblem nominalen Wechselkurs ist eine nominale Abwertung eine Änderung einer *endogenen* Modellvariablen, eine Wirkung also, die ihre Ursache in einer Änderung irgendeines Parameters haben muss. Bei festem Wechselkurs ist der nominale Wechselkurs selbst ein *exogener*, politisch festgelegter Parameter, und damit ein Instrument der Wirtschaftspolitik. In diesem Fall ist eine Abwertung eine wirtschaftspolitische Handlung, und damit eine exogene Parameteränderung.

F6. Für eine kleine offene Volkswirtschaft sind alle ausländischen Variablen exogen, d.h. hängen nicht von inländischen Bedingungen ab. Dadurch gibt es keine Rückwirkungen von Variablenänderungen im Inland auf das Ausland.

F7. Vollständige Kapitalmobilität bedeutet erstens, dass der internationale Kapitalverkehr keinerlei administrativen Hemmnissen — wie etwa Kapitalverkehrskontrollen, Konvertibilitätsbeschränkungen, etc. — unterliegt, und zweitens, dass die Wirtschaftssubjekte keine Präferenzen für oder gegen die Kapitalanlage in einem bestimmten Land haben; inländische und ausländische Kapitalanlagen sind also perfekte Substitute in den Augen der Anleger.

F8. Bei festem nominalen Wechselkurs ist die inländische nominale Geldmenge eine endogene Variable, und kann daher nicht als Politikparameter eingesetzt werden. Das kann man sich wie folgt klarmachen: angenommen, die Zentralbank wolle einen bestimmten nominalen Wechselkurs realisieren. Wenn nun aus irgendwelchen Gründen die Nachfrage nach inländischer Währung steigt, droht der Wechselkurs aufzuwerten. Um das zu verhindern, muss die Zentralbank die überschüssige Nachfrage nach inländischer Währung befriedigen. Sie kauft also Devisen an, und gibt dafür heimische Geldbasis an den privaten Sektor ab. Dadurch steigt die inländische Geldmenge endogen an. Das umgekehrte wäre bei einer drohenden Abwertung der Währung der Fall. Im Ergebnis richtet sich folglich bei festem nominalen Wechselkurs die Höhe der inländischen Geldmenge endogen nach der Devisennachfrage, und nicht nach dem Willen der Zentralbank.

F9. Der reale Wechselkurs ist definiert als $\varepsilon = e \cdot P^A/P$, worin e der nominale Wechselkurs, P das Preisniveau der im Inland produzierten und P^A das Preisniveau der im Ausland produzierten Güter ist. Der reale Wechselkurs hat infolgedessen die Dimension

$$\left[\frac{\text{Euro}}{\text{Dollar}} \cdot \frac{\text{Dollar}}{\text{Mengeneinheit im Ausland hergestellter Güter}} \right]$$
$$\frac{}{\text{Euro}}$$
$$\overline{\text{Mengeneinheit im Inland hergestellter Güter}}$$

$$= \left[\frac{\text{Mengeneinheit im Inland hergestellter Güter}}{\text{Mengeneinheit im Ausland hergestellter Güter}} \right].$$

Er gibt also an, wie viele inländische Warenkörbe hingegeben werden müssen, um einen ausländischen Warenkorb zu erstehen.

F10. Ein Anstieg des realen Wechselkurses bedeutet, dass auf dem Weltmarkt eine größere Menge inländischer Güter gegen eine Mengeneinheit ausländischer Güter getauscht wird; inländische Güter sind also relativ zu ausländischen billiger geworden. Man spricht daher von einer realen Abwertung. Die Nachfrage nach relativ billiger gewordenen Gütern wird in der Regel steigen, so dass zunehmende Nachfrage von Ausländern nach inländischen Gütern, d.h. steigende Exportnachfrage, erwartet werden kann.

F11. In der geschlossenen Volkswirtschaft ist der *Keynes-Effekt* wirksam: ein niedrigeres Preisniveau impliziert eine höhere reale Geldmenge und erzeugt so Überschussangebot an Liquidität. Um dieses abzubauen, kaufen die Wirtschaftssubjekte festverzinsliche Wertpapiere, deren Kurse infolgedessen steigen, so dass der Zins sinkt und die Investitionen, mithin die Güternachfrage, ansteigen. Folglich sind Preisniveau und Güternachfrage negativ miteinander verbunden. In der kleinen offenen Volkswirtschaft ist dieser Effekt unterbrochen, da der Zins sich (bei statischen Erwartungen) nicht verändern kann, solange der Auslandszins gegeben ist. Hier greift nun aber der *reale Wechselkurseffekt*: ein niedrigeres Preisniveau im Inland impliziert ceteris paribus (d.h. bei gegebenem nominalen Wechselkurs und ausländischem Preisniveau) eine reale Abwertung, die inländische Güter auf dem Weltmarkt relativ günstiger werden lässt, so dass die Exporte, mithin die Güternachfrage ansteigen. Folglich sind Preisniveau und Güternachfrage auch in der kleinen offenen Volkswirtschaft negativ miteinander verbunden, wenngleich aus anderen Gründen als in der geschlossenen Volkswirtschaft.

F12. Im Keynesianischen Modell ist der reale Wechselkurs eine endogene Variable, im Neoklassischen Modell ist er hingegen eine Konstante. Der Grund liegt darin, dass in letzterer Theorie die Kaufkraftparitätentheorie des Wechselkurses als gültig angenommen ist, in ersterer dagegen nicht. Die Fiskalpolitik kann im Keynesianischen Modell den realen Wechselkurs beeinflussen, wodurch ein Angebotseffekt auf dem Arbeitsmarkt ausgelöst wird, der das Güterangebot verändert. Dieser Wirkungsmechanismus ist im Neoklassischen Modell wegen der Konstanz des realen Wechselkurses ausgeschlossen.

F13. In beiden Modellen ist es möglich, die Lösungswerte der realen Variablen und diejenigen der nominalen Variablen unabhängig voneinander zu ermitteln. Im Neoklassischen Modell bestimmen die Arbeitsnachfrage, das Arbeitsangebot und die Produktionsfunktion zusammen die realen endogenen Variablen Beschäftigung, Reallohn, und Output. Die Geldmenge kann dann nach der Cambridge-Gleichung nur noch das Preisniveau beeinflussen, welches selbst wiederum den Nominallohn und den nominalen Wechselkurs bestimmt. Im Keynesianischen Modell bestimmen Arbeitsnachfrage, Arbeitsangebot, Produktionsfunktion und IS-Kurve simultan die realen endogenen Variablen Beschäftigung, Reallohn, Output und realer Wechselkurs. Die Geldmenge bestimmt dann über die LM-Kurve das Preisniveau, welches selbst Nominallohn und nominalen Wechselkurs festlegt. In beiden Modellen ist die Höhe der nominalen Geldmenge daher für die Bestimmung der realen Variablen unerheblich.

F14. Nein, denn In- und Ausland können unterschiedliche Güterbündel konsumieren, so dass die Preisindizes P und P^A unterschiedlich definiert sind in dem Sinne, dass die einzelnen Güter mit unterschiedlichen Mengengewichten darin eingehen. Selbst, wenn also jedes einzelne Gut überall denselben Preis hat (das Gesetz der Einheitlichkeit des Preises also auf der Ebene einzelner Güter gilt) können die gesamtwirtschaftlichen Preisindizes im Prinzip voneinander abweichen, so dass die Kaufkraftparität nicht zwangsläufig gilt. Die Kaufkraftparitätentheorie besagt also, dass das Gesetz der Einheitlichkeit des Preises auch für die makroökonomischen Preisindizes Gültigkeit hat.

F15. Vermutlich liegt dieser Aussage die absolute Version der Kaufkraftparitätentheorie zugrunde, derzufolge der reale Wechselkurs im Gleichgewicht eins betragen sollte, so dass die Kaufkraft einer Währungseinheit im Inland und — mit dem jeweils herrschenden Wechselkurs umgerechnet — im Ausland jeweils genau gleich ist. Eine in diesem Sinn bestehende "Unterbewertung" der Inlandswährung wäre also eine Situation, in der der reale Wechselkurs größer als eins ist, so dass durch Umtausch einer Einheit der Inlandswährung in Auslandswährung (zum herrschenden nominalen Wechselkurs) Kaufkraft verloren ginge.

F16. Bei Gültigkeit der Kaufkraftparitätentheorie des Wechselkurses ist die Wachstumsrate des nominalen Wechselkurses die Differenz aus inländischer und ausländischer Inflationsrate. Wenn letztere exogen ist, würde eine erfolgreiche Fixierung des nominalen Wechselkurses die Koppelung der inländischen Inflation an die ausländische implizieren. Für Länder, die in der Vergangenheit wesentlich höhere Inflationsraten hatten als der Rest der Welt, besteht hierin also die Möglichkeit, die ausländische Preisstabilität gewissermaßen zu importieren.

Lösung der Übungsaufgaben

A1. Ja, wenn eine nominale Abwertung des Euro um 2 Prozent während des nächsten Jahres erwartet wird. Die ungesicherte Zinsparität verlangt, dass

$$r = r^A + (e_1 - e_0)/e_0$$

sein muss, damit die Renditen auf Wertpapiere im In- und Ausland gleich hoch sind. Bei einem Kurs von 1 Euro/Dollar im Ausgangszustand wird also in der beschriebenen Situation ein zukünftiger Kurs von 0,98 Euro/Dollar von den Anlegern erwartet.

A2. a) Gemäß der Realzinsparität muss die erwartete Änderung des realen Wechselkurses null betragen, wenn die Realzinsen in beiden Ländern gleich hoch sind. b) Gemäß der Fisher-Relation lässt sich aus der Differenz zwischen dem Nominalzins und Realzins die erwartete Inflation in den USA zwischen Zeitpunkt 0 und Zeitpunkt 1 ermitteln als

$$r^A = i^A + (P_1^A - P_0^A)/P_0^A$$

$$\Rightarrow \quad (P_1^A - P_0^A)/P_0^A = r^A - i^A = 0,05 - 0,01 = 0,04.$$

Die erwartete nominale Abwertungsrate im Falle eines als konstant erwarteten realen Wechselkurses ist

$$(e_1 - e_0)/e_0 = (P_1 - P_0)/P_0 - (P_1^A - P_0^A)/P_0^A = 0 - 0,04 = -0,04.$$

c) Der Nominalzins in Euroland lässt sich auf zweierlei Weise ermitteln: aus der Bedingung für Zinsparität oder aus der Fisher-Relation. Das Ergebnis ist

$$r = r^A + (e_1 - e_0) / e_0 = 0{,}05 + (-0{,}04),$$
$$r = i + (P_1 - P_0) / P_0 = 0{,}01 + 0 = 0{,}01.$$

A3. Die Cambridge-Gleichung M=k·P·Y kann approximativ in Änderungsraten zwischen den Zeitpunkten t und t+1 ausgedrückt werden als

$$(M_{t+1} - M_t) / M_t = (P_{t+1} - P_t) / P_t + (Y_{t+1} - Y_t) / Y_t$$

(da k eine Konstante ist!). Formal handelt es sich hierbei um eine Taylor-Approximation erster Ordnung an der Stelle M_t, die im Mathematischen Anhang des Lehrbuches in Abschnitt 3.4 erläutert wird. Da im Neoklassischen Modell die Geldpolitik den realen Output unberührt lässt (Geltung der Klassischen Dichotomie!) folgt, dass die Geldmengenwachstumsrate gleich der Inflationsrate ist. Gemäß der Kaufkraftparitätentheorie muss die nominale Abwertungsrate nun gleich sein der Differenz aus der (erwarteten) inländischen Inflationsrate und der (erwarteten) Inflationsrate im Rest der Welt,

$$(e_{t+1} - e_t) / e_t = (P_{t+1} - P_t) / P_t - (P^A_{t+1} - P^A_t) / P^A_t.$$

Da letztere per Aufgabenstellung gleich null ist, folgt, dass die Inlandswährung mit der Rate der Geldmengenvermehrung abwertet,

$$(e_{t+1} - e_t) / e_t = (M_{t+1} - M_t) / M_t = 0{,}03.$$

A4. Die Gleichgewichtsbedingung für den Kapitalmarkt lautet

$$S(i^A) = I(i^A) + G + NX.$$

Ersparnis S und Investition I hängen nur vom exogenen Weltmarktzins i^A ab. Da dieser für die kleine offene Volkswirtschaft vorgegeben ist und durch inländische wirtschaftspolitische Maßnahmen nicht verändert werden kann, sind S und I vorgegeben. Folglich muss der Außenbeitrag NX in dem Maße sinken, wie die Staatsnachfrage G steigt.

A5. Die Arbeitsnachfrage ist nunmehr eine Funktion des technologischen Parameters A, denn die Grenzproduktivitätsbedingung für den gewinnmaximalen Einsatz des Faktors Arbeit im repräsentativen Unternehmen lautet

$$\partial Y / \partial N = A \cdot f_N = w / P.$$

Implizite Differenziation dieses Ausdrucks zeigt, dass

$$dN^d / dA = -f_N / (A \cdot f_{NN}) > 0.$$

Der technische Fortschritt verschiebt also die Produktionsfunktion nach außen, und führt daher zu einer Rechtsverlagerung der Arbeitsnachfragekurve bei jedem Reallohn. Daher führt ein Anstieg von A zu einem höherem Reallohn und höherer Beschäftigung, damit also zu gestiegenem Output Y. Aus der Cambridge Gleichung $M=k \cdot P \cdot Y$ ist klar, dass bei konstanter nominaler Geldmenge M ein gestiegener Output mit einem im gleichen Ausmaß gesunkenen Preisniveau einhergehen muss. Folglich muss, da der reale Wechselkurs $\varepsilon=e \cdot P^A/P$ durch die Kaufkraftparitätentheorie als konstant festliegt, der nominale Wechselkurs ebenfalls sinken. Im Ergebnis führt der technische Fortschritt damit zu einer nominalen Aufwertung.

A6. Gesucht ist die komparativ-statische Wirkung einer Änderung von H auf R, P, und N. Die Variablen H und R tauchen im Neoklassischen Modell nur in der Cambridge-Gleichung auf, die nunmehr $M=H+R=k \cdot P \cdot Y$ lautet. Wegen der Klassischen Dichotomie kann H keine Wirkung auf reale Variablen haben, so dass N und damit Y unverändert bleiben. Bei festem nominalen Wechselkurs impliziert die Kaufkraftparitätentheorie, dass das Preisniveau konstant ist: da $\varepsilon=e \cdot P^A/P=$const., ist bei festem nominalen Wechselkurs e und exogenem und konstanten ausländischen Preisniveau P^A auch das inländische Preisniveau P fixiert. Damit ist die rechte Seite der Cambridge-Gleichung von einer Änderung von H unberührt, so dass jegliche Erhöhung von H sich in einer gleich hohen Reduktion von R niederschlagen muss. Jeder Versuch einer expansiven Geldpolitik durch Ausdehnung der heimischen Komponente der Geldmenge führt also zu einem Verlust an Währungsreserven in gleicher Höhe. Dies illustriert die Aussage, dass die Zentralbank bei festem nominalen Wechselkurs die Kontrolle über die nominale Geldmenge M verliert.

A7. Gefragt ist, ob die Marshall-Lerner-Bedingung erfüllt ist. Der Außenbeitrag ist bei den angegebenen Funktionsformen

$$NX = EX - \varepsilon \cdot IM = \varepsilon^\alpha \cdot Y^A - \varepsilon^{1-\beta} \cdot (Y-T)^\gamma .$$

Bei einer Erhöhung des realen Wechselkurses (einer realen Abwertung) reagiert der Außenbeitrag gemäß

$$\frac{\partial NX}{\partial \varepsilon} = \alpha \cdot \varepsilon^{\alpha-1} \cdot Y^A - (1-\beta) \cdot \varepsilon^{-\beta} \cdot (Y-T)^\gamma .$$

Bei der Beurteilung, ob dieser Ausdruck positiv oder negativ ist, hilft nun der Hinweis, dass NX in der Ausgangssituation null sein soll, d.h. die Ableitung erfolgt an der Stelle

$$NX = 0 \quad \Leftrightarrow \quad EX - \varepsilon \cdot IM = 0 \quad \Leftrightarrow \quad \frac{EX}{\varepsilon \cdot IM} = 1 .$$

Durch Umformung der Ableitung von NX nach ε sieht man, dass eine positive Reaktion von NX unter dieser Annahme voraussetzt, dass

$$\left.\frac{\partial NX}{\partial \varepsilon}\right|_{NX=0} > 0$$

$$\Leftrightarrow \quad \alpha \cdot \varepsilon^{\alpha-1} \cdot Y^A > (1-\beta) \cdot \varepsilon^{-\beta} \cdot (Y-T)^\gamma$$

$$\Leftrightarrow \quad \alpha \cdot \frac{EX}{\varepsilon} > (1-\beta) \cdot \frac{\varepsilon \cdot IM}{\varepsilon}$$

$$\Leftrightarrow \quad \alpha \cdot \frac{EX}{\varepsilon \cdot IM} > 1-\beta$$

$$\Leftrightarrow \quad \alpha + \beta > 1$$

ist. Die letzte Zeile besagt, dass der Außenbeitrag genau dann positiv reagiert, wenn die Summe aus der Elastizität der Exportnachfrage nach dem realen Wechselkurs, also $\partial EX/\partial \varepsilon \cdot \varepsilon/EX = \alpha$, und dem Absolutbetrag der Elastizität der Importnachfrage nach dem realen Wechselkurs, also $|\partial IM/\partial \varepsilon \cdot \varepsilon/IM| = \beta$, größer als eins ist. Dies ist die Marshall-Lerner-Bedingung

A8. Weil die Störung auf seiten der realen Nachfrage lokalisiert ist, sollte ein flexibler nominaler Wechselkurs befürwortet werden, da dieser reale Schwankungen auffangen kann. Die folgende Abbildung verdeutlicht den Zusammenhang:

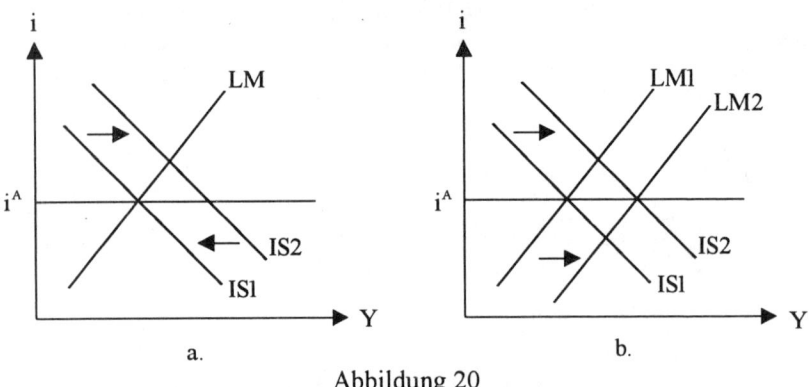

a.   b.

Abbildung 20

Teil a. der Abbildung zeigt den Fall eines flexiblen nominalen Wechselkurses. Ein günstiges psychologisches Klima (ein Anstieg von a) führt zu einem Anstieg der Investitionsnachfrage, damit zunächst auch der Gesamtnachfrage und daher einer Rechtsverschiebung der IS-Kurve von IS1 nach IS2. In einer geschlossenen Volkswirtschaft würde nun der Zins steigen, was in der kleinen offenen Volkswirtschaft nicht möglich ist. Stattdessen kommt es zu Kapitalimport, dadurch zu einer verstärkten Nachfrage nach der Inlandswährung, die deswegen nominal aufwertet. Bei festen Preisen (wie im Mundell-Fleming-Modell generell unterstellt) bedeutet dies auch eine reale Aufwertung und damit eine Verdrängung von Exportnachfrage. Der sinkende Außenbeitrag reduziert die Nachfrage in dem gleichen Maße, wie die gestiegene Investitionsnachfrage sie zunächst erhöht hatte, und die IS Kurve bewegt sich zurück von IS2 nach IS1. Im Ergebnis bleibt das Einkommen Y bei flexiblem Wechselkurs unverändert, und nur die Zusammensetzung der Gesamtnachfrage hat sich geändert (die Investitionen sind gestiegen, und der Außenbeitrag ist gesunken). Bei festem nominalen Wechselkurs (Teil b. der Abbildung) kann die anfängliche Verschiebung der IS Kurve von IS1 nach IS2 nicht zu einer Aufwertung führen, da die Zentralbank zu deren Verhinderung das steigende Angebot an Devisen aufkauft. Dadurch steigt die inländische Geldmenge, und die LM Kurve verschiebt sich nach rechts von LM1 nach LM2. Das Einkommen Y steigt unweigerlich. Bei festem nominalen Wechselkurs wird die Wirkung der anfänglichen Störung auf Y daher nicht durch ein wechselkursbedingtes Crowding-Out reduziert. Als Fazit ist festzuhalten, dass ein System flexibler Wechselkurse das inländische Einkommen stabilisiert, wenn exogene Schwankungen der Investitionsnachfrage die Ursache von Störungen sind, während feste Wechselkurse Schwankungen des Einkommens zulassen würden.

A9. Da die Störung hier im Bereich der Geldnachfrage liegt, wirkt ein fester nominaler Wechselkurs stabilisierend. Das kann anhand der folgenden Abbildung gesehen werden.

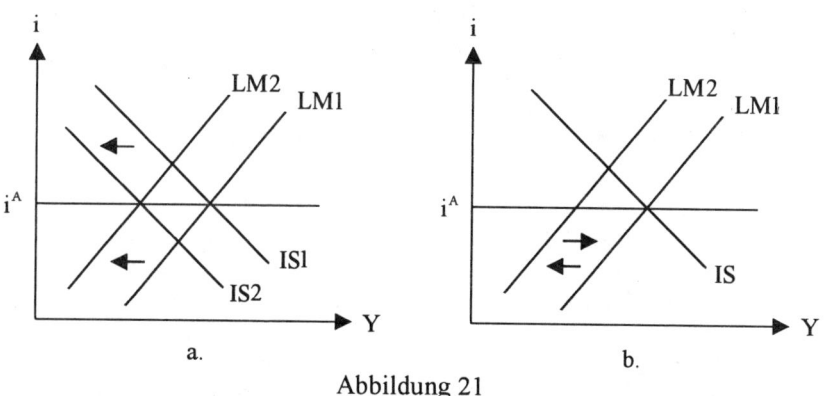

Abbildung 21

Teil a. zeigt den Fall eines flexiblen nominalen Wechselkurses. Ein exogener Anstieg der Geldnachfrage durch einen Anstieg des psychologischen Faktors a führt zu einer Linksverschiebung der LM Kurve von LM1 nach LM2. In der geschlossenen Volkswirtschaft würde der Zins steigen, was in der kleinen offenen Volkswirtschaft nicht möglich ist. Stattdessen führt die anfängliche Zinssteigerungstendenz zu Kapitalimport und damit zu einer vermehrten Nachfrage nach heimischer Währung. Letztere wertet daher nominal (und bei festen Preisen auch real) auf, so dass die Exportnachfrage zurückgedrängt wird. Der dadurch sinkende Außenbeitrag verschiebt die IS Kurve nach links von IS1 nach IS2. Die Wirkung auf das Einkommen Y ist daher eindeutig negativ. Die Situation bei festem nominalen Wechselkurs ist in Teil b. der Graphik dargestellt. Die anfängliche Linksverschiebung der LM Kurve kann hier nicht zu einer Aufwertung führen, da die Zentralbank zu deren Verhinderung das zusätzliche Devisenangebot aufkauft und damit die heimische Geldmenge erhöht. Dadurch verlagert sich die LM Kurve zurück zu ihrem Ausgangspunkt LM1. Das Einkommen Y bleibt daher hier unverändert. Als Fazit ist festzuhalten, dass ein System fester Wechselkurse das inländische Einkommen stabilisiert, wenn exogene Schwankungen der Geldnachfrage die Ursache von Störungen sind, während flexible Wechselkurse Schwankungen des Einkommens zulassen würden.

A10. Der Außenbeitrag ist eine Funktion des realen Wechselkurses, des verfügbaren Einkommens im Inland und des Auslandseinkommens. Letzteres ist der kleinen offenen Volkswirtschaft vorgegeben, so dass eine Wirkung der Fiskalpolitik auf den Außenbeitrag nur durch eine Änderung des Inlandseinkommens und eine Änderung des Wechselkurses stattfinden kann. Formal ist

$$\frac{dNX(\varepsilon, Y-T, Y^A)}{dG} = \frac{\partial NX(\varepsilon, Y-T, Y^A)}{\partial Y} \cdot \frac{dY}{dG} + \frac{\partial NX(\varepsilon, Y-T, Y^A)}{\partial \varepsilon} \cdot \frac{d\varepsilon}{dG}.$$

Die beiden Modellgleichungen des Mundell-Fleming-Modells lauten allgemein

$$S(Y-T) - I(i^A) - (G-T) - NX(\varepsilon, Y-T, Y^A) = 0,$$

$$M/P - L(Y, i^A) = 0.$$

Hierin sind bei flexiblem nominalen Wechselkurs Y und e endogen. In dieser allgemeinen Form kann hier wegen der angenommenen reinen Defizitfinanzierung der Staatsausgaben T=0 gesetzt werden. Die Wirkung der Staatsausgaben G auf das Einkommen Y kann mit Hilfe der impliziten Differenziation gefunden werden; die Methode ist im Mathematischen Anhang des Lehrbuches in Abschnitt 4.3 erläutert und in Abschnitt 4.4 beispielhaft angewendet. Die Determinante der Jacobimatrix der beiden Modellgleichungen lautet (für T=0)

$$|\text{Jac}| = \begin{vmatrix} S_Y - NX_Y & -NX_\varepsilon \cdot P^A / P \\ -L_Y & 0 \end{vmatrix} = -L_Y \cdot NX_\varepsilon \cdot P^A / P < 0.$$

Um die Wirkung der Fiskalpolitik auf das Einkommen zu ermitteln, brauchen wir zudem die Determinante derjenigen Matrix, die aus der Jacobimatrix entsteht, wenn deren erste Spalte (die die Ableitungen der Modellgleichungen nach Y enthält) durch den Vektor ersetzt wird, der die Ableitungen der Modellgleichungen nach der Politikvariablen G enthält, also $(-1,0)'$. Nennen wir diese Matrix $\text{Jac}^{Y,G}$. Die gesuchte Ableitung ist dann

$$\frac{dY}{dG} = -\frac{|\text{Jac}^{Y,G}|}{|\text{Jac}|} = -\frac{\begin{vmatrix} -1 & -NX_\varepsilon \cdot P^A / P \\ 0 & 0 \end{vmatrix}}{|\text{Jac}|} = 0.$$

Die Fiskalpolitik ist bei flexiblen Wechselkursen wirkungslos bezüglich des Einkommens. Warum das so ist, erklärt der Effekt auf den Wechselkurs. Sei $\text{Jac}^{e,G}$ diejenige Matrix, die sich aus Jac ergibt, wenn die zweite Spalte (die die Ableitungen nach e enthält) ersetzt wird durch den Vektor der Ableitungen nach der Politikvariablen G. Der Effekt errechnet sich dann als

$$\frac{de}{dG} = -\frac{|\text{Jac}^{e,G}|}{|\text{Jac}|} = -\frac{\begin{vmatrix} S_Y - NX_Y & -1 \\ -L_Y & 0 \end{vmatrix}}{|\text{Jac}|} = -1/(NX_\varepsilon \cdot P^A / P) < 0.$$

Expansive Fiskalpolitik führt demzufolge zu einer nominalen Aufwertung (einem Sinken von e), wodurch Exporte zurückgedrängt werden. Diese Wirkung ist so stark, dass der Gesamteffekt auf die Nachfrage, bestehend aus erhöhter Staatsnachfrage und reduzierter Exportnachfrage, gleich null ist, weshalb das Einkommen unverändert bleibt. Der Außenbeitrag muss daher sinken, wenn, wie wir stets annehmen, die Marshall-Lerner-Bedingung erfüllt ist. Formal ist, da das Mundell-Fleming-Modell ein gegebenes Preisniveau voraussetzt,

$$\frac{d\varepsilon}{dG} = \frac{P^A}{P} \cdot \frac{de}{dG},$$

und wir finden

$$\frac{dNX(\varepsilon, Y, Y^A)}{dG} = 0 + \frac{\partial NX(\varepsilon, Y, Y^A)}{\partial \varepsilon} \cdot \frac{de}{dG} = \frac{\partial NX(\varepsilon, Y, Y^A)}{\partial \varepsilon} \cdot \frac{-1}{NX_\varepsilon} = -1 < 0.$$

Eine Erhöhung von G reduziert NX also in gleichem Maße.

A11. Bei festem nominalen Wechselkurs sind die endogenen Variablen des Modells Y und M (statt Y und e bei flexiblem Wechselkurs!), da die Geldmenge bei festem Wechselkurs endogen wird. Die Fixierung des nominalen Wechselkurses impliziert hier auch, dass der reale Wechselkurs festliegt, da das inländische und ausländische Preisniveau im Mundell-Fleming-Modell generell als fixiert angenommen werden. Folglich kann sich der Außenbeitrag $NX=NX(\varepsilon, Y-T, Y^A)$ nur durch die Wirkung der Fiskalpolitik auf das verfügbare Einkommen $Y-T$ ändern, da das Auslandseinkommen durch die Fiskalpolitik in einer kleinen offenen Volkswirtschaft nicht zu beeinflussen ist. Für reine Steuerfinanzierung (G=T) lautet die Determinante der Jacobimatrix des Modells

$$|\operatorname{Jac}| = \begin{vmatrix} S_{Y-T} - NX_{Y-T} & 0 \\ -L_Y & 1/P \end{vmatrix} = (S_{Y-T} - NX_{Y-T})/P > 0.$$

Die Wirkung auf das Einkommen ergibt sich als

$$\left.\frac{dY}{dG}\right|_{dG=dT} = -\frac{\begin{vmatrix} -S_{Y-T} + NX_{Y-T} & 0 \\ 0 & 1/P \end{vmatrix}}{|\operatorname{Jac}|} = 1.$$

Da sowohl Weltmarktzins und Wechselkurs fixiert sind, findet keine Verdrängung privater Nachfrage statt, und das Einkommen steigt in gleicher Höhe wie die Staatsausgaben, dY=dG. Allerdings steigen annahmegemäß auch die Steuern T in gleicher Höhe, dG=dT, so dass das verfügbare Einkommen $Y-T$ unverändert bleibt, $d(Y-T)=0$. Folglich ändert sich auch der Außenbeitrag nicht.

A12. Bei festem nominalen Wechselkurs sind Y und M endogen. Die Determinante der Jacobimatrix des Modells lautet daher

$$|\operatorname{Jac}| = \begin{vmatrix} S_{Y-T} - NX_{Y-T} & 0 \\ -L_Y & 1/P \end{vmatrix} = (S_{Y-T} - NX_{Y-T})/P > 0.$$

Der gesuchte Effekt auf das Einkommen ist daher

$$\frac{dY}{de} = -\frac{\begin{vmatrix} -NX_\varepsilon \cdot P^A/P & 0 \\ 0 & 1/P \end{vmatrix}}{|\operatorname{Jac}|} = \frac{NX_\varepsilon \cdot P^A/P^2}{(S_{Y-T} - NX_{Y-T})/P} > 0,$$

und auf die Geldmenge

$$\frac{dM}{de} = -\frac{\begin{vmatrix} S_{Y-T} - NX_{Y-T} & -NX_\varepsilon \cdot P^A / P \\ -L_Y & 0 \end{vmatrix}}{|Jac|} = \frac{L_Y \cdot NX_\varepsilon \cdot P^A / P}{(S_{Y-T} - NX_{Y-T}) / P} > 0.$$

Die Abwertung erhöht die Exportnachfrage und den Außenbeitrag (bei erfüllter Marshall-Lerner-Bedingung, wie unterstellt wird). Dadurch steigt das Einkommen. Die infolgedessen steigende Geldnachfrage wird durch eine endogene Erhöhung der Geldmenge befriedigt, die die Zentralbank bereitstellen muss, um die Abwertung durchzuführen.

A13. Bei flexiblem nominalen Wechselkurs lautet der Effekt

$$\frac{dY}{dY^A} = \frac{\begin{vmatrix} -NX_{Y^A} & -NX_\varepsilon \cdot P^A / P \\ 0 & 0 \end{vmatrix}}{L_Y \cdot NX_\varepsilon \cdot P^A / P} = 0,$$

während er bei festem nominalen Wechselkurs

$$\frac{dY}{dY^A} = -\frac{\begin{vmatrix} -NX_{Y^A} & 0 \\ 0 & 1/P \end{vmatrix}}{(S_{Y-T} - NX_{Y-T}) / P} = \frac{NX_{Y^A}}{S_{Y-T} - NX_{Y-T}} > 0$$

lautet. Die Intuition für diese Ergebnisse ist dieselbe, die schon zur Erklärung der Wirkung von expansiver Fiskalpolitik zum Tragen kam: eine exogene Nachfrageerhöhung — hier durch die gestiegene Nachfrage nach im Inland hergestellten Exportgütern, die ein höheres Auslandseinkommen mit sich bringt — ist bei flexiblem nominalen Wechselkurs unwirksam bezüglich des realen Einkommens, da die ausgelöste Aufwertung der Währung Exportnachfrage in gleicher Höhe verdrängt. Anders ist dies bei festem nominalen Wechselkurs, wo stattdessen eine Geldmengenerhöhung die Aufwertung verhindert und die Expansion der Gesamtnachfrage ermöglicht.

A14. a) Die Gleichung für die IS Kurve lautet

$$S(Y - T) = I(i^A) + (G - T) + NX(\varepsilon, Y^A, Y - T),$$

bzw. mit den hier gegebenen konkreten Funktionen

$$0{,}8 \cdot (Y - T) = 10 - i^A + G - T + 2 \cdot \varepsilon + Y^A - 0{,}2 \cdot (Y - T)$$

$$\Rightarrow \quad i^A = 10 + 2 \cdot \varepsilon + Y^A + G - Y.$$

Die Gleichung für die LM Kurve lautet

$$L(Y, i^A) = M / P,$$

bzw. hier

$$6 \cdot Y - 2 \cdot i^A = M / P$$

$$\Rightarrow \quad i^A = 3 \cdot Y - 0,5 \cdot M / P.$$

Gleichsetzung von IS und LM Kurve ergibt die gesamtwirtschaftliche Nachfragefunktion Y^d mit

$$Y^d = 2,5 + 0,5 \cdot \varepsilon + 0,25 \cdot Y^A + 0,25 \cdot G + 0,125 \cdot M / P.$$

b) In einem (P,Y)-Diagramm muss die gesamtwirtschaftliche Nachfragekurve eine negative Steigung haben, was aus

$$\frac{\partial Y^d}{\partial P} = -0,125 \cdot \frac{M}{P^2} < 0$$

ersichtlich ist. Graphisch lässt sich die Kurve daher wie folgt darstellen:

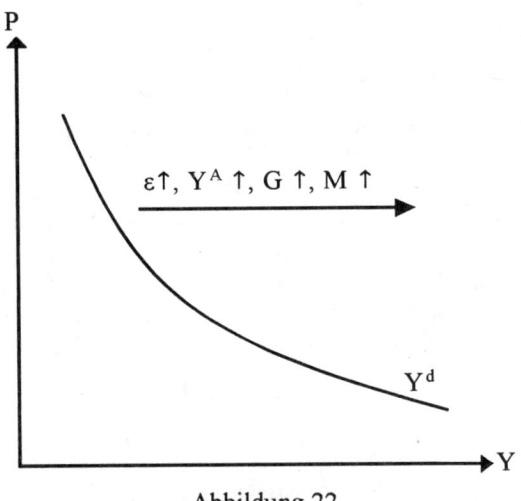

Abbildung 22

c) Aus der Gleichung für Y^d (Aufgabenteil a) ist durch Berechnung der partiellen Ableitungen sofort sichtbar, dass Y^d bei jedem Preisniveau ansteigen muss, wenn der reale Wechselkurs ($\partial Y^d/\partial\varepsilon=0,5>0$), das Auslandseinkommen ($\partial Y^d/\partial Y^A=0,25>0$), die Staatsnachfrage ($\partial Y^d/\partial G=0,25>0$) oder die nominale Geldmenge ($\partial Y^d/\partial M=0,125/P>0$) steigen. Diese Effekte sind in der Graphik über dem Pfeil angedeutet. Der Grund für ihr Auftreten liegt jeweils darin, dass eine Erhöhung einer dieser Variablen einen exogenen Nachfrageanstieg bewirkt: im Falle einer realen Abwertung oder eines Anstieges des Auslandseinkommens steigt der Außenbeitrag, im Falle einer Erhöhung der Staatsausgaben die Staatsnachfrage. Bei einer Erhöhung der nominalen Geldmenge (bei flexiblem nominalen Wechselkurs) steigt ebenfalls der Außenbeitrag, weil die ausgelöste Zinssenkungstendenz zu Kapitalexport und damit einer induzierten nominalen Abwertung, damit bei jedem gegebenen Preisniveau ceteris paribus auch zu einer realen Abwertung und so zu einem Anstieg der Exportnachfrage führt. Daher wirkt sich ein Anstieg von ε, Y^A, G, M in dem (P,Y)-Diagramm als Rechtsverschiebung der Y^d-Kurve aus.

A15. a) Um die Güterangebotsfunktion zu finden, muss das Gleichgewicht am Arbeitsmarkt ermittelt werden. Die Arbeitsnachfrage ergibt sich aus der Gewinnmaximierungsbedingung der Unternehmen,

$$\frac{\partial Y}{\partial N} = 1/2 \cdot N^{-1/2} = w/P \quad \Rightarrow \quad N^d = (2w/P)^{-2}.$$

Aus der Definition des Konsumgüterpreisniveaus folgt

$$\frac{P^C}{P} = P^{-1/4} \cdot (e \cdot P^A)^{1/4} = \varepsilon^{1/4}.$$

Daher ist der Reallohn aus Konsumentensicht

$$\frac{w}{P^C} = \frac{w}{P} \cdot \frac{P}{P^C} = w/P \cdot \varepsilon^{-1/4},$$

so dass die Arbeitsangebotsfunktion lautet

$$N^s = (w/P^C)^{2/3} = (w/P)^{2/3} \cdot \varepsilon^{-1/6}.$$

Gleichgewicht am Arbeitsmarkt erfordert, dass Arbeitsangebot und Arbeitsnachfrage gleich hoch sind. Das führt auf

$$N^s = N^d = N^* \quad \Rightarrow \quad w/P = 2^{-3/4} \cdot \varepsilon^{1/16},$$

woraufhin Einsetzen in die Arbeitsangebots- oder -nachfragefunktion die gleichgewichtige Beschäftigung liefert mit

$$N^* = 2^{-1/2} \cdot \varepsilon^{-1/8}.$$

Einsetzen dieses Ergebnisses in die Produktionsfunktion ergibt dann die gesuchte Güterangebotsfunktion

$$Y^s = (N^*)^{1/2} = 2^{-1/4} \cdot \varepsilon^{-1/16}.$$

Dies ist offensichtlich eine fallende Funktion des realen Wechselkurses, d.h.

$$\frac{\partial Y^s}{\partial \varepsilon} = -\frac{1}{16} \cdot 2^{-1/4} \cdot \varepsilon^{-17/16} < 0.$$

b) Um die Partialbeziehung zwischen dem Güterangebot und dem Inlands-preisniveau P zu ermitteln, muss die Definition des realen Wechselkurses, $\varepsilon = e \cdot P^A / P$, in die Güterangebotsfunktion eingesetzt werden. Das Ergebnis ist

$$Y^s = 2^{-1/4} \cdot (e \cdot P^A)^{-1/16} \cdot P^{1/16},$$

so dass offensichtlich ein positiver Verlauf in einem (P,Y)-Diagramm imp-liziert ist. Der Grund für den positiven Verlauf ist, dass *ceteris paribus* — d.h. insbesondere wenn der nominale Wechselkurs e unverändert ist — eine Erhöhung des Inlandspreisniveaus P eine reale Aufwertung (Senkung von ε) impliziert. Diese erhöht aber die Kaufkraft jedes gegebenen nominalen Lohnsatzes, so dass das Arbeitsangebot (das ja eine steigende Funktion der Kaufkraft des Lohnsatzes in Konsumgütereinheiten ist) zunimmt, und mit ihm die gleichgewichtige Beschäftigung und somit das Güterangebot. Die Graphik illustriert den Zusammenhang.

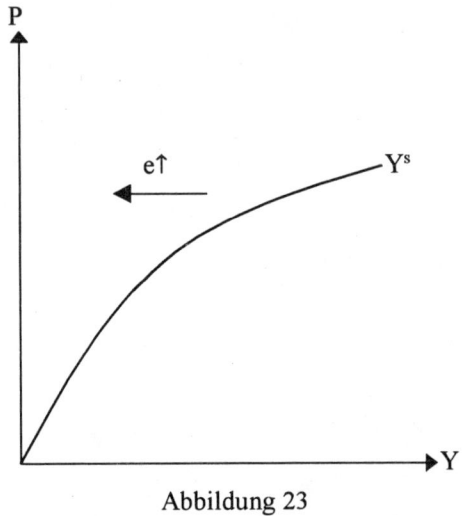

Abbildung 23

c) Aus der Gleichung für die Güterangebotskurve lässt sich ermitteln, dass

$$\frac{\partial Y^s}{\partial e} = -\frac{1}{16} \cdot 2^{-1/4} \cdot e^{-17/16} \cdot P^{A^{-1/16}} \cdot P^{1/16} < 0$$

ist, so dass eine Erhöhung von e (also eine nominale Abwertung) zu einer Linksverlagerung der Y^s-Kurve führt, was in der Graphik zum vorigen Aufgabenteil durch den Pfeil dargestellt ist.

A16. Die Modellgleichungen lauten für G=D $\Rightarrow$ T=0

$$N - N^d(w/P) = 0,$$

$$N - N^s(w/P, \varepsilon) = 0,$$

$$S(Y) - I(i^A) - G - NX(\varepsilon, Y^A, Y) = 0,$$

$$M/P - L(Y, i^A) = 0,$$

$$Y - f(N) = 0.$$

Bei flexiblem nominalen Wechselkurs sind N, w/P, P, ε und Y endogen. Die Jacobimatrix lautet

$$Jac = \begin{pmatrix} 1 & -N^d_{w/P} & 0 & 0 & 0 \\ 1 & -N^s_{w/P} & 0 & -N^s_\varepsilon & 0 \\ 0 & 0 & 0 & -NX_\varepsilon & S_Y - NX_Y \\ 0 & 0 & -M/P^2 & 0 & -L_Y \\ -f_N & 0 & 0 & 0 & 1 \end{pmatrix}.$$

Mit Hilfe der Formel im Mathematischen Anhang des Lehrbuches, Abschnitt 2.2, Gleichung (51), lässt sich deren Determinante berechnen. Die Methode wird hier einmal ausführlich demonstriert. Zur Erinnerung: die Determinante der ($n \times n$)-Matrix A, in der das Element in der i-ten Zeile und j-ten Spalte a_{ij} ist, lautet bei Entwicklung nach einer beliebigen Zeile i:

$$|A| = \sum_{j=1}^{n} (-1)^{i+j} \cdot a_{ij} \cdot |A_{ij}|,$$

worin $|A_{ij}|$ die Determinante derjenigen Matrix ist, die aus A durch Streichung der i-ten Zeile und der j-ten Spalte entsteht. Analog kann die Determinante nach einer beliebigen Spalte j entwickelt werden; die Summierung in der Formel läuft dann über i. Um sich Rechenarbeit zu sparen, ist es offenbar klug, eine Zeile oder Spalte zur Entwicklung zu wählen, die möglichst viele Nullen enthält. Wir entwickeln die Determinante |Jac| im folgenden nach der ersten Zeile. Die Anwendung der Formel liefert

$$|Jac| = (-1)^{1+1}(1)\left\{(-1)^{1+1}(-N^s_{w/P})\left[(-1)^{2+1}(-M/P^2)\begin{vmatrix}-NX_\varepsilon & S_Y - NX_Y \\ 0 & 1\end{vmatrix}\right]\right\}$$

$$+(-1)^{1+2}(-N^d_{w/P})\left\{(-1)^{3+2}(-M/P^2)\left[(-1)^{1+1}(1)\begin{vmatrix}-NX_\varepsilon & S_Y - NX_Y \\ 0 & 1\end{vmatrix}\right]\right.$$

$$\left.+(-1)^{1+2}(-N^s_\varepsilon)\begin{vmatrix}0 & S_Y - NX_Y \\ -f_N & 1\end{vmatrix}\right\},$$

was sich nach einiger etwas mühsamer Rechenarbeit zu

$$|Jac| = \frac{M}{P^2} \cdot \left[f_N \cdot N^d_{w/P} \cdot N^s_\varepsilon \cdot (S_Y - NX_Y) - NX_\varepsilon \cdot (N^d_{w/P} - N^s_{w/P})\right] > 0$$

vereinfacht. Um die Wirkung der Fiskalpolitik auf Y zu ermitteln, brauchen wir zudem die Determinante derjenigen Matrix, die aus der Jacobimatrix entsteht, wenn deren fünfte Spalte (die die Ableitungen der Modellgleichungen nach Y enthält) durch den Vektor ersetzt wird, der die Ableitungen der Modellgleichungen nach der Politikvariablen G enthält, also $(0,0,-1,0,0)'$. Nennen wir diese Matrix $Jac^{Y,G}$. Die gesuchte Ableitung ist dann

$$\frac{dY}{dG} = -\frac{|Jac^{Y,G}|}{|Jac|} = -\frac{\begin{vmatrix} 1 & -N^d_{w/P} & 0 & 0 & 0 \\ 1 & -N^s_{w/P} & 0 & -N^s_\varepsilon & 0 \\ 0 & 0 & 0 & -NX_\varepsilon & -1 \\ 0 & 0 & -M/P^2 & 0 & 0 \\ -f_N & 0 & 0 & 0 & 0 \end{vmatrix}}{|Jac|}$$

$$= -\frac{-\dfrac{M}{P^2} \cdot \left[f_N \cdot N^d_{w/P} \cdot N^s_\varepsilon\right]}{\dfrac{M}{P^2} \cdot \left[f_N \cdot N^d_{w/P} \cdot N^s_\varepsilon \cdot (S_Y - NX_Y) - NX_\varepsilon \cdot (N^d_{w/P} - N^s_{w/P})\right]}$$

$$= \frac{1}{(S_Y - NX_Y) - \dfrac{NX_\varepsilon \cdot (N^d_{w/P} - N^s_{w/P})}{f_N \cdot N^d_{w/P} \cdot N^s_\varepsilon}} > 0.$$

Um das Vorzeichen zu bestimmen, muss man sich in Erinnerung rufen, dass $S_Y > 0$, $NX_Y < 0$, $NX_\varepsilon > 0$, $N^d_{w/P} < 0$, $N^s_{w/P} > 0$, $N^s_\varepsilon < 0$ und $f_N > 0$ ist. Aus der vorstehenden Ableitung ist sichtbar, dass ein positiver Effekt der Staatsnachfrageerhöhung auf das Einkommen nur dann resultieren kann, wenn, wie wir angenommen hatten, das Arbeitsangebot negativ vom realen Wechselkurs abhängt, d.h. $N^s_\varepsilon < 0$. Der Grund ist, dass die erhöhte Nachfrage eine reale Aufwertung erzeugt, wodurch die Kaufkraft des Lohnes in Konsumgütereinheiten steigt, so dass das Arbeitsangebot zunimmt. Damit steigt über die Produktionsfunktion auch das Güterangebot, und der Weg ist frei für eine Erhöhung des gleichgewichtigen Einkommens. Wenn dagegen $N^s_\varepsilon = 0$ wäre, so wäre der Wirkungskanal unterbrochen und es würde auch hier dY/dG=0 resultieren. Letzteres Ergebnis gilt bekanntlich im Neoklassischen Modell: da dort per Annahme der Kaufkraftparitätentheorie der reale Wechselkurs konstant ist, kann er das Arbeitsangebot nicht beeinflussen, und die Staatsnachfrage hat keinen Einfluss auf das gleichgewichtige Einkommen.

A17. Das Gewinnmaximierungsproblem des repräsentativen Unternehmens lautet

$$\max_{\{N,Q\}} \pi = P \cdot Y - w \cdot N - e \cdot P^A \cdot Q,$$

mit der Produktionsfunktion als Nebenbedingung. Die Bedingungen erster Ordnung für den gewinnmaximalen Einsatz der beiden Produktionsfaktoren lauten

$$\frac{\partial Y}{\partial N} = N^{-1/2} \cdot Q^{1/4} = w / P,$$

$$\frac{\partial Y}{\partial Q} = 1/2 \cdot N^{1/2} \cdot Q^{-3/4} = e \cdot P^A / P = \varepsilon.$$

Die zweite Bedingung lässt sich nach Q auflösen,

$$Q = (2 \cdot \varepsilon)^{-4/3} \cdot N^{2/3},$$

was in die erste Bedingung eingesetzt werden kann, woraus nach N aufgelöst die Arbeitsnachfragefunktion

$$N^d = 1/2 \cdot (w / P)^{-3} \cdot \varepsilon^{-1}$$

resultiert. Die Arbeitsangebotsfunktion muss noch als Funktion von w/P und ε geschrieben werden. Division der Definitionsgleichung des Konsumgüterpreisindex durch P liefert

$$P^C = P^{4/5} \cdot (e \cdot P^A)^{1/5} \quad \Rightarrow \quad \frac{P^C}{P} = \left(\frac{e \cdot P^A}{P} \right)^{1/5} \quad \Rightarrow \quad \frac{P}{P^C} = \varepsilon^{-1/5}.$$

Damit kann die Arbeitsangebotsfunktion geschrieben werden als

$$N^s = 4 \cdot \frac{w}{P^C} = 4 \cdot \frac{w}{P} \cdot \frac{P}{P^C} = 4 \cdot \frac{w}{P} \cdot \varepsilon^{-1/5}.$$

Gleichgewicht am Arbeitsmarkt herrscht, wenn diejenige Kombination von Beschäftigung und Reallohn realisiert ist, bei der Arbeitsangebot und Arbeitsnachfrage gleich sind. Für den gleichgewichtigen Reallohn folgt

$$N^s = N^d \quad \Leftrightarrow \quad 4 \cdot (w/P) \cdot \varepsilon^{-1/5} = 1/2 \cdot (w/P)^{-3} \cdot \varepsilon^{-1}$$

$$\Leftrightarrow \quad w/P = 8^{-1/4} \cdot \varepsilon^{-1/5},$$

woraus sich durch Einsetzen in die Arbeitsnachfrage- oder -angebotsfunktion die gleichgewichtige Beschäftigung

$$N^* = 2^{5/4} \cdot \varepsilon^{-2/5}$$

ergibt. In der Produktionsfunktion lässt sich Q mittels der oben gefundenen Bedingung erster Ordnung durch ε und N ersetzen, und sodann N durch die gleichgewichtige Beschäftigung N^* als Funktion des realen Wechselkurses schreiben. Das Ergebnis ist

$$Y^s = 2 \cdot (N^*)^{1/2} \cdot Q^{1/4}$$

$$= 2(N^*)^{1/2} \cdot \left[(2 \cdot \varepsilon)^{-4/3} \cdot (N^*)^{2/3} \right]^{1/4}$$

$$= 2 \cdot \left[8^{5/12} \cdot \varepsilon^{-2/5} \right]^{1/2} \cdot \left\{ (2 \cdot \varepsilon)^{-4/3} \cdot \left[8^{5/12} \cdot \varepsilon^{-2/5} \right]^{2/3} \right\}^{1/4},$$

woraus

$$Y^s = 8^{1/2} \cdot \varepsilon^{-3/5}$$

folgt. Dies ist die gesuchte Güterangebotsfunktion.

A18. Die Nachfrageseite des Modells ist durch die IS und die LM Kurve gegeben. Das gesamte Modell lautet daher (wenn wir zur Vereinfachung der Schreibweise von der Existenz von Steuern abstrahieren, d.h. T=0 annehmen)

$$Y - g(\varepsilon) = 0,$$

$$S(Y) - I(i^A) - G - NX(\varepsilon, Y^A, Y) = 0,$$

$$M/P - L(Y, i^A) = 0,$$

$$\varepsilon = e \cdot P^A / P.$$

Endogen sind hier generell die Variablen Y, ε, P. Bei flexiblem nominalen Wechselkurs ist zusätzlich e endogen und M exogen, bei festem nominalen Wechselkurs ist e exogen, dafür aber M endogen. Beginnen wir mit dem Fall eines flexiblen nominalen Wechselkurses. Durch Einsetzen der Definitionsgleichung des realen Wechselkurses in die übrigen Modellgleichungen lässt sich das System auf drei Gleichungen reduzieren, die die endogenen Variablen Y, e, und P bestimmen (durch die Definitionsgleichung für ε kann dann zusätzlich der reale Wechselkurs bestimmt werden). Die Jacobimatrix des Systems lautet

$$
Jac_{flex} = \begin{pmatrix} 1 & -g_\varepsilon \cdot \dfrac{P^A}{P} & g_\varepsilon \cdot \dfrac{eP^A}{P^2} \\[2mm] S_Y - NX_Y & -NX_\varepsilon \cdot \dfrac{P^A}{P} & NX_\varepsilon \cdot \dfrac{eP^A}{P^2} \\[2mm] -L_Y & 0 & -\dfrac{M}{P^2} \end{pmatrix};
$$

hierbei enthält die erste Spalte die partiellen Ableitungen der Modellgleichungen nach Y, die zweite diejenigen nach e, und die dritte diejenigen nach P. Die Determinante dieser Jacobimatrix lautet

$$
|Jac_{flex}| = -\frac{M}{P^2} \cdot \frac{P^A}{P} \cdot \left[g_\varepsilon \cdot (S_Y - NX_Y) - NX_\varepsilon \right] > 0 .
$$

Die Wirkung einer Erhöhung von P^A auf P kann wieder nach dem Satz über implizite Funktionen ermittelt werden. Hierzu muss für die Zählerdeterminante die dritte Spalte in der Jacobimatrix (die die partiellen Ableitungen der Modellgleichungen nach der interessierenden endogenen Variablen P enthält) durch den Vektor der partiellen Ableitungen der Modellgleichungen nach der Politikvariablen P^A ersetzt werden, also durch den Spaltenvektor $(-g_\varepsilon(e/P), -NX_\varepsilon(e/P), 0)'$. Damit resultiert

$$
\frac{dP}{dP^A}\bigg|_{flex} = -\frac{\begin{vmatrix} 1 & -g_\varepsilon \cdot \dfrac{P^A}{P} & -g_\varepsilon \cdot \dfrac{e}{P} \\[2mm] S_Y - NX_Y & -NX_\varepsilon \cdot \dfrac{P^A}{P} & -NX_\varepsilon \cdot \dfrac{e}{P} \\[2mm] -L_Y & 0 & 0 \end{vmatrix}}{|Jac_{flex}|} = 0 .
$$

Dass das Ergebnis null lauten muss, lässt sich ohne größeren Rechenaufwand ermitteln, da sofort sichtbar ist, dass die zweite und die dritte Spalte der Determinante im Zähler linear abhängig sind. Bei flexiblem nominalen Wechselkurs ist also das heimische Preisniveau unberührt von inflationären Entwicklungen im Ausland. Dies ist die Grundlage für einen häufig zitierten Satz, demzufolge ein flexibler Wechselkurs das Inland vor dem "Import" ausländischer Inflation schützt. Bei festem nominalen Wechselkurs dagegen ist e exogen, dafür aber die nominale Geldmenge M endogen. Die Jacobimatrix enthält daher nun die partiellen Ableitungen der Modellgleichungen nach den endogenen Variablen Y, M und P, und lautet daher

$$Jac_{fest} = \begin{pmatrix} 1 & 0 & g_\varepsilon \cdot \dfrac{e \cdot P^A}{P^2} \\ S_Y - NX_Y & 0 & NX_\varepsilon \cdot \dfrac{e \cdot P^A}{P^2} \\ -L_Y & \dfrac{1}{P} & -\dfrac{M}{P^2} \end{pmatrix},$$

und ihre Determinante errechnet sich als

$$| Jac_{fest} | = \frac{1}{P} \cdot \frac{e \cdot P^A}{P^2} \cdot [g_\varepsilon \cdot (S_Y - NX_Y) - NX_\varepsilon] < 0.$$

Der Effekt des ausländischen auf das inländische Preisniveau errechnet sich damit als

$$\frac{dP}{dP^A}\bigg|_{fest} \quad \frac{\begin{vmatrix} 1 & 0 & g & \dfrac{e}{P} \\ S_Y & NX_Y & 0 & NX\dfrac{e}{P} \\ L_Y & \dfrac{1}{P} & 0 \end{vmatrix}}{|Jac_{fest}|}$$

$$\frac{\dfrac{1}{P} \cdot \dfrac{e}{P} \cdot [g \cdot (S_Y - NX_Y) - NX]}{\dfrac{1}{P} \cdot \dfrac{e \cdot P^A}{P^2} \cdot [g \cdot (S_Y - NX_Y) - NX]}$$

$$= \frac{P}{P^A} > 0.$$

Bei festem nominalen Wechselkurs ist also die Elastizität des inländischen bezüglich des ausländischen Preisniveaus gleich eins,

$$\frac{dP}{dP^A} \cdot \frac{P^A}{P}\bigg|_{fest} = 1.$$

Inflationäre Entwicklungen im Ausland führen damit im Inland zu Preissteigerungsraten in selbiger Höhe. Dies ist die Grundlage für die häufig geäußerte Befürchtung, ein fester nominaler Wechselkurs zwinge das Inland, eine im Ausland enstehende Inflation zu "importieren".

Drittes Buch: Neue Makroökonomik

Kapitel VIII. Monetarismus

Verständnisfragen

F1. Eine cost push-Theorie der Inflation führt allgemeine Preissteigerungen auf erhöhte Kosten (z.B. Löhne) zurück; eine demand pull-Theorie dagegen sieht Inflation ausschließlich durch eine steigende Gesamtnachfrage verursacht. Ordnen Sie den Monetarismus einem der beiden Begriffe zu.

F2. Die Konsumfunktion einer Volkswirtschaft sei $C=C_{aut}+C_Y \cdot Y^p$, mit Y^p als dem permanenten Einkommen. Eine Missernte vermindert das Volkseinkommen um x Einheiten. Sinkt der Konsum um mehr oder weniger als $c \cdot x$ Einheiten?

F3. Im Jahre X erhöhe ein Land seine Bildungsinvestitionen, wobei die Mittel durch Verringerung des Repräsentationsaufwandes aufgebracht werden. Welche Auswirkungen hat dies auf das Realeinkommen und das permanente Einkommen unter normalen Umständen?

F4. Stimmen Sie zu, dass Friedmans Geldnachfragetheorie zufolge die Umlaufsgeschwindigkeit des Geldes zinsunabhängig ist?

F5. Welche Wirkung haben in Friedmans Konzeption ein Anstieg des Preisniveaus, der Inflationsrate, des permanenten Einkommens, und des durchschnittlichen Aktienertrags auf die nominale Geldnachfrage?

F6. Kann im Monetaristischen Modell die reale Geldmenge einer Volkswirtschaft von der Zentralbank bestimmt und gesteuert werden?

F7. Warum bezeichnet die natürliche Rate der Unterbeschäftigung ein Gleichgewicht im methodischen und nicht im theoretischen oder normativen Sinn?

F8. Vergleichen Sie die Keynesianische mit der Monetaristischen Sicht des Wirkungszusammenhanges zwischen wirtschaftspolitischen Instrumenten und Zielgrößen.

F9. Mit der Geldmengenregel wird in erster Linie das Ziel verfolgt, zyklische Schwankungen der realen Wirtschaftsvariablen zu vermindern. Warum ist diese Politik ungeeignet, das Preisniveau zu stabilisieren oder die durchschnittliche langfristige Wachstumsrate der Wirtschaft zu erhöhen?

F10. Diskutieren Sie, welche der folgenden hypothetischen Fakten die Keynesianische Position gegenüber der Monetaristischen begünstigen würden: a) die Zinselastizität der Geldnachfrage ist hoch; b) die Wirtschaftssubjekte orientieren ihre Pläne an permanenten Größen; c) die Arbeitnehmer unterliegen einer dauerhaften Geldillusion; d) aufgrund von Unvollkommenheiten einzelner Gütermärkte ist die Preisflexibilität eingeschränkt.

F11. Begründen Sie, warum nach Friedmans Geldnachfragetheorie die Umlaufsgeschwindigkeit des Geldes in einer wachsenden Volkswirtschaft bei konstanter Technologie im Bereich der Zahlungsmittel trendmäßig abnimmt.

Übungsaufgaben

A1. Gegeben sei eine Zinselastizität der Geldnachfrage in Höhe von $-0,1$ und ein Zinssatz von 4 Prozent. Wie stark müsste der Zins steigen, damit er denselben expansiven Effekt auf das Nominaleinkommen ausübt wie eine zweiprozentige Erhöhung der Geldmenge?

A2. Nach einem Vorschlag von Thomas Mayer lässt sich mit Hilfe folgender Frage sofort feststellen, ob jemand Monetarist oder Keynesianer ist: "Angenommen, der Ölpreis steigt. Welche Wirkung hat dies auf das allgemeine Preisniveau?" Wer wird wie antworten und mit welcher Begründung?

A3. Ausgehend von einem stationären Gleichgewicht, in dem Geldmenge und Preisniveau seit Jahrzehnten unverändert waren, möge sich die Notenbank zu einer Erhöhung der Geldmenge um 30 Prozent entschließen. Aufgrund Friedmans Geldnachfragetheorie ergibt sich daraus ein charakteristischer Verlauf des Preisniveaus. Stellen Sie diesen Verlauf in einem Zeit/Preisniveau-Diagramm dar.

A4. Im Lande "Nirwanök" gelang endlich der unzweifelhafte Nachweis einer denkbar engen Beziehung zwischen Geldmenge und Nominaleinkommen; es ergab sich für eine Zeitreihe über 100 Jahre eine vollständige Korrelation zwischen M_t und $P_t Y_t$. Gleichwohl besteht dort die einhellige Auffassung, dass die Geldmenge in keiner Weise für Änderungen des Nominaleinkommens ursächlich sei. Können Sie sich vorstellen, warum?

A5. Es ist eine alte Streitfrage, inwieweit die Notenbank das Zinsniveau einer (geschlossenen) Volkswirtschaft steuern kann. Was würden Monetaristen hierauf antworten? Unterscheiden Sie bei Ihrer Lösung zwischen der kurzen und langen Frist sowie zwischen Realzins i und Nominalzins r.

A6. Die reale Geldnachfrage einer Volkswirtschaft sei durch die Gleichung $M/P = \exp(-\alpha \cdot \pi^e)$ beschrieben, wobei $\alpha > 0$ eine Konstante und π^e die erwartete Inflationsrate ist. Hiernach nimmt die angestrebte reale Kassenhaltung der Wirtschaftssubjekte bei zunehmender Inflationsrate ab, weil mit der Inflation die Opportunitätskosten der Geldhaltung steigen. Berechnen Sie die tatsächliche Inflationsrate $\pi := (dP/dt)/P$ dieser Volkswirtschaft unter Annahme eines konstanten Realeinkommens. Stimmt sie mit der Wachstumsrate der Geldmenge überein? Rechnerischer Hinweis: Durch Logarithmieren und Differenziation nach der Zeit erhält man $d(\ln P)/dt \equiv \pi$.

A7. In einer Volkswirtschaft mit adaptiven Erwartungen bezüglich der Inflationsrate: $d\pi/dt = h \cdot (\pi - \pi^e)$ sei der gleichgewichtige Realzins konstant gleich i^*. Es ergibt sich (näherungsweise) ein tatsächlicher Realzins $i = i^* - (\pi - \pi^e)$, weil der Nominalzins im Hinblick auf die erwartete Inflationsrate vereinbart wird. Der Realzins liegt also immer dann unter seinem Gleichgewichtswert, wenn die Inflationsrate höher ist als die Wirtschaftssubjekte in der Vorperiode annahmen. Die Notenbank verfolge — aus welchen Gründen auch immer — eine "Niedrigzinspolitik" mit dem Ziel, den Realzins auf einem Niveau $i = i^* - c$ festzuhalten. Berechnen Sie die aus dieser Politik resultierende Inflationsrate $\pi(t)$ und die Entwicklung des Preisniveaus $P(t)$. Welcher Verlauf ergibt sich folglich für den Nominalzins $r := i + \pi$?

A8. Ein Neoquantitätstheoretiker wird gefragt, ob schuldfinanzierte Staatsausgaben bei unveränderter Geldmenge expansiv in bezug auf das Nominaleinkommen einer Volkswirtschaft wirken. Von welchen beiden empirischen Größen wird er seine Antwort abhängig machen?

A9. In einem Land wird über die Einführung einer Geldmengenregel diskutiert. Zur Debatte steht insbesondere die Formel $(\Delta M/M)_t = a + b \cdot t$, wobei $\Delta M/M$ die Wachstumsrate der Geldmenge ist. Zur Wahl von welchem der beiden Koeffizienten (a,b) haben Monetaristen einen eindeutigen Vorschlag zu machen? Warum ist ihnen der numerische Wert des anderen Koeffizienten weniger wichtig?

A10. In jüngerer Zeit ist von mehreren Ökonomen für die Geldpolitik eine sogenannte "BIP-Regel" vorgeschlagen worden. Diese Regel hat zum Inhalt, dass die Notenbank ein jährliches Wachstum des nominalen Bruttoinlandsproduktes (BIP) von beispielsweise 5 Prozent ankündigt und auch durchsetzt; die einmal festgelegte Wachstumsrate soll dabei auf lange Sicht durchgehalten werden. a) Würden Sie diesen Vorschlag in wirtschaftspolitischer Hinsicht als "eher Monetaristisch" oder "eher Keynesianisch" einstufen? b) Unter welcher empirischen Voraussetzung ist die BIP-Regel äquivalent zu Friedmans Geldmengenregel?

Beantwortung der Verständnisfragen

F1. Gemäß Friedmans Leitspruch "Inflation is always and everywhere a monetary phenomenon" erklärt der Monetaristische Ansatz jede Zunahme des Preisniveaus mit einem Anstieg der nominalen aggregierten Güternachfrage. Letzterer wiederum wird in den meisten Fällen durch eine Ausdehnung der Geldmenge verursacht sein oder aber durch eine Zunahme der Umlaufsgeschwindigkeit des Geldes. Weil die Gesamtnachfrage gleichsam durch $M{\cdot}v{=}P{\cdot}Y$ definiert ist, müssen Monetaristen jede Begründung einer Inflation mit "steigenden Kosten" zurückweisen. Insbesondere können Lohnsteigerungen niemals zu einer Zunahme der Gesamtnachfrage führen, sofern sie weder M noch v verändern.

F2. Wenn sich das laufende Einkommen aufgrund eines außergewöhnlichen Zwischenfalls um x Einheiten vermindert, wird das permanente Einkommen jedenfalls weniger stark sinken. Weil der Konsum nach Friedmans Theorie vom permanenten Einkommen abhängt, wird der Konsum um weniger als $C_Y{\cdot}x$ Einheiten zurückgehen.

F3. Weil es sich hier um eine bloße Reallokation von Ausgaben handelt, bleibt das Realeinkommen im laufenden Jahr unverändert. Das permanente Einkommen umfasst jedoch die diskontierten Erträge des Humankapitals und wird deshalb steigen, sofern die obige Maßnahme zur vermehrten Schaffung von Humankapital beiträgt.

F4. Auf der theoretischen Ebene ergibt sich ganz im Gegenteil, dass Geldnachfrage und Umlaufsgeschwindigkeit des Geldes zinselastisch sein müssen (Opportunitätskostenüberlegung). Dies ist der wesentliche Unterschied zwischen der Neoquantitätstheorie und der Quantitätstheorie.

F5. Preisniveau und Realeinkommen ergeben das Nominaleinkommen als Bestimmungsgröße der Geldnachfrage; und wie auch im Klassisch-Neoklassischen sowie im Keynesianischen Modell nimmt die nominale Geldnachfrage mit steigendem Nominaleinkommen zu. Ein Anstieg der Inflationsrate oder der Aktienerträge hingegen erhöht die Opportunitätskosten der Geldhaltung und führt deshalb zu einer Verminderung der Geldnachfrage.

F6. Die Zentralbank kann lediglich die nominale Geldmenge M steuern. Die Höhe von M/P hängt ausschließlich von den Kassenhaltungswünschen der privaten Wirtschaftssubjekte ab. Jeder Versuch der Notenbank, M/P durch Geldschöpfung zu erhöhen, würde auf Dauer wegen der resultierenden Preisniveausteigerung fehlschlagen.

F7. Die natürliche Rate der Unterbeschäftigung ist definiert als jene, die sich aufgrund der Marktkräfte einstelle und nicht auf Dauer von der Fiskal- und Geldpolitik beeinflusst werden kann. Es handelt sich also um einen Zustand mit Beharrungsvermögen. Mit der "natürlichen Rate" ist indes kein Gleichgewicht im theoretischen Sinn (Ausgleich von Angebot und Nachfrage) gemeint. Wenn beispielsweise die Arbeitslosigkeit aufgrund eines überhöhten Reallohns 8 Prozent beträgt und der Reallohn nicht vermöge einer "Geldillusion der Arbeitnehmer" durch die Notenbank gesenkt werden kann, so beträgt die natürliche Rate der Unterbeschäftigung exakt 8 Prozent, obwohl das Angebot die Nachfrage übersteigt. Deshalb handelt es sich bei diesem Konzept erst recht nicht um ein Gleichgewicht im normativen Sinn; die "natürliche Rate" bezeichnet in keiner Weise einen wünschenswerten Zustand.

F8. Nach Friedmans Hauptargument gegen die diskretionäre Wirtschaftspolitik sind solche Maßnahmen mit Wirkungsverzögerungen behaftet, die einerseits der Länge nach erheblich und zudem variabel sind. Demnach wirkt eine expansive Politikmaßnahme, die zum Zeitpunkt t ergriffen wird, erst wesentlich später und zu einem nicht vorhersagbaren Termin. Keynesianer andererseits gehen, als Befürworter diskretionärer Steuerung, von einem zeitlich engen und stabilen Zusammenhang zwischen Instrument und Zielgröße aus.

F9. Mit einer eventuell verfassungsmäßig verankerten Vorschrift, die Geldmenge pro Jahr um x Prozent wachsen zu lassen, kann man nicht das Preisniveau stabilisieren — jedenfalls nicht, wenn man Quantitätstheoretiker ist. Denn gemäß $M \cdot v = P \cdot Y$ wird bei annähernder Konstanz von v und stetigem Wachstum von M das Preisniveau permanent steigen, wenn die reale Wachstumsrate hinter dem Geldmengenwachstum zurückbleibt; im umgekehrten Fall ergibt sich gar eine permanente Deflation. Weil Monetaristen von der langfristigen Neutralität des Geldes ausgehen, zielt die Geldmengenregel auch nicht auf eine Erhöhung der Wachstumsrate ab. Friedman kommt es bei seiner Geldmengenregel vorrangig darauf an, jene zyklischen Schwankungen der Wirtschaftsaktivität zu verringern, die durch Kursänderungen der Geldpolitik verursacht sind.

F10. Bei hoher Zinselastizität der Geldnachfrage haben Zinsänderungen erheblichen Einfluss auf das Nominaleinkommen; auch die Fiskalpolitik kann durch Einwirkung auf den Zins das Nominaleinkommen beeinflussen [Antwort a)]. Wenn sich die Wirtschaftssubjekte an permanenten Größen orientieren, nimmt die Stabilität des privaten Sektors tendenziell zu. Auch sind in diesem Fall die marginale Konsumneigung in bezug auf das laufende Realeinkommen und die Multiplikatoren geringer; deshalb begünstigt b) eher die Monetaristische Position. Eine dauerhafte Geldillusion der Arbeitnehmer [Antwort c)] ermöglicht der Geldpolitik die Steuerung des Reallohnes und damit der Beschäftigung. Mangelnde Preisflexibilität auf Einzelmärkten [Antwort d)] begünstigt keine der beiden Positionen. Sie kann einerseits zwar zur Begründung diskretionärer Politik herangezogen werden, gibt aber andererseits ein gutes Argument ab, die erforderlichen Preisanpassungen in der Wirtschaft durch Konstanthaltung des Preisniveaus und Verzicht auf wirtschaftspolitische Impulse gering zu halten.

F11. Die Geldnachfrage $L^n(.)$ ist eine wachsende und $v(.)$ folglich eine fallende Funktion des Nominaleinkommens. Nimmt Y^n in einer wachsenden Wirtschaft zu, so steigt — laut Friedman — auch die Nachfrage nach dem "superioren Gut" Kassenhaltung. Empirisch ist dies für die meisten Länder jedoch nicht zu beobachten, was mit den Innovationen im Geldsystem zusammenhängen mag.

Lösung der Übungsaufgaben

A1. Gemäß der Quantitätsgleichung $M \cdot v = P \cdot Y$ ergeben sich äquivalente expansive Wirkungen in bezug auf $P \cdot Y$, wenn M oder v um 2 Prozent zunehmen. Eine Zinselastizität der Geldnachfrage von $-0,1$ bedeutet, dass v bei einprozentiger Zinserhöhung um 0,1 Prozent zunimmt, bei 20-prozentiger Zinserhöhung folglich um gerade 2 Prozent. Ein 20-prozentiger Zinsanstieg bedeutet aber, dass der Zins von 4 Prozentpunkten auf 4,8 Prozentpunkte p.a. steigt. Bei diesem "geringen" Wert für die Zinselastizität der Geldnachfrage hätte ein Zinsanstieg von 4 Prozent auf 6 Prozent demnach immerhin dieselbe expansive Wirkung wie eine Geldmengenausdehnung um 5 Prozent.

A2. Nach Monetaristischer Auffassung wird das Preisniveau als ein aggregiertes Phänomen lediglich durch das Gesamtangebot und die Gesamtnachfrage bestimmt. Bleiben diese beiden unverändert und steigt der Ölpreis allein wegen der Macht des Ölkartells, so muss das Preisniveau unverändert bleiben. Im Erklärungszusammenhang haben die Nachfrager weniger Mittel für andere Käufe, nachdem der Ölpreis gestiegen ist, weshalb einige oder alle übrigen Geldpreise sinken; das Preisniveau ändert sich nicht. Keynesianer sehen das Preisniveau mehr als Resultante einer unabhängigen Preisbildung auf Einzelmärkten, weshalb sie es für möglich und sogar wahrscheinlich halten, dass das Preisniveau infolge der Zunahme eines Einzelpreises steigt.

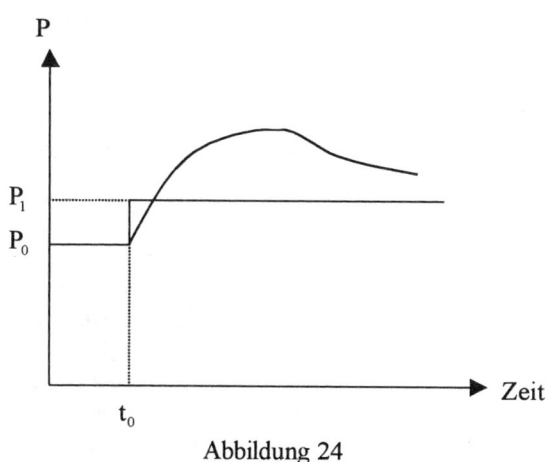

Abbildung 24

A3. In Abbildung 24 ist zunächst die Entwicklung der Geldmenge dargestellt — es ist dies die doppelt geknickte Gerade —, welche sich zum Zeitpunkt t_0 um 30 Prozent erhöht. Bei strikter Neutralität des Geldes im Sinne der älteren Quantitätstheorie, also bei Konstanz von v und Y, würde das Preisniveau dem Verlauf der Geldmenge exakt folgen. Aus Friedmans neoquantitätstheoretischem Ansatz hingegen ergibt sich, dass das Preisniveau vorübergehend über seinen neuen Gleichgewichtswert hinausschießt: Die anfängliche Zunahme des Preisniveaus geht aufgrund der Wirkungsverzögerungen nur allmählich, nicht schlagartig vonstatten. Deshalb ergibt sich in der ersten Zeit ein Anstieg der Inflationsrate von Null auf einen positiven Wert. Damit steigen die Opportunitätskosten der Geldhaltung, und die Umlaufsgeschwindigkeit des Geldes nimmt zu. Während des Anpassungsprozesses werden M·v und deshalb auch P stärker zunehmen als

M allein. Nachdem sich der Preisanstieg abgeschwächt hat, sinkt die Umlaufsgeschwindigkeit des Geldes und nimmt auf Dauer ihren ursprünglichen Wert wieder an. Die Neutralität des Geldes gilt in Friedmans Ansatz also nur langfristig, während sich im Übergang nicht genau bestimmbare Änderungen des Preisniveau ergeben. Auf alle Fälle aber wird unter den Voraussetzungen dieser Theorie das charakteristische Überschießen des Preisniveaus zu beobachten sein.

A4. Aus einer Korrelation lässt sich nicht auf Kausalität schließen (Problem der reversed causation). Es ist theoretisch möglich, dass die Geldmenge nicht Ursache, sondern Folge der Entwicklung des Nominaleinkommens ist (Position der Banking-Schule). Zur Begründung der Monetaristischen Position bedarf es deshalb nicht nur des Nachweises, dass empirisch ein enger Zusammenhang zwischen Geldmenge und Geldeinkommen besteht, sondern es muss zusätzlich die Exogenität der Geldmenge aufgezeigt werden. Ein Großteil der Ökonomen teilt jedoch die Auffassung der Currency-Schule, die Geldmenge sei autonom steuerbar. Es ist die Stärke des Zusammenhangs zwischen Geldmenge und Geldeinkommen, die den hauptsächlichen Streitpunkt bildet.

A5. In der kurzen Frist kann die Notenbank durch Geldschöpfung oder Geldlöschung sowohl den Real- als auch den Nominalzins beeinflussen: Eine expansive Geldpolitik etwa senkt aufgrund der Annahme adaptiver Erwartungen unmittelbar den Nominal- und Realzins. Langfristig ist der Realzins in der Monetaristischen Welt durch Investition und Ersparnis bestimmt und somit unabhängig von der Geldpolitik, jedenfalls wenn die akzelerierende Inflation als Politikmöglichkeit ausscheidet. Weil die Inflationsrate jedoch der direkten Kontrolle der Notenbank unterliegt, kann letztere den langfristigen Nominalzins bestimmen. Sie muss, wenn eine dauerhafte Senkung des Nominalzinses beabsichtigt ist, allerdings einen restriktiven Kurs einschlagen, um $r=i+\Delta P/P$ über eine geringere Inflationsrate zu vermindern. Diese Maßnahme wirkt kurzfristig zinserhöhend.

A6. In logarithmierter Form lautet die Geldnachfragegleichung

$$\ln M - \ln P = -\alpha \cdot \pi^e.$$

Gemäß der Regel für logarithmische Differenziation führt Ableiten nach der Zeit und Auflösen nach $\pi \equiv d(\ln P)/dt$ zu

$$\pi = d(\ln M)/dt + \alpha \cdot d\pi^e/dt.$$

Die Rate der Preissteigerung liegt mithin über der Rate des Geldmengenwachstums, wenn die erwartete Inflationsrate im Zeitablauf zunimmt ($d\pi^e/dt>0$). In diesem Fall sinkt der Kassenhaltungskoeffizient bzw. steigt die Umlaufsge-schwindigkeit des Geldes, was eine zusätzliche inflationäre Wirkung hat.

A7. Durch Einsetzen der Annahme $i^*-i=\pi-\pi^e$ und des Politikziels $i^*-i=c$ in die Definitionsgleichung der adaptiven Erwartungen folgt

$$d\pi^e/dt = h \cdot (\pi-\pi^e) = h \cdot c.$$

Die tatsächliche Inflationsrate muss mithin um einen konstanten Betrag über der erwarteten Rate liegen, damit i geringer als i^* ist. Diese Differentialgleichung in $\pi(t)$ und $\pi^e(t)$ ist leicht lösbar, indem man die rechte Gleichung nach der Zeit ableitet:

$$h \cdot (d\pi/dt - d\pi^e/dt) = 0.$$

Folglich müssen die Änderungsraten der tatsächlichen und der erwarteten Infla-tionsrate übereinstimmen. Weil sich aber oben $d\pi^e/dt=h \cdot c$ ergab, muss auch $d\pi/dt$ konstant gleich $h \cdot c$ sein. Durch Integration ergibt sich die gesuchte Lö-sung für π

$$\pi(t) = b + h \cdot c \cdot t,$$

mit $\pi'(t)=c$, wie gefordert. Weil die Inflationsrate definitorisch gleich $d(\ln P)/dt$ ist, lässt sich die Bewegungsgleichung für das Preisniveau durch abermalige Integration berechnen:

$$d(\ln P)/dt = b + h \cdot c \cdot t,$$

$$\ln P = a + b \cdot t + h \cdot c/2 \cdot t^2,$$

$$P(t) = \exp(a+b \cdot t+h \cdot c/2 \cdot t^2),$$

wobei a und b beliebige Integrationskonstanten sind und $c=i^*-i$. Das Preisniveau muss folglich quadratisch exponentiell wachsen, die Inflationsrate linear. Dies ist das bekannte Monetaristische Akzelerationstheorem: Bei adaptiven Erwartun-gen zeitigen nicht konstante, sondern nur zunehmende Inflationsraten reale Wir-kungen. Der Nominalzins $r:=i+\pi$ schließlich ist wegen der Konstanz von i und $\pi=b+h \cdot c \cdot t$ eine linear wachsende Funktion der Zeit. Von einer "Niedrigzinspoli-tik" kann man deshalb nur im Hinblick auf den Realzins sprechen.

A8. Gemäß der Neoquantitätstheorie $M \cdot v(.)=P \cdot Y$ lassen sich Änderungen des Nominaleinkommens bei gegebener Geldmenge nur durch Variationen der Um-laufsgeschwindigkeit des Geldes erklären; es fragt sich mithin, wie schuldfinan-

zierte Staatsausgaben auf diese letztgenannte Größe wirken. Weil die Umlaufsgeschwindigkeit zinsabhängig ist und staatliche Kreditaufnahme den Zins beeinflusst, hängt die Wirkung auf das Nominaleinkommen ab a) von der Zinselastizität der Geldnachfrage und b) von der Reaktion des Zinses auf die staatliche
Kreditnachfrage. — Ergo wird der Neoquantitätstheoretiker den kreditfinanzierten Staatsausgaben eine expansive Wirkung auf das Nominaleinkommen absp re-
chen, wenn entweder die Geldnachfrage nicht zinselastisch ist oder der Zins (wie
in einer kleinen offenen Volkswirtschaft) nicht auf Änderungen der Staatsverschuldung reagiert.

A9. Monetaristen werden b=0 fordern: die Geldmenge soll mit einer konstanten
Rate wachsen. Dies deshalb, weil Akzelerationen bzw. Dezelerationen des
Geldmengenwachstums reale Wirkungen haben, die aus Sicht der Monetaristen
wegen der Verzögerungen unerwünscht sind. Der numerische Wert der Wachstumsrate "a" ist von untergeordneter Bedeutung, weil sich die Wirtschaftssubjekte bei adaptiven Erwartungen an jedes beliebige Geldmengenwachstum an-
passen, sofern es konstant ist. Allerdings steigen mit "a" ab einem bestimmten
Punkt die Kosten der Inflation, während sich bei zu knapper Bemessung dieses
Wertes eine permanente Deflation mit entsprechenden Kosten einstellt. Folglich
ist die Bestimmung von "a" nicht völlig gleichgültig, aber doch weit weniger
bedeutsam als die Ausschaltung von Akzelerationen und Dezelerationen der
Geldmenge.

A10. a) Die Keynesianische wirtschaftspolitische Haltung lässt sich am besten
charakterisieren durch die Ambition, reale Wirtschaftsgrößen (Realeinkommen
und Beschäftigung) mit Hilfe diskretionärer Maßnahmen zu steuern, während
Monetaristen nominale Größen durch eine regelgebundene Politik beeinflusst
sehen wollen. In diesem Sinne ist die BIP-Regel "eher Monetaristisch", weil sie
einerseits eine Absage an diskretionäre Geldpolitik beinhaltet und andererseits
auf eine nominale Zielgröße ausgerichtet ist. Es wird mit dieser Regel nicht beabsichtigt, das Realeinkommen zu steuern. b) Das nominale Bruttoinlandsprodukt findet als Nominaleinkommen der Volkswirtschaft Eingang in
die Quantitätsgleichung:

(Zielgröße der Geldmengenregel) $M \cdot v = P \cdot Y$ (Zielgröße der BIP-Regel)

Man erkennt anhand der stilisierten Darstellung sofort, dass beide Regeln bei
Konstanz der Umlaufsgeschwindigkeit identisch sind; in diesem Falle macht es
keinen Unterschied, ob man M oder gleich $P \cdot Y$ steuert. Nur bei Änderungen der

Umlaufsgeschwindigkeit v ist es möglich, dass die Wachstumsraten der Geldmenge und des BIP divergieren.

Kapitel IX. Die Neuklassische Theorie

Verständnisfragen

F1. Würden Sie sagen, dass die "Theorie der Rationalen Erwartungen" und die "Neuklassische Theorie" Synonyme sind?

F2. Warum gehören statische, adaptive und rationale Erwartungen alle zur Gruppe der endogenen Erwartungen?

F3. Lässt sich die statische Erwartungsbildung als Spezialfall der adaptiven Erwartungsbildung darstellen?

F4. Damit ein Wirtschaftssubjekt rationale Erwartungen bilden kann, muss es das wahre ökonomische Modell kennen und lösen können. Muss es auch über eine vollständige Voraussicht verfügen?

F5. "Jedes nutzenmaximierende Wirtschaftssubjekt wird auch rationale Erwartungen bilden, weil jede andere Erwartungsbildung zu systematischen Verlusten führt." Halten Sie diese Aussage für richtig?

F6. Wie lässt sich begründen, dass die Beschäftigung und somit auch das Güterangebot von dem Verhältnis zwischen dem tatsächlichen und dem erwarteten Preisniveau abhängen?

F7. Warum ist die ursprüngliche Phillipskurve grundsätzlich mit dem Klassisch-Neoklassischen Modell vereinbar?

F8. Welche Erwartungen (statisch, konstant, adaptiv oder rational) müssen die Arbeitnehmer bezüglich der Inflationsrate haben, damit eine einmalige Zunahme der Inflationsrate unter sonst gleichen Umständen eine permanente Reduktion der Unterbeschäftigung bewirkt?

F9. Liefert das Neuklassische Modell eine analytische Begründung für das Monetaristische Akzelerationstheorem?

F10. Gegeben sei eine Volkswirtschaft, deren wahre Struktur dem Neuklassischen Modell in der einfachen Lehrbuchdarstellung entspricht. Warum müssen in einer solchen Volkswirtschaft die realisierten Bruttosozialprodukte Y_0, Y_1, ..., Y_t seriell unkorreliert sein, sofern alle wirtschaftspolitischen Maßnahmen antizipiert werden?

F11. Begründen Sie, warum bei ungleicher Informationsverteilung zwischen Staat und privatem Sektor, vor allem wenn der Staat stochastische Einflüsse besser vorhersagen könnte als die Wirtschaftssubjekte, eine aktive Geldpolitik trotz rationaler Erwartungen angebracht wäre.

F12. Haben antizipierte Preisniveauänderungen im Neuklassischen Modell einen Einfluss auf das Güterangebot?

F13. Es sei angenommen, dass das Ricardianische Äquivalenztheorem gilt und dass die Steuern bei unveränderten Staatsausgaben gesenkt werden. Welche Wirkungen hat diese Politikmaßnahme auf die private Ersparnis, den privaten Konsum, die private Investition und das private Nettovermögen?

F14. In der Wirtschaft werden viele Preise für längere Zeit vertraglich festgelegt. Warum ergibt sich dann auch bei rationalen Erwartungen ein Spielraum für diskretionäre Politik?

F15. Lassen sich gemäß der Real Business Cycle Theorie realwirtschaftliche Effekte durch nominale Nachfrageimpulse erzeugen?

F16. Würde ein Vertreter der Real Business Cycle Schule eine Stabilisierungspolitik — zum Beispiel mit Hilfe von fiskalischen Maßnahmen — befürworten?

F17. Der Real Business Cycle Theorie zufolge sind zyklische Schwankungen der Beschäftigung vor allem auf die intertemporale Substitution der Freizeit zurückzuführen. Beschreiben Sie kurz diesen Mechanismus.

Übungsaufgaben

A1. In der Abbildung 25 sind vier Versionen des Gütermarktdiagramms dargestellt. Sie zeigen jeweils die Wirkungen einer Geldmengenerhöhung auf die Angebots- und Nachfragekurve. Ordnen Sie die vier Graphiken den Doktrinen "Klassik-Neoklassik", "Keynesianismus", "Monetarismus" und "Neuklassik" zu, wobei jede dieser Theorien nur einmal zugeordnet werden darf.

A2. Betrachten Sie eine Neuklassische Volkswirtschaft. Während die Unternehmen die Preise P kennen, sind diese für die Haushalte nicht beobachtbar. Sie bilden rationale Erwartungen über das Preisniveau P^e. Die gleichgewichtige Beschäftigung ergibt sich dann aus der impliziten Funktion $N=N(P/P^e)$ mit $N'>0$. Die aggregierte Nachfrage kann in dieser Volkswirtschaft mit Hilfe des IS/LM-

Modells abgebildet werden. Das Güterangebot kann aus der Beschäftigungsfunktion $N=N(P/P^e)$ und der Produktionsfunktion $F(N)$ mit $F'(N)>0$ bestimmt werden. Interpretieren Sie die Beschäftigungsfunktion $N=N(P/P^e)$ und beschreiben Sie die Volkswirtschaft anhand eines gesamtwirtschaftlichen Modells.

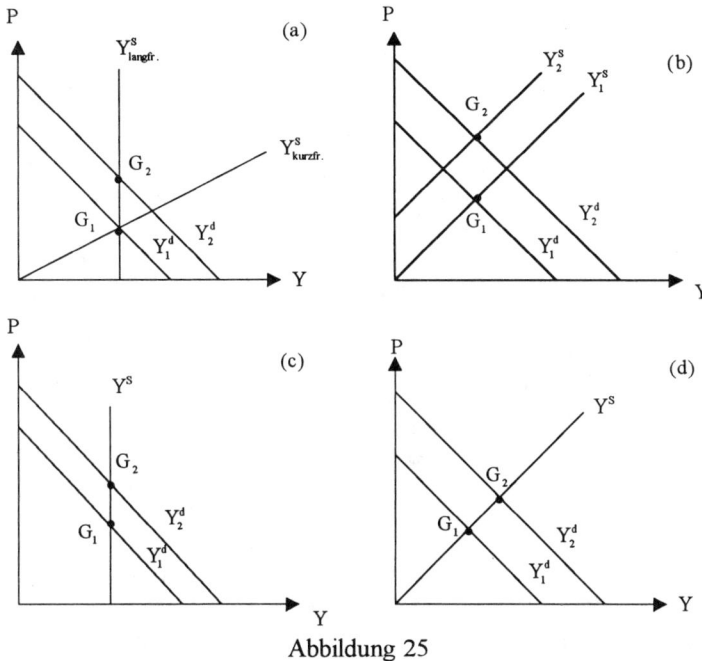

Abbildung 25

A3. Gegeben sei das Modell aus der vorangegangenen Aufgabe. Zeigen Sie anhand eines Gütermarktdiagramms den Unterschied zwischen der lang- und der kurzfristigen Güterangebotsfunktion und erklären Sie, warum sich das Modell für die lange Frist im Vergleich zur kurzen Frist vereinfacht. Welche qualitativen Wirkungen hat eine Erhöhung der Geldmenge M in der langen Frist auf den Zins und das Preisniveau?

A4. In einer Neuklassischen Ökonomie sei die Arbeitsangebotskurve der Haushalte gegeben durch $N^s=(w/P^e)^\gamma$, $0<\gamma<1$, wobei P^e das erwartete Preisniveau und w den Nominallohnsatz darstellen. Das repräsentative Unternehmen hat die Produktionsfunktion $Y=1/\alpha \cdot N^\alpha$ mit $0<\alpha<1$, wobei N die Beschäftigung und Y die Produktion bezeichnen. Finden Sie den gleichgewichtigen Reallohn als Funktion von P/P^e und zeigen Sie, dass sich das Güterangebot durch eine Lucassche Güterangebotsfunktion darstellen lässt. Um wie viel Prozent ändert sich das Güterangebot, wenn das Preisniveau unerwartet um ein Prozent höher ist, als erwartet wurde?

A5. Die Lucassche aggregierte Angebotsfunktion besagt, dass Y^s_t eine streng monoton wachsende Funktion von $p_t - p^e_t$ ist, mit p_t als dem Logarithmus des Preisniveaus und p^e_t der hierauf bezogenen Erwartung. Welche Annahmen sind zur Herleitung dieser Funktion erforderlich?

A6. Zeichnen Sie die Lucassche aggregierte Angebotsfunktion $Y^s_t = Y^* + c \cdot (p_t - p^e_t) + v_t$ in das P/Y-Gütermarktdiagramm ein. Dabei soll das auf der Ordinate abgetragene "P" einmal als antizipierte und einmal als nicht antizipierte Änderung verstanden werden. Welchen Verlauf haben die beiden resultierenden Kurven? Wie verschieben sie sich bei einem negativen Angebotsschock, verstanden als $v_t < 0$?

A7. Die zeitliche Entwicklung einer ökonomischen Variablen wird oft durch einen Random Walk beschrieben, wobei die Variable x gemäß $x_{t+1} = x_t + u_{t+1}$ und u stationär mit Mittelwert Null und endlicher Varianz verteilt ist. Zeigen Sie formal, dass in einem solchen Fall statische Erwartungen rational sind.

A8. Auf einem Gütermarkt laute die Nachfragefunktion $x^d_t = 9 - p_t$ und die Angebotsfunktion $x^s_t = 2 \cdot p^e_t$. Welche Zeitpfade für den Marktpreis p_t ergeben sich mit $p_0 = 2{,}5$ a) bei statischen und b) bei rationalen Erwartungen (die in diesem Modell gleichbedeutend mit vollständiger Voraussicht sind)?

A9. Unter welchen Umständen könnte eine diskretionäre Geldpolitik zur Glättung des Konjunkturzyklus sinnvoll sein, obgleich die Phillipskurve vom Monetaristischen Typ ist, also adaptive Erwartungen vorherrschen? Nennen Sie zwei wesentliche Bedingungen.

A10. Welche Ursachen der Unterbeschäftigung wird man in Betracht ziehen können, wenn man als Keynesianer von einer langfristig stabilen Phillipskurve ausgeht?

A11. Aus jedem makroökonomischen Modell mit exogener Umlaufsgeschwindigkeit des Geldes folgt, dass eine Geldmengenausweitung expansiv auf das Nominaleinkommen $P \cdot Y$ wirkt; nur ist oft fraglich, in welcher Weise sich diese Expansion auf Preiswirkungen einerseits und Mengenwirkungen andererseits aufteilt. Welche Antwort auf diese Frage liefert die Neuklassische Theorie?

A12. Würden Sie einem Land, in dem alle Voraussetzungen des Neuklassischen Modells erfüllt sind, die Einhaltung einer Geldmengenregel empfehlen? Wenn ja, wäre der Monetaristischen Regel eines konstanten Geldmengenwachstums der Vorzug zu geben?

A13. Das allgemeine Gleichgewicht (p^*, Y^*) einer Neuklassischen Ökonomie sei durch die beiden Gleichungen

$$Y^d_t = A_t + b \cdot (m_t - p_t) + u_t,$$

$$Y^s_t = Y^* + c \cdot (p_t - p^e_t) + v_t$$

beschrieben. Dabei lassen sich die Nachfrageschocks u_t etwa als Änderungen der Umlaufsgeschwindigkeit des Geldes interpretieren, die Angebotsschocks v_t als Ölpreiserhöhungen, welche aufgrund der erforderlichen strukturellen Anpassungen zu einer zeitweiligen Verminderung des Güterangebotes führen. Das obige Gleichgewicht werde nun bei $v_t \equiv 0$ fortlaufend durch Nachfrageschocks u_t gestört. Stellen Sie dies in einem Gütermarktdiagramm für den Fall eines negativen Nachfrageschocks ($u_t < 0$) dar. Zeigen Sie anhand der Graphik, dass Preisniveau und Produktion (Beschäftigung) bei Praktizierung einer Monetaristischen Politik positiv miteinander korreliert sind, also eine Phillipskurve besteht. Unter welcher Voraussetzung würde der Übergang zu einer aktiven Geldpolitik Preisniveau und Beschäftigung stabilisieren?

A14. In der wie oben charakterisierten Neuklassischen Ökonomie sei $u_t \equiv 0$, und das allgemeine Gleichgewicht (p^*, Y^*) werde allein durch Angebotsschocks (v_t) gestört. Ermitteln Sie am Beispiel eines negativen Angebotsschocks ($v_t < 0$) im Gütermarktdiagramm, welcher empirische Zusammenhang zwischen Preisniveau und Unterbeschäftigung unter dieser Annahme zu erwarten ist, und zeigen Sie, dass bei einer Monetaristischen Geldpolitik Stagflation resultiert. Könnten mit einer aktiven Politik Preisniveau und Beschäftigung gleichzeitig stabilisiert werden, wenn die Voraussetzungen für die Wirksamkeit einer solchen Politik gegeben sind?

A15. Betrachten Sie einen repräsentativen Haushalt, der sich durch die folgende Nutzenfunktion auszeichnet:

$$u(c_t, n_t) = \ln c_t + \gamma \cdot \ln(1 - n_t), \quad \gamma > 0.$$

Hierbei bezeichnet c den Konsum und n die Arbeitszeit. Das Zeitbudget ist auf eins normiert. Neben ihrer Arbeitskraft bieten Haushalte Kapital k auf kompetitiven Faktormärkten an. Die intertemporale Budgetrestriktion des Haushalts lautet:

$$\omega_t \cdot n_t + (1 + r^k_t) \cdot k_t = k_{t+1} + c_t,$$

wobei ω den Reallohn und r^k die Kapitalrendite bezeichnen. Die Haushalte maximieren den Erwartungswert der Summe ihrer mit $\beta < 1$ abdiskontierten Periodennutzen u über einen unendlichen Zeithorizont durch eine geeignete Wahl der Zeitpfade für den Konsum, das Arbeitsangebot und den Kapitalstock unter Berücksichtigung der Budgetrestriktion. Stellen Sie das Maximierungsproblem der Haushalte auf, bestimmen Sie die Bedingungen erster Ordnung und leiten Sie daraus die beiden folgenden Bedingungen ab (zur Vereinfachung können Sie den Erwartungswertoperator vernachlässigen):

$$c_{t+1}/c_t = \beta \cdot (1 + r^k_{t+1})$$

$$\gamma \cdot c_t = (1 - n_t) \cdot \omega_t$$

Interpretieren Sie die beiden Bedingungen. Wie reagiert der Konsum bzw. seine Wachstumsrate auf eine Veränderung des Realzinses r^k_{t+1}? Was lässt sich über das Arbeitsangebot sagen?

A16. Gegeben sei ein Real Business Cycle Modell mit identischen Haushalten. Die gesamtwirtschaftliche Produktion lässt sich durch eine Cobb-Douglas-Technologie mit den Faktoren Kapital k und Arbeit n beschreiben:

$$y_t = z_t \cdot k_t^{\alpha} \cdot n_t^{1-\alpha}.$$

Die Variable z bezeichnet das technologische Niveau. Ein repräsentativer Haushalt bietet beide Faktoren auf kompetitiven Faktormärkten an. Er maximiert den Erwartungswert der Summe ihrer mit $\beta < 1$ abdiskontierten Periodennutzen $u(c_t, n_t)$ über einen unendlichen Zeithorizont unter Berücksichtigung seiner Budgetrestriktion (siehe vorangegangene Aufgabe). Der Periodennutzen ist gegeben durch:

$$u(c_t, n_t) = \frac{(c_t - n_t^{\gamma})^{1-\sigma}}{1-\sigma}, \sigma > 0, \gamma > 1.$$

a) Zeigen Sie, dass das Arbeitsangebot des repräsentativen Haushalts bei Verwendung dieser Nutzenfunktion unabhängig vom Realzins r_{t+1} ist und bestimmen Sie die gewinnmaximierende Bedingung für die Arbeitsnachfrage. b) Gegeben sei der Parameterwert $\gamma = 2$ und eine Lohneinkommensquote $(1 - \alpha)$ in Höhe von

2/3. Formulieren Sie die Beschäftigung als Funktion des Kapitalstocks und des technologischen Niveaus: $n_t = n_t(z_t, k_t)$. Um wie viel Prozent steigt die Beschäftigung, wenn ein technologischer Schock in Höhe von ein Prozent diese Volkswirtschaft trifft? c) Da der Kapitalstock zu Beginn einer Periode gegeben ist, kann die Produktion y_t unmittelbar nach dem Auftreten eines Schocks nur mit der Produktivität z_t oder mit der Beschäftigung n_t variieren. Gegeben sei die Situation in b). Zeigen Sie, dass die prozentuale Veränderung der Produktion größer als die der Beschäftigung ist.

Beantwortung der Verständnisfragen

F1. Rationale Erwartungen sind eine Annahme, die mittlerweile in viele Modelle Eingang gefunden hat. Die Neuklassische Theorie geht von Rationalen Erwartungen, zusätzlich aber von vollständiger Preisflexibilität und ständiger Markträumung aus und gelangt deshalb zum Ergebnis der Wirkungslosigkeit antizipierter Geld- und Fiskalpolitik. Die Postulate "Rationale Erwartungen" und "permanente Markträumung" stehen in keinem notwendigen Zusammenhang miteinander.

F2. Die Erwartung der Wirtschaftssubjekte bezüglich x_t ergibt sich aus dem Modell heraus als $x^e_t = x_{t-1}$ (statische Erwartung), $x^e_t = x^e_{t-1} + h \cdot (x_{t-1} - x^e_{t-1})$ (adaptive Erwartung) bzw. $x^e_t = E_{t-1}[x_t]$ (rationale Erwartung). Exogen sind demgegenüber zum Beispiel konstante Erwartungen mit $x^e_t = x_0$ bei vorgegebenem x_0.

F3. Definiert man adaptive Erwartungen bezüglich x_t — wie in der vorangegangenen Frage — durch $x^e_t = x^e_{t-1} + h \cdot (x_{t-1} - x^e_{t-1})$ mit dem Lernkoeffizienten $h \geq 0$, so ergibt sich für den Spezialfall $h = 1$ eine statische Erwartungsbildung $x^e_t = x_{t-1}$. In diesem Fall passen die Akteure ihre Erwartungen für die aktuelle Periode x^e_t nicht an die Erwartungen der vergangenen Periode x^e_{t-1} an.

F4. Das relevante Modell muss bekannt und lösbar sein, damit eine rationale Erwartung gebildet werden kann, die sich daraus als mathematischer Erwartungswert ergibt. Über vollständige Voraussicht muss das Wirtschaftssubjekt aber nicht verfügen; die nur teilweise Voraussicht ist durch Einführung der stochastischen Störterme modelliert. Deshalb kann sich auch die rationale Erwartung als falsch erweisen.

F5. Die Nutzenmaximierungsannahme ist eine gewissermaßen "unschuldige" Annahme, weil jedes menschliche Verhalten als Ergebnis einer Optimierung gedeutet werden kann. Demgegenüber ist die Bildung rationaler Erwartungen nur dann mit Sicherheit "rational" im üblichen Wortsinn, wenn alle erforderlichen Informationen kostenfrei zur Verfügung stehen. Berücksichtigt man Kosten der Informationsbeschaffung im Modell, so mögen sich die Wirtschaftssubjekte — obwohl sie strikt optimieren — etwa mit adaptiven oder sonstigen Erwartungen bescheiden, weil die Informationskosten größer sind als jene Verluste, die sich aufgrund der systematischen Erwartungsfehler ergeben.

F6. Dieser Zusammenhang lässt sich anhand einer Informationsasymmetrie zwischen Haushalten und Unternehmen begründen. Zum Beispiel könnten sich die Haushalte bei ihrem Arbeitsangebot an dem erwarteten Preisniveau orientieren $N^s(w/P^e)$, während die Unternehmen bei ihrer Arbeitsnachfrage das tatsächliche Preisniveau berücksichtigen $N^d(w/P)$ (siehe Modell im Lehrbuch). Angenommen, Unternehmen setzen ihre Preise zu Beginn einer Periode, während die Haushalte das Preisniveau erst zum Ende einer Periode (bei ihren Einkäufen) erfahren. Wird der Nominallohn nun zu Beginn einer Periode ausgehandelt, werden die Haushalte — im Gegensatz zu den Unternehmen — das erwartete Preisniveau zur Beurteilung der Kaufkraft des Lohnes berücksichtigen. Verändert sich das Verhältnis zwischen dem tatsächlichen und dem erwarteten Preisniveau, so werden Arbeitsangebot und Arbeitsnachfrage unterschiedlich reagieren. Dies hat unmittelbare Folgen für die gleichgewichtige Beschäftigung und damit auch für das Güterangebot.

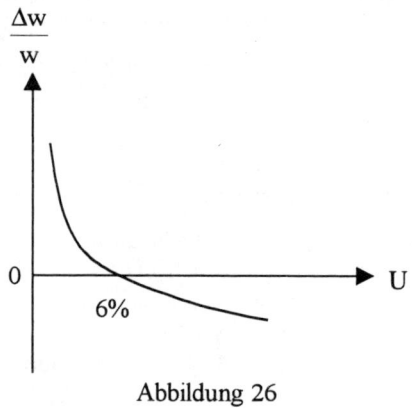

Abbildung 26

F7. Die ursprüngliche Phillipskurve stellte den in der Abbildung 26 gezeigten Zusammenhang zwischen Nominallohnänderungen und der Unterbeschäftigungsrate dar. Ihre negative Steigung korrespondiert mit der Neoklassischen These, dass ein Preis aufgrund einer Überschussnachfrage steigt und bei einem Überschussangebot fällt. Allerdings müsste die Phillipskurve bei wörtlicher Anwendung dieses Marktgesetzes durch den Ursprung verlaufen. Der Widerspruch lässt sich jedoch auflösen, wenn man bedenkt, dass auf der Ordinate nicht Real-, sondern Nominallohnänderungen abgetragen sind und im betrachteten Zeitraum das Preisniveau meist stieg. — Es ist eine dogmengeschichtliche Ironie, dass diese Kurve, die ursprünglich als empirischer Beitrag zur Neoklassischen Arbeitsmarkttheorie gemeint war, später zum Inbegriff Keynesianischer Auffassungen wurde.

F8. Bei statischen Erwartungen ist $(\Delta P/P)^e_{t+1}=(\Delta P/P)_t$, so dass nur in Periode t+1 ein Erwartungsfehler auftritt, wenn die Inflationsrate in dieser Periode einmalig zunimmt. Bei konstanten (also exogenen) Erwartungen hingegen nehmen die Arbeitnehmer auf Dauer $(\Delta P/P)^e_t$=const. an, und die Beschäftigungszunahme ist permanent. Unter der Annahme adaptiver Erwartungen strebt $(\Delta P/P)^e_t$ gegen $\Delta P/P$; mithin tritt hierbei ebenfalls keine dauerhafte Wirkung ein. Dasselbe gilt a fortiori für die rationalen Erwartungen.

F9. Ganz im Gegenteil verliert das Akzelerationstheorem im Neuklassischen Modell seine Gültigkeit. Dieses Theorem besagte, dass Änderungen des Geldmengenwachstums reale Wirkungen haben, ein konstantes Geldmengenwachstum aber nicht. Im Neuklassischen Modell entfallen die realen Wirkungen einer monetären Akzeleration, wenn sie antizipiert wird. Die relevante Unterscheidung im Neuklassischen Modell ist nicht mehr die zwischen kurz- und langfristig, sondern die zwischen antizipiert und nicht antizipiert. Diese abweichende Sicht ergibt sich unmittelbar aus dem Wechsel von adaptiven zu rationalen Erwartungen.

F10. Wie das Lehrbuchmodell zeigt, beruhen Änderungen des Bruttoinlandsproduktes bei angekündigter Politik allein auf jenen stochastischen Störungen, die durch die Variablen u_t und v_t erfasst werden. Die Störterme sind jedoch nicht seriell und nicht miteinander korreliert; folglich darf auch die Zeitreihe Y_0, Y_1, ..., Y_t keine serielle Korrelation aufweisen. Dieses Ergebnis ist der Keynesianischen Vorstellung eines "sinusförmigen" Konjunkturzyklus diametral entgegengesetzt, weil ein Sinusverlauf serielle Korrelation beinhaltet. Serielle Korrelation liegt beispielsweise vor, wenn $E[Y_t]$ eine wachsende Funktion von Y_{t-1} ist. Dies trifft offenbar auf eine sinusartige Funktion zu, ist aber mit dem obigen Neuklassischen Modell unvereinbar. Weil die Konjunkturindikatoren üblicherweise serielle Korrelation zeigen, enthalten die empirischen Neuklassischen Modelle autoregressive Terme (etwa $Y_t = Y_{t-1} + u_t$).

F11. Wenn der Staat die Nachfrageschocks (u_t) oder Angebotsschocks (v_t) aus dem Lehrbuchmodell prognostizieren kann, diese Variablen aber für die Privaten unvorhersehbare Zufallseinflüsse sind, dann ist die hergebrachte Konjunkturpolitik weiterhin möglich. Allerdings wird die Annahme einer solchen asymmetrischen Informationsverteilung von den Neuklassikern als unplausibel zurückgewiesen.

F12. Antizipierte Preisniveauänderungen lassen das Güterangebot unbeeinflusst; nicht antizipierte Preisniveauänderungen werden hingegen als Änderungen relativer Preise fehlinterpretiert und geben somit Anlass für Variationen des Güterangebotes.

F13. Die Fragestellung impliziert einen Anstieg der Staatsverschuldung. Da Staatsschulden unter den Voraussetzungen des Ricardianischen Äquivalenztheorems von den Privaten als zukünftige Steuern interpretiert werden, erhöhen die Privaten ihre Ersparnis genau um den Betrag der Steuersenkung ΔT. Folglich bleibt der private Konsum unverändert. Weil die Staatsverschuldung um ΔT zunimmt und die Ersparnis um denselben Betrag steigt, ändert sich die private Investition wegen I=S–D nicht. Das private Nettovermögen bleibt ebenfalls gleich, weil der Gegenwartswert der zukünftigen Steuerzahlungen genau dem Zuwachs an Staatsschuldtiteln entspricht.

F14. Zur Illustration sei angenommen, dass alle Preise gleichzeitig für ein Jahr festgelegt würden (wie es näherungsweise bei den Löhnen der Fall ist). Tritt sofort nach der Vereinbarung eine zufällige Störung auf, die vom Staat und den Privaten jeweils nicht vorhergesehen werden konnte, so vermag die Zentralbank unmittelbar zu reagieren, die Wirtschaftssubjekte jedoch erst nach einem Jahr. Aus diesem Umstand ergibt sich ein Spielraum für diskretionäre Politik.

F15. Wie der Name schon suggeriert, geht die Real Business Cycle Theorie davon aus, dass Konjunkturschwankungen allein durch reale Impulse — in erster Linie Technologieschocks — ausgelöst werden. Folglich haben nominale Impulse keine realen Effekte, sondern haben lediglich nominale Veränderungen zur Folge. Diese Eigenschaft ist unabhängig davon, ob die nominalen Impulse antizipiert oder nicht-antizipiert sind. Somit besteht hier ein Unterschied zum Neuklassischen Modell, bei dem nicht-antizipierte geldpolitische Maßnahmen reale Effekte erzeugen konnte.

F16. Die Real Business Cycle Theorie basiert auf einem Neoklassischen allgemeinen Gleichgewichtsmodell, das charakterisiert ist durch die Gültigkeit des zweiten Satzes der Wohlfahrtstheorie. Diesem zufolge ist eine pareto-optimale Allokation mit der Allokation in einem Wettbewerbsgleichgewicht identisch. Eine konjunkturelle Schwankung der Ökonomie ist somit das Ergebnis einer optimalen Anpassung der Akteure an einen technologischen Impuls. Ein Vertreter der Real Business Cycle Theorie würde also von jedem staatlichen Eingriff abraten, da dieser zu einer Wohlfahrtsminderung führen würde.

F17. Den Entscheidungen der Haushalte liegt im Real Business Cycle Modell ein dynamisches Planungsproblem zugrunde. Demzufolge verlangt eine optimale intertemporale Allokation, dass sich die Aufteilung des Arbeitsangebots zwischen den Perioden an den jeweiligen (erwarteten) Reallöhnen orientiert. Erwarten die Haushalte einen höheren zukünftigen Reallohn, werden sie zum gegenwärtigen Zeitpunkt relativ weniger Arbeit anbieten als in der Zukunft. In ähnlicher Weise reagieren sie auch auf Veränderungen des Realzinses. Erwarten die Haushalte einen höheren Realzins, werden sie ihre Ersparnis erhöhen und zu diesem Zweck relativ mehr Arbeit anbieten.

Lösung der Übungsaufgaben

A1. Abbildung (a) ist dem Monetaristischen Ansatz zuzuordnen. Wegen adaptiver Erwartungen ist die kurzfristige Güterangebotsfunktion geneigt, so dass bei einer Geldmengenexpansion Preise und Realeinkommen zunehmen. Die langfristige Angebotsfunktion freilich verläuft aufgrund derselben Annahme senkrecht; das langfristige Gleichgewicht ist durch das ursprüngliche Realeinkommen bei höherem Preisniveau gekennzeichnet. Abbildung (b) stellt die Neuklassische Sicht einer antizipierten Geldmengenexpansion dar: Für jede gegebene Gütermenge wird von den Nachfragern ein höherer Preis geboten (Rechtsverschiebung von Y^d), aber von den Anbietern auch verlangt (Linksverschiebung von Y^s). Nur nicht antizipierte Geldmengenänderungen führen zu einer Bewegung entlang der Güterangebotsfunktion, jede Antizipation hingegen zu einer Verschiebung derselben. Abbildung (c) ist der Klassisch-Neoklassischen Theorie zuzuordnen, deren besonderes Augenmerk bekanntlich der "langen Frist" gilt. Dieses Diagramm ist die krudeste Darstellung der Neutralität des Geldes. Abbildung (d) stellt die Keynesianische Theorie dar, wobei die Güterangebotsfunktion wegen der Annahme starrer Nominallöhne einen steigenden Verlauf aufweist.

Die Geldpolitik hat in diesem Modell dauerhafte reale Wirkungen. Andere Zuordnungen sind zwar prinzipiell möglich — so könnte etwa Abbildung c) als Darstellung des Allgemeinen Keynesianischen Modells aufgefasst werden — widersprechen aber der Forderung, dass jede Theorie mindestens einmal zugeordnet werden muss.

A2. Die Beschäftigungsfunktion $N=N(P/P^e)$ besagt, dass die Beschäftigung mit dem realisierten Preisniveau P steigt, weil dann die realen Kosten für den Arbeitseinsatz fallen. Die Beschäftigung sinkt dagegen, wenn das von den Haushalten erwartete Preisniveau P^e steigt, die erwartete Kaufkraft eines gegebenen Nominallohnes fällt und folglich das Arbeitsangebot reduziert wird. Da die Nachfrageseite durch das IS/LM-Modell gegeben ist, lässt sich — bei Vernachlässigung des Staatssektors — die Volkswirtschaft durch das folgende Modell beschreiben:

$$S(Y) = I(i),$$

$$M/P = L(Y,i),$$

$$Y = F[N(P/P^e)]$$

Die beiden ersten Gleichungen beschreiben die Nachfrage. Die letzte Gleichung charakterisiert das Güterangebot. Die Variablen Y, i, und P lassen sich endogen mit den drei Gleichungen bestimmen. Die Geldmenge M ist exogen und das erwartete Preisniveau P^e durch eine rationale Erwartungsbildung gegeben.

A3. In der langen Frist sind P und P^e identisch. Während Y kurzfristig mit P steigt, ist Y somit in der langen Frist konstant. Entsprechend zeigt die Abbildung 27 in der Y/P-Ebene die Angebotsfunktion als steigende Gerade und als eine Senkrechte. Da in der langen Frist $Y=Y^*$ konstant ist, kann man in dem Modell aus der vorangegangenen Aufgabe die letzte Gleichung für eine langfristige Analyse auch weglassen. In der langen Frist (Y konstant) vereinfacht sich somit das Modell zu

$$S - I(i) = 0,$$

$$M/P - L(Y^*,i) = 0,$$

mit den endogenen Variablen i und P. Anhand der ersten Gleichung sieht man sofort, dass auch der Zins $i=i^*$ konstant sein muss. Für die Effekte einer Geldmengenerhöhung ergibt sich unmittelbar:

$$di/dM = 0,$$

$$dP/dM = 1/L(Y^*,i^*) > 0.$$

Wie man anhand der partiellen Ableitungen erkennt, führt eine Veränderung der Geldmenge langfristig lediglich zu höheren Preisen, während sich der Zins (und das Einkommen) nicht verändert.

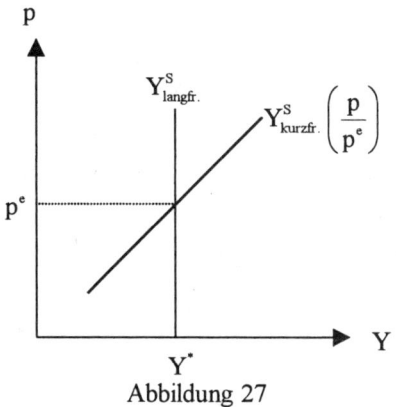

Abbildung 27

A4. Zur Bestimmung des gleichgewichtigen Reallohns wird die Arbeitsnachfragefunktion der Hilfe der Gewinnmaximierungsbedingung $\partial Y/\partial N = w/P$ hergeleitet:

$$\partial Y/\partial N = w/P \quad \Leftrightarrow \quad N^{\alpha-1} = w/P \quad \Leftrightarrow \quad N^d = (w/P)^{1/(\alpha-1)}$$

Diese wird dann mit der Arbeitsangebotsfunktion $N^s = (w/P^e)^\gamma$ gleichgesetzt:

$$N^s = N^d \quad \Leftrightarrow \quad (w/P^e)^\gamma = (w/P)^{1/(\alpha-1)}$$

$$\Leftrightarrow \quad (w/P \cdot P/P^e)^\gamma = (w/P)^{1/(\alpha-1)}$$

$$\Leftrightarrow \quad (w/P)^{\gamma + 1/(1-\alpha)} = (P/P^e)^{-\gamma}$$

Der Reallohn lässt sich somit als Funktion des Verhältnisses zwischen dem tatsächlichen und dem erwarteten Preisniveau P/P^e darstellen:

$$w/P = (P/P^e)^{-\gamma \cdot (1-\alpha)/[\gamma \cdot (1-\alpha)+1]}$$

Anhand des Exponenten $-\gamma \cdot (1-\alpha)/[\gamma \cdot (1-\alpha)+1] < 0$ lässt sich unmittelbar ablesen, dass der gleichgewichtige Reallohn mit dem Verhältnis zwischen dem tatsächlichen und dem erwarteten Preisniveau sinkt: $w/P = f(P/P^e)$, mit $f' < 0$. Um das Güterangebot zu bestimmen, wird zuerst die gleichgewichtige Beschäftigung durch das Einsetzen der Lösung für den Reallohn in die Arbeitsangebots- oder die Arbeitsnachfragebedingung ermittelt:

$$N = (P/P^e)^{\gamma/[\gamma(1-\alpha)+1]}, \quad \partial N/\partial(P/P^e) > 0.$$

Eingesetzt in die Produktionsfunktion $Y=1/\alpha \cdot N^\alpha$ erhält man folglich

$$Y = 1/\alpha \cdot (P/P^e)^{\alpha \cdot \gamma/[\gamma(1-\alpha)+1]}, \quad \partial Y/\partial(P/P^e) > 0.$$

Logarithmiert man diese Funktion, ergibt sich der Ausdruck

$$\ln Y = \ln(1/\alpha) + \alpha \cdot \gamma/[\gamma \cdot (1-\alpha)+1] \, (\ln P - \ln P^e),$$

der die Form einer deterministischen Lucasschen Angebotsfunktion besitzt. Dies lässt sich durch die folgende Schreibweise noch stärker veranschaulichen:

$$\ln Y = k_1 + k_2 \cdot (p-p^e).$$

Hierbei bezeichnen p und p^e die logarithmierten Preisniveaus ($p \equiv \ln P$; $p^e \equiv \ln P^e$). Die Parameter k_1 und k_2 sind offensichtlich wie folgt definiert:

$$k_1 \equiv \ln(1/\alpha) > 0; \, k_2 \equiv \alpha \cdot \gamma/[\gamma \cdot (1-\alpha)+1] > 0.$$

Zur Bestimmung der prozentualen Änderung des Outputs bei einer unerwarteten Preisänderung um ein Prozent verwendet man die Preiselastizität der Angebotsfunktion $\partial Y^s/\partial P \cdot P/Y^s$. Diese errechnet sich leicht zu:

$$\partial Y^s/\partial P \cdot P/Y^s = \alpha \cdot \gamma/[\gamma \cdot (1-\alpha)+1]$$

Folglich führt eine einprozentige Erhöhung von P zu einer $\alpha \cdot \gamma/[\gamma \cdot (1-\alpha)+1]$-prozentigen Erhöhung des Outputs.

A5. Grundlegend ist die Annahme, dass ein Wirtschaftssubjekt, welches Gut i anbietet, Änderungen des Einzelpreises p^i_t sofort wahrnimmt, Änderungen des Preisniveaus aber erst mit Verzögerung. Eine Situation $p_t > p^e_t$ wird deshalb zunächst fehlinterpretiert als Zunahme des relativen Preises von Gut i, obwohl nur das Preisniveau gestiegen ist. Weiterhin müssen Angebotsfunktionen mit positiver Steigung angenommen werden, also $x^s_i = f(p^i_t)$ mit $f' > 0$, damit sich tatsächlich eine Zunahme der Güterproduktion einstellt. Würde die typische Angebotsfunktion einen senkrechten Verlauf aufweisen, wie für das Arbeitsangebot wahrscheinlich, so käme es auch bei vermutetem Anstieg der Relativpreise nicht zu einer gesamtwirtschaftlichen Zunahme der Produktion.

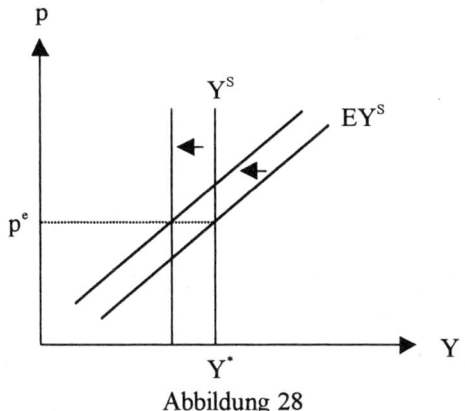

Abbildung 28

A6. Die Lösungen sind in Abbildung 28 dargestellt: Für antizipierte Preisniveau-änderungen ergibt sich die senkrechte Y^s-Kurve, wie sie aus der Klassisch-Neoklassischen Theorie bekannt ist. Nicht antizipierte Preisniveauänderungen bedingen eine streng monoton wachsende Funktion, die (entsprechend der üblichen Benennung als expectation augmented supply curve) in der Abbildung als EY^s-Kurve dargestellt ist. Die EY^s-Kurve schneidet die Y^s-Kurve an jener Stelle, wo das Preisniveau p den erwarteten Wert p^e annimmt. Ein Angebotsschock $v_t < 0$ bedingt eine Linksverschiebung der Y^s-Kurve und der EY^s-Kurve, jeweils um den Betrag v_t. Denn gemäß der Angebotskurve $Y^s_t = Y^* + c \cdot (p_t - p^e_t) + v_t$ wird nun zu jedem Preisniveau eine um v_t geringere Gütermenge angeboten.

A7. Wegen der Annahme $E[u_t] = 0$ berechnet sich der mathematische Erwartungswert von x_{t+1} beim Random Walk als

$$E[x_{t+1}] = x_t + 0 = x_t.$$

Bei rationalen Erwartungen ist $x^e_t = E[x_t]$ und folglich

$$x^e_{t+1} = E[x_{t+1}] = x_t,$$

während statische Erwartungen direkt durch

$$x^e_{t+1} = x_t$$

definiert sind. Deshalb sind im Fall des Random Walk beide Erwartungskonzepte empirisch nicht unterscheidbar.

A8. Bei statischen Erwartungen gilt $p^e_t=p_{t-1}$ und das Angebot somit $x^s_t=2 \cdot p_{t-1}$. Durch Auflösen der Nachfragefunktion resultiert $p_t=9-x^d_t$. Mit $x^d_t=x^s_t$ folgt daraus für den Gleichgewichtspreis $p^*_t=9-2 \cdot p_{t-1}$. Der Zeitpfad von p_t folgt durch Einsetzen des vorgegebenen Anfangswertes $p_0=2,5$ und wiederholte Anwendung der obigen Rekursionsformel: $p_1=4$, $p_2=1$, $p_3=7$, $p_4=-5$. Es liegt hier ein divergierender Prozess vor. Bei rationale Erwartungen muss $p^e_t=E[p_t]$ gesetzt werden. Mit $x^d_t=x^s_t$ ist $9-E[p_t]=2 \cdot E[p_t]$ und ergo $E[p_t]=3$. Es ergibt sich eine konstante Folge $p_t=3$, die unabhängig vom in der Aufgabenstellung gegebenen Anfangswert ist.

A9. Bei Annahme der Monetaristischen Phillipskurve hat die Geldpolitik zunächst reale Wirkungen, auf Dauer aber nicht. Damit unter diesen Umständen die diskretionäre Geldpolitik vorteilhaft ist, muss erstens ein vom privaten Sektor induzierter Konjunkturzyklus bestehen; die Beobachtung eines ständigen "Auf-und-ab" der wirtschaftlichen Entwicklung reicht nicht aus. Zweitens müsste die Geldpolitik vorhersehbar und ohne wesentliche Verzögerungen wirken, damit der Zyklus durch diskretionäre Maßnahmen geglättet werden kann. Bekanntlich sind beide Bedingungen nach Monetaristischer Auffassung nicht erfüllt, weil a) die Konjunktur überwiegend durch den Staat verursacht wird und b) geldpolitische Maßnahmen mit beträchtlichen Wirkungsverzögerungen verbunden sind.

A10. Wer von der Existenz einer langfristigen Phillipskurve ausgeht, muss die Unterbeschäftigung durch einen überhöhten Reallohn verursacht sehen, weil sie in diesem Fall durch Inflationszunahme und damit geringere Reallöhne behoben werden kann. Zwischen Inflation und Unterbeschäftigung besteht hingegen kein Trade-Off, wenn letztere die Folge einer Investitions- oder Liquiditätsfalle ist. Denn in diesen beiden Situationen ist die Geldpolitik strikt wirkungslos, und beliebige Inflationsraten haben keinerlei Einfluss auf Produktion und Beschäftigung. Deshalb ist die Phillipskurve nur aus der mehr Neoklassischen Version (Modell K''') der Neoklassischen Synthese ableitbar, nicht aus den beiden eher Keynesianischen Fällen (Modelle K' und K'').

A11. Die Antwort lautet folgendermaßen: Erstens zieht jede antizipierte Geldmengenausweitung nur Preissteigerungen nach sich. Zweitens ergeben sich bei nicht antizipierter Geldpolitik Preis- und Mengenwirkungen, deren Anteile aus den Parametern der Güterangebots- und Güternachfragefunktion berechnet werden können.

A12. Wenn alle Annahmen des Neuklassischen Modells erfüllt sind und insbesondere der Staat keinen Informationsvorteil gegenüber dem privaten Sektor hat, dann ist jede Form der diskretionären Geldpolitik oder der "formula flexibility" aus folgendem Grund nachteilig: Konjunkturelle Zyklen können mit einer solchen Politik nicht verhindert werden, weil der Staat die zufälligen Störungen genauso wenig vorhersehen kann wie die Privaten selbst. Nicht antizipierte Aktionen sind definitiv schädlich, weil die Wirtschaftssubjekte dadurch aus ihrem frei gewählten Optimum gedrängt werden. Deshalb ist eine regelgebundene Geldpolitik die beste Lösung. Die Monetaristische Forderung eines konstanten Geldmengenwachstums ($M_t=a \cdot e^{b \cdot t}$) lässt sich jedoch aus dem Neuklassischen Modell nicht herleiten. Vielmehr sind alle denkbaren Regeln $M_t=f(t)$ gleichwertig. Eine "zyklische Geldpolitik" $M_t=\sin(t)$ führt, weil antizipiert, zur selben Allokation wie Friedmans Politik des konstanten Geldmengenwachstums.

A13. In der Abbildung 29 sind zunächst die Y^s-Kurve sowie die Y^d-Kurve eingezeichnet; letztere verschiebt sich bei einem Nachfrageschock $u_t<0$ von Y_0^d nach Y_1^d. Ausgehend vom allgemeinen Gleichgewicht (p^*,Y^*) ergibt sich — weil der Nachfrageschock definitionsgemäß nicht antizipiert wird — eine Bewegung entlang der EY^s-Kurve. Diese ordnet als Graph der Lucasschen aggregierten Angebotsfunktion unvorhergesehenen Preisniveauänderungen entsprechende Outputänderungen zu; ihre Steigung wird durch den Koeffizienten c der Aufgabenstellung bestimmt. Das neue Periodengleichgewicht liegt im Punkt (p_1,Y_1).

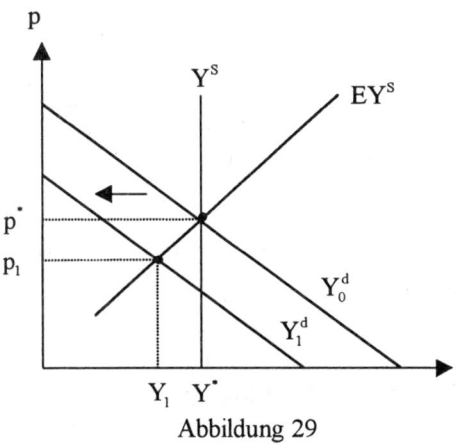

Abbildung 29

Wegen der Exogenität von m_t (Monetaristische Geldpolitik) und $v_t \equiv 0$ (keine Angebotsschocks) werden konjunkturelle Schwankungen allein durch die gezeigte Verschiebung der Y^d-Kurve erzeugt. Weil alle resultierenden Gleichgewichte entlang der EY^s-Kurve liegen, sind p und Y positiv miteinander korreliert. Weil Δp der Inflationsrate $\Delta P/P$ entspricht (logarithmische Differenziation von p:=ln P) und Produktion und Unterbeschäftigung in einem inversen Zusammenhang stehen, werden hohe Inflationsraten gemeinsam mit geringer Unterbeschäftigung auftreten, niedrige Inflationsraten gemeinsam mit hoher Unterbeschäftigung. Dies ist die Aussage der Phillipskurve. Mit dem Übergang zu einer aktiven Geldpolitik lassen sich Beschäftigung und Preisniveau gleichzeitig stabilisieren, sofern erstens die wirtschaftspolitischen Instanzen u_t im Gegensatz zu den Privaten prognostizieren können (asymmetrische Informationsverteilung) und zweitens ihre Maßnahmen genügend schnell und zuverlässig wirken. Weil nämlich die Lage der Y^d-Kurve von der Geldmenge abhängt, bleibt sie bei einer Politik $m_t = m_0 + k \cdot t - u_t/b$ unverändert. Interessant ist, dass in wirtschaftspolitischer Hinsicht kein Trade-Off zwischen Inflation und Arbeitslosigkeit besteht, sondern beide gleichzeitig vermieden werden können, obwohl empirisch eine Phillipskurve beobachtbar ist.

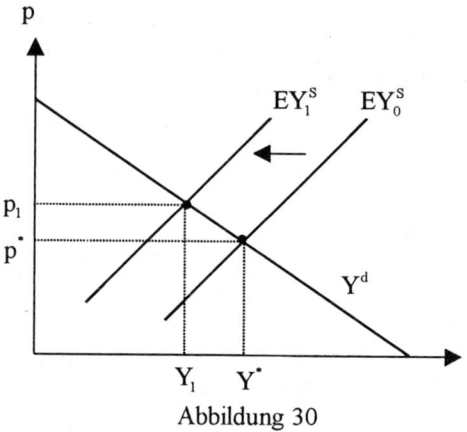

Abbildung 30

A14. Betrachten Sie in der Abbildung 30 zunächst die Y^d-Kurve und die EY_0^s-Kurve, deren Schnittpunkt (p^*, Y^*) das allgemeine Gleichgewicht definiert. Aufgrund eines negativen Angebotsschocks $v_t < 0$ wandert die Angebotskurve nach EY_1^s; dies ist eine Parallelverschiebung um den Betrag v_t. Weil die Lage der

Nachfragekurve bei $u_t \equiv 0$ und einer Monetaristischen Geldpolitik unverändert bleibt, resultieren konjunkturelle Schwankungen allein aus solchen Verschiebungen der Angebotskurve. Alle Gleichgewichte liegen somit entlang der Y^d-Kurve, und man beobachtet einen positiven Zusammenhang von Inflation und Unterbeschäftigung: Bei hohem $\Delta p = \Delta P/P$ ist Y gering, bei niedriger Inflation hoch. Weil das skizzierte neue Gleichgewicht (p_1, Y_1) durch höhere Preise und geringeres Realeinkommen gekennzeichnet ist, würde man in diesem Fall von Stagflation sprechen.

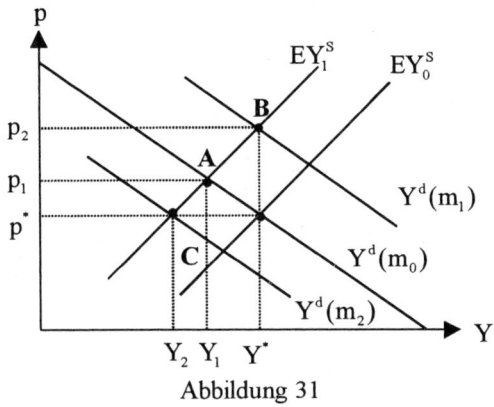

Abbildung 31

In der Abbildung 31 sind die Wirkungen einer aktiven Geldpolitik dargestellt, die auch hier nur möglich ist, wenn der Staat u_t prognostizieren (asymmetrische Informationsverteilung) und schnell und wirksam reagieren kann. Ausgangspunkt ist die oben diskutierte Stagflation im Punkt $A=(p_1; Y_1)$. Wenn der Staat die Beschäftigung stabilisieren will, muss er die Geldmenge von m_0 auf m_1 erhöhen. Die Nachfragekurve verschiebt sich daraufhin nach rechts, und es ergibt sich das Gleichgewicht B, das durch im Vergleich zu A höhere Preise p_2 bei geringerer Unterbeschäftigung gekennzeichnet ist. Umgekehrt resultiert aus einer kontraktiven Geldpolitik (Reduktion der Geldmenge auf m_2) das Gleichgewicht C, das im Vergleich zu A ein noch geringes Realeinkommen (Y_2) bei allerdings konstantem Preisniveau aufweist. Andere Politikoptionen stehen der Notenbank nicht offen, da sie nur auf die Lage der Nachfragekurve, nicht aber auf die Lage der Angebotskurve Einfluss nehmen kann. Bei Angebotsschocks besteht mithin unter Keynesianischen Annahmen ein Trade-Off zwischen Inflation und Unterbeschäftigung, obwohl sich in Abwesenheit politischer Aktionen empirisch keine

Phillipskurve nachweisen lässt, da Preisniveau und Unterbeschäftigung positiv miteinander korreliert sind. Umgekehrt zeigte sich in der vorigen Aufgabe, dass bei Nachfrageschocks die Phillipskurve empirisch nachweisbar ist, jedoch in wirtschaftspolitischer Hinsicht kein Trade-Off besteht.

A15. Das deterministische Maximierungsproblem lässt sich mit Hilfe einer dynamischen Lagrangefunktion wie folgt formulieren:

$$\max L = \sum_{t=0}^{\infty} \beta^t \left[\ln c_t + \gamma \ln(1 - n_t) \right] + \sum_{t=0}^{\infty} \beta^t \lambda_t \left(\omega_t n_t + r_t^k k_t - c_t + k_t - k_{t+1} \right)$$

Der Lagrangemultiplikator λ misst dabei die Wertschätzung einer Lockerung der Budgetrestriktion. Zur Herleitung der Bedingungen ist es ausreichend, sich auf zwei Perioden t und t+1 zu konzentrieren. Die Lagrangefunktion lässt sich dann schreiben als:

$$L = \dots + \beta^t \cdot [\ln c_t + \gamma \cdot \ln(1 - n_t)] + \beta^{t+1} \cdot [\ln c_{t+1} + \gamma \cdot \ln(1 - n_{t+1})] \dots$$
$$\dots + \lambda_t \cdot \beta^t \cdot [\omega_t \cdot n_t + (1 + r_t^k) \cdot k_t - c_t - k_{t+1}] + \lambda_{t+1} \cdot \beta^{t+1} [\omega_{t+1} \cdot n_{t+1} + (1 + r_{t+1}^k) \cdot k_{t+1} - c_{t+1} - k_{t+2}] \dots$$

Die Bedingungen erster Ordnung für den Konsum c_t, die Arbeit n_t und den zukünftigen Kapitalstock k_{t+1} lauten:

$$\partial L / \partial c_t = 0 \quad \Rightarrow \quad \lambda_t = 1/c_t,$$

$$\partial L / \partial n_t = 0 \quad \Rightarrow \quad \omega_t \cdot \lambda_t = \gamma / (1 - n_t),$$

$$\partial L / \partial k_{t+1} = 0 \quad \Rightarrow \quad \lambda_t / \lambda_{t+1} = \beta \cdot (1 + r_{t+1}^k).$$

Eliminiert man den Schattenpreis mit Hilfe der ersten Bedingung erhält man unmittelbar die gesuchten Gleichungen:

$$\gamma \cdot c_t = (1 - n_t) \cdot \omega_t,$$

$$c_{t+1} / c_t = \beta \cdot (1 + r_{t+1}^k).$$

Die Bedingung $c_{t+1}/c_t = \beta \cdot (1 + r_{t+1}^k)$ impliziert, dass der Konsum bei einem höheren Realzins r_{t+1}^k stärker wächst. Ein relativ geringer Konsum und damit eine höhere Ersparnis in t ist bei einer höheren Verzinsung sinnvoll und ermöglicht — über gestiegene Zinseinkünfte — einen höheren Konsum in t+1. Die Bedingung $\gamma \cdot c_t = (1 - n_t) \cdot \omega_t$ beschreibt das optimale Verhältnis zwischen dem Konsum von Gütern c und von Freizeit 1−n. Neben dem konstanten Gewichtungsfaktor γ ist dabei die Höhe des Reallohns für die Aufteilung maßgeblich. Dieser Bedingung folgend führt, ceteris paribus, ein höherer Reallohn zu einem höheren Arbeitsangebot. Außerdem besagt diese Bedingung, dass Haushalte dazu tendieren, bei einem höheren Konsum von Gütern auch mehr Freizeit zu konsumieren. Das Verhalten des Arbeitsangebots hängt somit sowohl von den Opportunitätskosten der Freizeit (dem Reallohn ω_t) als auch (indirekt über c_t) vom Realzins ab. Den zweiten Effekt auf das Arbeitsangebot bezeichnet man auch als die intertemporale Substitution der Freizeit.

A16. a) Zur Herleitung der Bedingungen werden lediglich die beiden Perioden t und t+1 betrachtet. Wir verwenden somit nur den folgenden Ausschnitt der Lagrangefunktion:

$$L = \ldots + \beta^t \cdot u(c_t, n_t) + \beta^{t+1} \cdot u(c_{t+1}, n_{t+1}) \ldots$$

$$\ldots + \lambda_t \cdot \beta^t \cdot [\omega_t \cdot n_t + (1+r^k_t) \cdot k_t - c_t - k_{t+1}] + \lambda_{t+1} \cdot \beta^{t+1} [\omega_{t+1} \cdot n_{t+1} + (1+r^k_{t+1}) \cdot k_{t+1} - c_{t+1} - k_{t+2}] \ldots$$

Leitet man diese Lagrangefunktion nach dem Konsum c_t und der Arbeit n_t ab, erhält man die folgenden Bedingungen:

$$\partial L/\partial c_t = 0 \quad \Rightarrow \quad (c_t - n_t^\gamma)^{-\sigma} = \lambda_t,$$

$$\partial L/\partial n_t = 0 \quad \Rightarrow \quad \gamma \cdot n_t^{\gamma-1} \cdot (c_t - n_t^\gamma)^{-\sigma} = \lambda_t \cdot \omega_t.$$

Eliminiert man den Term in den runden Klammern in der Bedingung für das optimale Arbeitsangebot, so lässt sie sich wie folgt schreiben:

$$\gamma \cdot n_t^{\gamma-1} \cdot \lambda_t = \lambda_t \cdot \omega_t$$

$$\Leftrightarrow \gamma \cdot n_t^{\gamma-1} = \omega_t$$

$$\Leftrightarrow n_t = (\omega_t/\gamma)^{1/(\gamma-1)}.$$

Offensichtlich hängt das Arbeitsangebot ausschließlich vom Reallohn ab. Da angenommen wurde, dass der Parameter γ größer als eins ist, lässt sich anhand des Exponenten $1/(\gamma-1)>0$ ablesen, dass das Arbeitsangebot mit dem Reallohn steigt $[\partial n_t/\partial \omega_t > 0]$. Kommen wir nun zur Arbeitsnachfrage. Die allgemeine Form der notwendigen Bedingung für den gewinnmaximierenden Arbeitseinsatz kompetitiver Unternehmen ist bekanntermaßen: $\partial y_t/\partial n_t = \omega_t$. Verwendet man die Produktionsfunktion aus der Aufgabenstellung, erhält man:

$$\omega_t = (1-\alpha) \cdot z_t \cdot k_t^\alpha \cdot n_t^{-\alpha}.$$

b) Mit Hilfe der Arbeitsangebots- und Arbeitsnachfragebedingung lässt sich die gleichgewichtige Beschäftigung als Funktion der Zustandsvariablen z und k schreiben. Zu diesem Zweck eliminiert man den Reallohn ω, so dass sich die folgende Gleichgewichtsbedingung ergibt:

$$n_t = [(1-\alpha) \cdot z_t \cdot k_t^{\alpha} \cdot n_t^{-\alpha}/\gamma]^{1/(\gamma-1)}.$$

Setzt man nun die angegebenen Parameterwerte ($\gamma=2$, $\alpha=1/3$) in diese Bedingung ein, lässt sich die Beschäftigung auf einfache Weise als Funktion von z und k schreiben:

$$n_t = [2/3 \cdot z_t \cdot k_t^{1/3} \cdot n_t^{-1/3}/2]^{1/1}$$

$$\Leftrightarrow \quad n_t = 1/3 \cdot z_t \cdot k_t^{1/3} \cdot n_t^{-1/3}$$

$$\Leftrightarrow \quad n_t^{4/3} = 1/3 \cdot z_t \cdot k_t^{1/3}$$

$$\Leftrightarrow \quad n_t = (1/3)^{3/4} \cdot z_t^{3/4} \cdot k_t^{1/4}.$$

Man bezeichnet einen solchen Ausdruck, bei dem eine endogene Variable n ausschließlich eine Funktion der Zustandsvariablen (z,k) ist, auch als fundamentale Lösung von n. Um den Effekt einer einprozentigen Erhöhung der Produktivität auf die Beschäftigung zu bestimmen, verwendet man die Elastizität $\partial n_t/\partial z_t \cdot z_t/n_t$. Für diese errechnet man:

$$\partial n_t/\partial z_t \cdot z_t/n_t = 3/4.$$

Somit erhöht sich die Beschäftigung um 0,75 Prozent, wenn die Produktivität um 1 Prozent steigt. c) Aus der Aufgabenstellung ist zu entnehmen, dass die Produktion durch $y_t = z_t \cdot k_t^{\alpha} \cdot n_t^{1-\alpha}$ gegeben ist. Setzt man die Parameterwerte und die fundamentale Lösung für die Beschäftigung aus dem Aufgabenteil b) in die Produktionsfunktion ein, erhält man:

$$y_t = z_t \cdot k_t^{1/3} \cdot [(1/3)^{3/4} \cdot z_t^{3/4} \cdot k_t^{1/4}]^{2/3}$$

$$\Leftrightarrow \quad y_t = z_t \cdot k_t^{1/3} \cdot (1/3)^{1/2} \cdot z_t^{1/2} \cdot k_t^{1/6}$$

$$\Leftrightarrow \quad y_t = z_t^{3/2} \cdot (k_t/3)^{1/2}.$$

Wegen $\partial y_t/\partial z_t \cdot z_t/y_t = 3/2$ erhöht sich bei einer einprozentigen Erhöhung von z die Produktion um 1,5 Prozent. Die prozentuale Reaktion der Produktion ist somit doppelt so stark wie die der Beschäftigung. Zwar wird der Effekt einer höheren Beschäftigung auf die Produktion durch die Abnahme der Grenzproduktivität (wegen $1-\alpha<1$) abgeschwächt, jedoch sorgt der direkte Effekt der höheren Produktivität dafür, dass die Produktion relativ stärker auf den Schock reagiert als die Beschäftigung. (Dieses Ergebnis findet sich auch in den entsprechenden Impuls-Antwortfunktionen im Lehrbuch wieder.)

Kapitel X. Die Neokeynesianische Theorie

Verständnisfragen

F1. Ist die Konsumfunktion C=C(Y) mit der Neoklassischen Theorie des Haushaltes vereinbar?

F2. Begründen Sie, warum mit der dualen Entscheidungshypothese behauptet wird, dass die Neoklassische Entscheidungstheorie nur in bestimmten Fällen richtig ist.

F3. Ein Wirtschaftssubjekt sieht sich auf seinem Absatzmarkt bei gegebenem Preis mit einer Mengenbeschränkung konfrontiert. Wann würde eine Verminderung des Angebots sinnvoll sein?

F4. Ein Wirtschaftssubjekt biete auf einem Markt X an und frage auf einem Markt Y nach. Das Wirtschaftssubjekt unterliegt auf dem Nachfragemarkt Y einer bindenden Rationierung. Wodurch unterscheiden sich dann die Konzepte der Drèze- und Clower-Nachfrage?

F5. Nach der Minimumregel (formal: $x=\min\{x^d;x^s\}$) entspricht die tatsächlich getauschte Gütermenge auf einem Markt bei gegebenem Preis dem Minimum von Angebot und Nachfrage. Begründen Sie, warum zur Herleitung dieser Regel angenommen werden muss, dass der Tausch auf freiwilliger Basis erfolgt und Anbieter und Nachfrager niemals gleichzeitig rationiert sind.

F6. Warum ist bei proportionaler bzw. uniformer Rationierung mit unterschiedlichem Verhalten der Marktteilnehmer zu rechnen?

F7. Besagt die Fixpreisannahme, dass die Preise modellexogen sind oder dass die Mengen schneller als die Preise reagieren?

F8. Preisänderungen werden gewöhnlich unter Annahme einer Funktion $dp/dt=H(x^d-x^s)$ modelliert. Welche Eigenschaften muss die Funktion H(.) aufweisen?

F9. Was passiert, wenn man die in der vorigen Frage beschriebene Preisdynamik auf effektive Pläne im Sinne von Drèze bezieht?

F10. In einer Zentralverwaltungswirtschaft, wo etliche Konsumgüter nur auf Bezugsschein erhältlich sind, ist das effektive Arbeitsangebot im Vergleich zum

Walras-Gleichgewicht einer ansonsten identischen Marktwirtschaft geringer. Begründen Sie dies mit Hilfe der Neokeynesianischen Theorie.

F11. Der repräsentative Haushalt würde 300 Gütereinheiten pro Periode konsumieren, wenn er nicht dafür arbeiten müsste. Wegen der Budgetbeschränkung beläuft sich seine hypothetische Konsumnachfrage bei gegebenen Preisen allerdings auf 20 Einheiten, und da er zudem arbeitslos ist, fragt er effektiv 12 Gütereinheiten nach. Wann würde man von einer bindenden Rationierung des Haushaltes auf dem Gütermarkt sprechen?

F12. Warum kann ein Wirtschaftssubjekt, das auf zwei Märkten nachfragt bzw. anbietet, auf höchstens einem Markt bindend rationiert sein?

F13. Wie verläuft die Arbeitsnachfrage, wenn eine Rationierung der Unternehmen auf dem Gütermarkt besteht?

F14. Ist im Neokeynesianischen Modell die Klassische Unterbeschäftigung dadurch definiert, dass der Reallohn höher als im Walrasianischen Gleichgewicht ist oder dass die Haushalte auf Arbeits- und Gütermarkt rationiert sind?

F15. Warum ist es bei Keynesianischer Unterbeschäftigung nicht sinnvoll anzunehmen, dass die Unternehmen und Haushalte sich als Mengenanpasser bzw. Preisnehmer verhalten?

F16. Welche exogene Störung bewirkt, dass die Wirtschaft — ausgehend von einem Walrasianischen Gleichgewicht — in die Region "Keynesianische Unterbeschäftigung" gerät: eine Nominallohnerhöhung, eine Verringerung der Geldmenge oder eine steuerfinanzierte Zunahme der Staatsnachfrage?

F17. Gegeben sei eine rezessive Entwicklung der Wirtschaft. Welche der folgenden wirtschaftspolitischen Vorschläge müsste ein Neokeynesianer auf jeden Fall unterstützen: eine expansive Fiskalpolitik, Reallohnsenkungen oder eine ordnungspolitische Maßnahmen zur Erhöhung der Lohn- und Preisflexibilität?

Übungsaufgaben

A1. Ein Haushalt mit der über Konsum und Freizeit definierten Nutzenfunktion $U=U(C,1-N)$ und der Budgetbeschränkung $P \cdot C = w \cdot N$ sei auf einem der beiden Märkte bindend rationiert. Er wähle sein unter dieser Bedingung erreichbares

Nutzenmaximum. Gilt im Haushaltsgleichgewicht das zweite Gossensche Gesetz?

A2. Der Arbeiter K. ist derzeit beschäftigungslos, würde jedoch zum gegebenen Lohnsatz eine Stelle gern antreten. Den vom Minister für allgemeinverbindlich erklärten Tariflohn darf er nicht unterbieten. Wovon hängt es ab, ob er aktiv nach einem Arbeitsplatz sucht?

A3. Es sei $U(C_1,C_2,1-N)=C_1 \cdot C_2 \cdot (1-N)$ die intertemporale Nutzenfunktion eines Haushaltes, der in der ersten Periode N Arbeitseinheiten anbietet und C_1 Gütereinheiten konsumiert, während er in der zweiten Periode die Menge C_2 konsumiert und nicht arbeitet. Die Budgetbeschränkung des Haushaltes lautet bei Vernachlässigung von Zinsen und Gewinneinkommen $P \cdot C_1 + P \cdot C_2 = w \cdot N$. Leiten Sie für P=2 und w=4 die indirekte Nutzenfunktion $V(C_1,1-N)$ und die Gleichungen ihrer Indifferenzkurven her. Berechnen Sie weiterhin das Haushaltsgleichgewicht H, und zeigen Sie, dass die "ellipsenförmigen" Indifferenzkurven in H zu einem Punkt degenerieren.

A4. Ein Haushalt plant seinen Konsum und sein Arbeitsangebot. Mit U als Nutzen, C als Konsum und N als Arbeitszeit lautet die Nutzenfunktion des Haushaltes $U=2 \cdot C^{0,5}+2 \cdot (1-N)^{0,5}$. Die Budgetrestriktion ist $P \cdot C=w \cdot N$, wobei P das Preisniveau und w den Nominallohn bezeichnen. Der Reallohn hat eine Höhe von 1. a) Bestimmen Sie die hypothetische Konsumnachfrage und das hypothetische Arbeitsangebot. b) Angenommen, es gäbe folgende Schranken auf dem Güter- und Arbeitsmarkt: $\overline{N} = 1/4$ und $\overline{C} = 1/3$. Wie hoch ist dann die Clower-Nachfrage nach Konsumgütern und das Clower-Angebot an Arbeit? Wie hoch ist die entsprechende Drèze-Nachfrage und das entsprechende Drèze-Angebot?

A5. Das Optimierungsproblem eines Haushaltes sei durch die Nutzenfunktion $U(C_1,C_2,1-N)=C_1 \cdot C_2 \cdot (1-N)$ und die Budgetbeschränkung $P \cdot C_1 + P \cdot C_2 = w \cdot N$ charakterisiert. Leiten Sie die effektive Konsumfunktion $\widetilde{C}_1(\overline{N})$ bei einer Arbeitsmarktrationierung des Haushaltes her und analog die effektive Arbeitsangebotsfunktion $\widetilde{N}(\overline{C}_1)$ für den Fall einer Gütermarktrationierung. Zeichnen Sie diese beiden Funktionen für P=2 und w=4 in das "Keildiagramm" ein.

A6. Betrachten Sie ein Unternehmen mit der Produktionsfunktion $Y=N^{1-\alpha}$, in der Y die Produktion und N den Arbeitseinsatz bezeichnen und in der α ein exogener Parameter ist, der zwischen null und eins liegt. Nehmen Sie zunächst an, dass das Unternehmen auf keinem Markt rationiert ist. a) Zeigen Sie, dass die

Quote der Gewinneinkommen am Volkseinkommen $[\pi/(P \cdot Y)]$ in diesem Fall gleich α ist. b) Gehen Sie nun davon aus, dass das Unternehmen auf dem Arbeitsmarkt bindend rationiert ist. Ist die Quote der Gewinneinkommen in diesem Fall größer oder kleiner als α? c) Was bedeutet die Veränderung der Gewinnquote für den Gewinn an sich?

A7. In der Literatur ab den 1940er Jahren findet man oft die Behauptung: "Ein Gleichgewicht auf allen Märkten, mit Ausnahme des Arbeitsmarktes, ist möglich." Warum ist diese Aussage, die im Widerspruch zum Gesetz von Walras steht, im Neokeynesianischen Modell haltbar? Wo findet man ein solches Gleichgewicht im Malinvaudschen "Spinnendiagramm"?

A8. In einer Neokeynesianischen Wirtschaft maximiere der repräsentative Haushalt seine Nutzenfunktion $U = C^2 \cdot (1-N) \cdot M^H/P$ unter Beachtung der Budgetbeschränkung $P \cdot C + M^H = w \cdot N + 1$, wobei hier $M_0 + \pi_0 = 1$ angenommen wurde. Die Produktionsfunktion des repräsentativen Unternehmens laute $Y = N^{0,5}$. a) Berechnen Sie erstens die Nachfrage- und Angebotsfunktionen und das Walrasianische Gleichgewicht. b) Ermitteln Sie sodann die Begrenzungslinien der Regionen "C", "K" und "I" in Gleichungsform, und skizzieren Sie das Malinvaudsche "Spinnendiagramm". Hinweise: Die Verhaltensfunktionen des Unternehmens sind bereits im Lehrbuch ausgerechnet. Im Mathematischen Anhang des Lehrbuchs finden Sie Hilfestellungen zur Berechnung der Begrenzungslinien.

Beantwortung der Verständnisfragen

F1. Zwar wird in der elementaren Haushaltstheorie die Nachfrage nach einem Gut x_1 oft als $x^d_1 = x^d_1(p_1, p_2, E)$ geschrieben, wobei p_i die Güterpreise sind und E das vorgegebene Einkommen ist; diese Formulierung ist jedoch nur eine Vorübung zur Neoklassischen Haushaltstheorie. Im allgemeinen Gleichgewichtsmodell hängen die Pläne der Haushalte nur von Preisen ab, und das Einkommen ist eine endogene Variable. Die Konsumfunktion $C = C(Y)$ macht aus Neoklassischer Sicht keinen Sinn, weil das Einkommen durch Wahl der Faktorangebote vom Haushalt selbst bestimmt wird und in keiner Weise vorgegeben ist. Zwar wird man empirisch eine Korrelation zwischen C und Y beobachten können, es besteht jedoch keine einseitige Kausalität $Y \rightarrow C$ zwischen diesen beiden Größen.

F2. Nach der dualen Entscheidungshypothese plant der Haushalt zunächst in Neoklassischer Manier. Wenn er jedoch auf bestimmten Märkten rationiert ist, revidiert er im zweiten Schritt die hypothetischen Angebots- und Nachfragepläne. Folglich bleibt die Neoklassische Theorie im Fall eines Gleichgewichtes auf allen Märkten richtig; ihre Ergebnisse sind jedoch falsch, wenn es zu Mengenbeschränkungen kommt.

F3. Die Aufrechterhaltung des hypothetischen Angebotes kann rational sein, falls die individuelle Mengenbeschränkung unsicher ist, eine Möglichkeit zur Beeinflussung der Rationierung besteht oder die Angebotsäußerung keine Kosten verursacht. Nur wenn keine der drei genannten Bedingungen erfüllt ist — also bei einer sicheren individuellen Mengenbeschränkung, die nicht beeinflusst werden kann und bei gleichzeitigen Kosten der Angebotsäußerung — ist es tunlich, das Angebot entsprechend der Rationierung zu vermindern (Drèze-Angebot). In diesem Fall besteht aus der Perspektive eines außenstehenden Beobachters ein Gleichgewicht im theoretischen Sinn, und es ergibt sich keine Preisdynamik. Sobald jedoch, was der realistischere Fall ist, eine der obigen Voraussetzungen erfüllt ist, bleibt ein beobachtbarer Angebotsüberschuss bestehen.

F4. Sowohl bei Drèze- als auch bei Clower-Nachfragen wird das Wirtschaftssubjekt sein Angebot auf dem Markt X vermindern (effektives Angebot). Im ersten Fall jedoch schränkt es auf dem Markt Y die Nachfrage bis zur Rationierungsmenge ein, während es im zweiten Fall die hypothetische Nachfrage aufrechterhält. Ein Unterschied zwischen den beiden genannten Konzepten besteht generell nur für jene Märkte, auf denen die Rationierung auftritt.

F5. Aus der ersten Annahme folgt $x \leq \min\{x^d; x^s\}$ (Freiwilligkeit), und aus der zweiten Annahme folgt $x \geq \min\{x^d; x^s\}$ (Effizienz). Durch Kombination dieser beiden ergibt sich die Minimumregel. Ein Walrasianischer Auktionator ist hierbei nicht erforderlich. Die Minimumregel gilt nur in bezug auf effektive Plangrößen: Man kann sich leicht vorstellen, dass die tatsächlich gehandelte Gütermenge geringer ist als die hypothetischen Pläne sowohl der Anbieter als auch der Nachfrager, weil Rationierungen auf anderen Märkten bestehen.

F6. Denken Sie etwa an die Neuemission von Aktien zu einem vorbestimmten Kurs: Potentielle Zeichner, die mit einer Übernachfrage rechnen, werden eine höhere Menge als ursprünglich geplant nachfragen, wenn jede Nachfrage zu einem bestimmten Prozentsatz befriedigt wird (proportionale Rationierung).

Beschließt das Emissionshaus hingegen vorab festgelegte Höchstmengen pro Zeichner (uniforme Rationierung), kommt es nicht zu diesem Verhalten.

F7. Zentral für die Neokeynesianische Theorie und die ihr zugrundeliegende Fixpreisannahme ist die Umkehrung der Anpassungsgeschwindigkeiten von Preisen und Mengen gegenüber dem Auktionator-Modell. Die Preise sind nicht exogen, aber ihre Dynamik hängt von den effektiven und nicht von den hypothetischen Plänen ab.

F8. Bei Übereinstimmung von Angebot und Nachfrage ändert sich der Preis nicht mehr: $H(0)=0$. Des weiteren muss $H'>0$ sein, die Funktion mithin eine positive Steigung aufweisen. Ob sie linear, konvex oder konkav verläuft, ist völlig nebensächlich.

F9. Die effektive Nachfrage im Sinne von Drèze ist dadurch charakterisiert, dass jedes rationierte Wirtschaftssubjekt seine Nachfrage (bzw. sein Angebot) bis zur Rationierungsschranke reduziert. Folglich ist die Differenz x^d-x^s identisch gleich Null und jedes Gleichgewicht stabil, da dp/dt ebenfalls für alle p verschwindet. Aus diesem Grund kann die Preisdynamik sinnvoll nur diskutiert werden, wenn entweder die hypothetischen oder die effektiven Clower-Pläne als Argumente der Preisanpassungsfunktionen figurieren. Im ersten Fall handelt es sich um das Modell von Walras, im zweiten um das Neokeynesianische Modell.

F10. Bezugsscheine regeln eine allgemeine Rationierung der Haushalte auf den Gütermärkten. Infolge dieser Mengenbeschränkung reduzieren die Haushalte ihr effektives Arbeitsangebot. Es kommt zur "zurückgestauten Inflation", die für Zentralverwaltungswirtschaften typisch ist.

F11. Ein Wirtschaftssubjekt ist entsprechend der Lehrbuchdefinition genau dann bindend rationiert, wenn es seinen Nachfrage- oder Angebotsplan nicht durchführen kann; dabei spielt es keine Rolle, auf welche Weise der Plan zustande gekommen ist. In der Aufgabe beträgt die effektive Nachfrage 12 Einheiten, und nur bei einem Angebot von weniger als 12 Einheiten ist der Haushalt bindend rationiert. Ein Angebot, das zwischen 12 und 20 Einheiten liegt, beschränkt nicht den effektiven Nachfrageplan des Haushaltes und stellt deshalb auch keine bindende Rationierung dar. Ebenso wenig wäre es sprachlich sinnvoll, bei einem Angebot von weniger als der Sättigungsmenge (300) von einer bindenden Rationierung zu sprechen, denn dann wäre Rationierung ein universelles Phänomen, das auch bei einem Gleichgewicht im theoretischen Sinn auftritt.

F12. Betrachten Sie das Beispiel eines Haushaltes mit der Budgetbeschränkung $P \cdot C = w \cdot N$ und dem hypothetischen Plan $(C^*; N^*)$. Es mag sein, dass auf beiden Märkten Schranken existieren, die unterhalb der Mengen C^* und N^* liegen. Ist aber beispielsweise $N < N^*$, so wird der Konsumplan C^* revidiert. Liegt der resultierende effektive Konsumplan oberhalb der Rationierung auf dem Gütermarkt, so wird umgekehrt das Arbeitsangebot revidiert. Es ist folglich nicht möglich, dass zugleich beide effektiven Pläne undurchführbar sind; ergo ist eine bindende Rationierung, bei der es nur auf die effektiven Pläne ankommt, nur auf einem der beiden Märkte möglich.

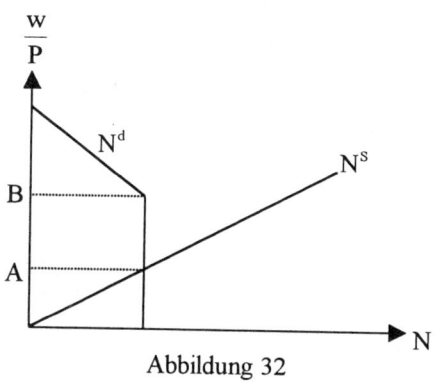

Abbildung 32

F13. Der vertikale Teil der Arbeitsnachfragekurve in der Abbildung 32 beschreibt die Situation einer bindenden Rationierung auf dem Gütermarkt. Steigt der Reallohn über ein bestimmtes Niveau, das in der Abbildung mit "B" bezeichnet ist, so reagiert die Arbeitsnachfrage lohnelastisch. Allerdings sind die Unternehmen bei einem Reallohn oberhalb von "B" nicht mehr bindend rationiert, weil sie aufgrund des hohen Reallohns freiwillig ein $Y < C + G$ anbieten. Die Arbeitsnachfrage ist unter der Voraussetzung einer bindenden Rationierung lohnunelastisch.

F14. Charakteristisch für die Klassische Unterbeschäftigung im Sinne der Neokeynesianischen Theorie ist allein die Rationierung der Haushalte auf beiden Märkten. Klassische Unterbeschäftigung ist, wie die Abbildung 33 zeigt, immer mit einem überhöhten Reallohn verbunden, aber die Umkehrung dieses Satzes gilt nicht: In der Abbildung hat der Reallohn an jeder Stelle des Ursprungsstrahls durch W (das Walrasianische Gleichgewicht) den Wert $(w/p)^*$. Ergo ist der Reallohn sowohl im Punkt A als auch im Punkt B höher als $(w/p)^*$, weil beide oberhalb des Ursprungsstrahles liegen. Punkt A jedoch liegt in der Region "Keynesianische Unterbeschäftigung", deshalb kann die Klassische Unterbeschäftigung nicht durch einen überhöhten Reallohn definiert werden.

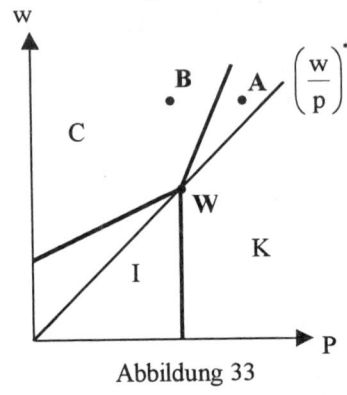

Abbildung 33

F15. Erinnern Sie sich kurz an die elementare mikroökonomische Theorie: Das Preisnehmerverhalten der Unternehmen wurde dort mit horizontalen PreisAbsatzkurven begründet, die wiederum auf der Annahme beruhten, jedes Unternehmen könne zum gegebenen Preis beliebige Mengen absetzen; analog wurde für die Haushalte argumentiert. Sobald es auf einem Markt zu Mengenrationierung kommt, wie etwa bei der Keynesianischen Unterbeschäftigung, ist diese Annahme unhaltbar, und zwar auch dann, wenn man weiterhin von unendlich vielen Marktteilnehmern und vollkommener Markttransparenz ausgeht: Stets erhalten die Teilnehmer der "kürzeren" Marktseite einen monopolistischen Spielraum zur Preissetzung. Bei Keynesianischer Unterbeschäftigung etwa kann ein einzelnes Unternehmen aufgrund des Angebotsüberschusses den Lohn senken, ohne gleich seine Arbeitnehmerschaft zu verlieren. Umgekehrt eröffnet sich für die Haushalte am Gütermarkt die Möglichkeit, Preissenkungen durchzusetzen. Damit kann die Preisdynamik in diesem Modell aus den Anreizen der Wirtschaftssubjekte heraus erklärt werden, Mengenbeschränkungen aufzuheben.

F16. Die drei Möglichkeiten lassen sich am einfachsten anhand der Abbildung 34 diskutieren. Nominallohnerhöhung: Sie bedeutet, dass ein Punkt senkrecht oberhalb des Walrasianischen Gleichgewichtes realisiert wird. Solch ein Punkt liegt stets in der Region C, weil die Begrenzungslinie zwischen Klassischer und

Keynesianischer Unterbeschäftigung eine endliche positive Steigung aufweist. Verringerung der Geldmenge: Wird die Geldmenge um den Faktor $\lambda<1$ vermindert, so liegt das neue Walrasianische Gleichgewicht im Punkt $W'=(\lambda w^*;\lambda P^*)$, wobei w^* und P^* die ursprünglichen Gleichgewichtswerte sind. W' befindet sich also auf dem Ursprungsstrahl links unterhalb von W; anders herum betrachtet liegt W rechts oberhalb von W'. Ein solcher Punkt befindet sich stets in der Region K. Steuerfinanzierte Staatsausgabenerhöhung: Die Güternachfrage nimmt einesteils um ΔG zu. Sie sinkt anderenteils um $\Delta C=C_Y\cdot\Delta T$, weil das verfügbare Einkommen der Haushalte zurückgeht. Aufgrund der Annahme $C_Y<1$ ist ΔC aber betragsmäßig kleiner als ΔG; deshalb nimmt die Güternachfrage $Y^d=C+G$ netto zu. Es resultiert zunächst eine Rationierung der Haushalte auf dem Gütermarkt, die im nächsten Schritt zu einer Verminderung des effektiven Arbeitsangebotes und zu einem Produktionsrückgang führt. Das neue Gleichgewicht ist folglich durch eine effektive Übernachfrage auf beiden Märkten gekennzeichnet, es liegt in der Region I (zurückgestaute Inflation). In die Region K führt also nur eine Verringerung der Geldmenge.

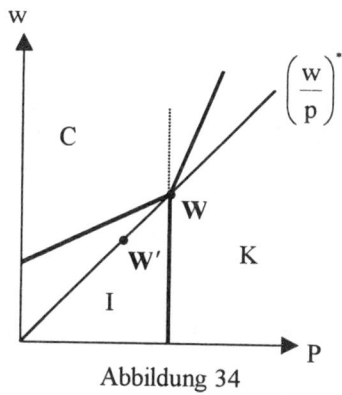

Abbildung 34

F17. Wie die Neokeynesianische Analyse zeigt, können gesamtwirtschaftliche Probleme wie Unterbeschäftigung und Rezession auf verschiedene Weise verursacht sein. Eine expansive Fiskalpolitik ist nur bei Keynesianischer Unterbeschäftigung zielführend, Reallohnsenkungen greifen nur bei einem gegenüber $(w/P)^*$ überhöhten Reallohn. Alle Dilemmata haben jedoch gemein, dass sie allein durch Preisrigiditäten verursacht sind; folglich wirken ordnungspolitische Maßnahmen zur Erhöhung der Lohn- und Preisflexibilität (wie etwa die Abschaffung staatlich administrierter Preise) auf jeden Fall. Es ist dieser wirt-

schaftspolitische Gesichtspunkt, der die Neokeynesianische Theorie in eine größere Nähe zur Neoklassischen Theorie rückt als zu den frühkeynesianischen
Stagnationsansätzen.

Lösung der Übungsaufgaben

A1. Nach dem zweiten Gossenschen Gesetz ("Gesetz vom Ausgleich der mit
den Preisen gewogenen Grenznutzen") stimmt die Grenzrate der Substitution im
Haushaltsgleichgewicht mit dem Preisverhältnis überein. Dies trifft für den
Punkt H in der Abbildung 35 zu, wo die Steigungen der Indifferenzkurve und
der Budgetgeraden offenbar gleich sind, nicht aber für das Haushaltsgleichgewicht D (Rationierung auf dem Arbeitsmarkt) und oder entsprechend bei einer
Rationierung auf dem Gütermarkt). Es ist ein allgemeines Prinzip, dass das
zweite Gossensche Gesetz und sein Pendant im Unternehmenssektor, die
Grenzproduktivitätsregel, in bezug auf die effektiven Pläne nicht gelten. Der
Beweis ergibt sich durch Umkehrschluss: Wenn die besagten Regeln erfüllt sind,
dann kann das betreffende Wirtschaftssubjekt nicht bindend rationiert sein; ergo
resultiert aus der Annahme bindender Rationierung, dass sie nicht erfüllt sind.

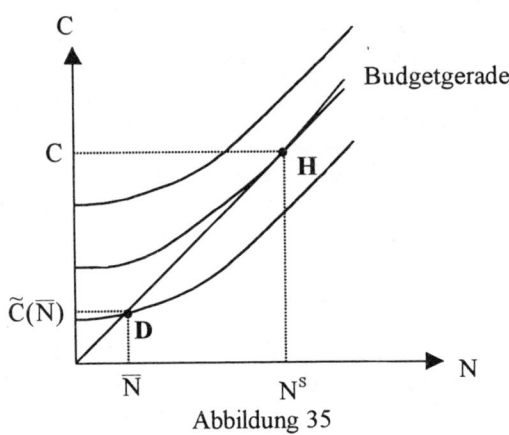

Abbildung 35

A2. Die Arbeitsplatzsuche lässt sich als effektives Angebot im Sinne von Clower
interpretieren; der Verzicht darauf wäre ein Angebot im Sinne von Drèze. Ob
der Arbeiter aktiv nach einer Stelle sucht, hängt demnach von den folgenden
Bedingungen ab: Er wird es tun, wenn er — bei allgemeinem Angebotsüber-

schuss — seine individuelle Arbeitslosigkeit nicht als gegebenes Schicksal ansieht und die Arbeitsplatzsuche keine (bzw. geringe) Kosten verursacht. Bei hoher Arbeitslosenquote kann es sein, dass diese Bedingungen für viele Beschäftigungslose nicht erfüllt sind, wodurch eine sogenannte "stille Reserve" entsteht. Das tatsächliche Ausmaß der Arbeitslosigkeit wird dann empirisch unterschätzt.

A3. Die Budgetbeschränkung des Haushaltes lautet infolge der Annahmen P=2 und w=4

$$2 \cdot C_1 + 2 \cdot C_2 = 4 \cdot N \quad \Leftrightarrow \quad C_2 = 2 \cdot N - C_1.$$

Durch Einsetzen dieses Wertes in die Nutzenfunktion U(.) ergibt sich unmittelbar die indirekte Nutzenfunktion

$$V(C_1, 1-N) = (-C_1^2 + 2 \cdot C_1 \cdot N) \cdot (1-N).$$

Aus $V(.) = V_0$ resultiert die Gleichung der dem Nutzenniveau V_0 zugeordneten Indifferenzkurve

$$(-C_1^2 + 2 \cdot C_1 \cdot N) \cdot (1-N) = V_0,$$

oder umgeformt

$$C_1^2 - 2 \cdot C_1 \cdot N + V_0/(1-N) = 0.$$

Diese Gleichung beschreibt in impliziter Form die Lage der dem Nutzenniveau V_0 zugeordneten Indifferenzkurve. Auflösung nach C_1 mit Hilfe der bekannten "p/q-Formel" führt zu der expliziten Form

$$C_1 = N \pm [N^2 - V_0/(1-N)]^{0,5}.$$

Das Haushaltsgleichgewicht errechnet sich durch Nullsetzen der beiden partiellen Ableitungen von V (alternativ könnte man die Funktion U heranziehen und das Lagrange-Verfahren anwenden):

$$\partial V/\partial C_1 = (-2 \cdot C_1 + 2 \cdot N) \cdot (1-N) = 0 \quad \Leftrightarrow \quad C_1 = N,$$

$$\partial V/\partial N = C_1^2 + 2 \cdot C_1 - 4 \cdot C_1 \cdot N = 0.$$

Setzt man $C_1 = N$ in die zweite Gleichung ein und berücksichtigt die Beziehung $C_2 = 2 \cdot N - C_1$, so ergibt sich die symmetrische Lösung

$$C_1^* = C_2^* = N^* = 2/3 \quad \text{bei} \quad V^* = 4/27.$$

Einsetzung der hier gefundenen Werte N=2/3 und V=4/27 in die obige explizite "Ellipsengleichung" führt zu der degenerierten Indifferenzkurve $C_1=2/3\pm0$ mit $C_1=2/3$ als einziger Lösung. Die "Indifferenzkurve" besteht im Haushaltsgleichgewicht also aus nur einem Punkt.

A4. a) Die hypothetische Konsumnachfrage und das hypothetische Arbeitsangebot errechnen sich wie folgt. Das Optimierungsproblem des Haushaltes ist gegeben als:

$$\text{Max U} = 2 \cdot C^{0,5} + 2 \cdot (1 - N)^{0,5}$$

$$\text{u.d.N. } C = N \quad (\text{da w/P} = 1).$$

Dieses lässt sich durch Einsetzen der Budgetrestriktion vereinfachen zu

$$\text{Max U} = 2 \cdot N^{0,5} + 2 \cdot (1 - N)^{0,5}.$$

Als Bedingung für das hypothetische Arbeitsangebot erhält man somit

$$\Rightarrow \quad \partial U/\partial N = N^{-1/2} - (1-N)^{-1/2} = 0$$

$$\Leftrightarrow \quad N^{-1/2} = (1-N)^{-1/2}$$

$$\Leftrightarrow \quad N = 1 - N$$

$$\Leftrightarrow \quad N = 1/2.$$

Die hypothetische Konsumnachfrage ist wegen C = N: C = 1/2. b) Bei dem Clower-Konzept hält der Haushalt seinen hypothetischen Plan auf einem Markt aufrecht, wobei er die Rationierungen auf dem anderen Markt in die Planung mit einbezieht. Berücksichtigt man die beiden Schranken, so ergeben sich für die Clower-(Güter)Nachfrage und das Clower-(Arbeits)Angebot:

$$\tilde{C} = (w / P)\overline{N} = 1 \cdot 1/4 = 1/4\,,$$

$$\tilde{N} = (P / w)\overline{C} = 1 \cdot 1/3 = 1/3\,.$$

Bei dem Drèze-Konzept schränkt der Haushalt seinen Plan auf beiden Märkten bis zur Rationierungsmenge ein. Ausgeschlossen ist dabei, dass diese Menge größer ist als beim hypothetischen Plan (Ineffizienz). Die Drèze-(Güter)Nachfrage und das Drèze-(Arbeits)Angebot sind somit gegeben durch:

$$\hat{C} = \min\left\{\tilde{C}, \overline{C}\right\} = \min\left\{1/4, 1/3\right\} = 1/4\,,$$

$$\hat{N} = \min\{\widetilde{N}, \overline{N}\} = \min\{1/3, 1/4\} = 1/4.$$

Während die Güternachfragepläne identisch sind, ergibt sich ein Unterschied zwischen dem Clower- und dem Drèze-Konzept für das Arbeitsangebot: das Clower-(Arbeits)Angebot übersteigt das Drèze-(Arbeits)Angebot.

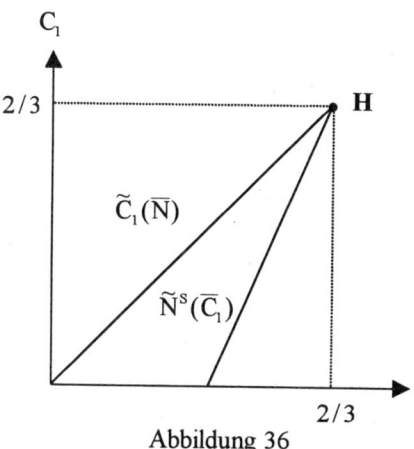

Abbildung 36

A5. Die effektive Konsumnachfrage erhält man durch den üblichen Lagrange-Ansatz, wobei N freilich als exogene Variable behandelt werden muss. Deshalb ist die Lagrangefunktion nur nach C_1 und C_2 sowie dem Multiplikator λ abzuleiten:

$$L(\lambda, C_1, C_2) = C_1 \cdot C_2 \cdot (1-N) + \lambda \cdot (P \cdot C_1 + P \cdot C_2 - w \cdot N),$$

$$\partial L / \partial C_1 = C_2 \cdot (1-N) + \lambda \cdot P = 0,$$

$$\partial L / \partial C_2 = C_1 \cdot (1-N) + \lambda \cdot P = 0,$$

$$\partial L / \partial \lambda = P \cdot C_1 + P \cdot C_2 - w \cdot N = 0.$$

Aus den ersten beiden Bedingungen folgt sofort $C_1 = C_2$, und eingesetzt in die Budgetgleichung, also die dritte Bedingung, ergeben sich die Lösungen

$$\widetilde{C}_1 = 0,5 \cdot N \cdot w / P, \quad \widetilde{C}_2 = 0,5 \cdot N \cdot w / P.$$

Das effektive Arbeitsangebot berechnet sich analog, indem man die Lagrange-funktion nach C_2 und N ableitet. Denn weil C_1 bei einer Gütermarktrationierung exogen ist, kann der Haushalt nur über diese beiden Variablen optimieren:

$$\partial L/\partial C_2 = C_1 \cdot (1-N) + \lambda \cdot P = 0,$$

$$\partial L/\partial N = -C_1 \cdot C_2 - \lambda \cdot w = 0.$$

Durch Division der ersten beiden Gleichungen sowie Substitution von C_2 in der Budgetbeschränkung errechnet sich das effektive Arbeitsangebot als

$$\tilde{N}^s = 0,5 + 0,5 \cdot (P/w) \cdot C_1.$$

Für P=2 und w=4 lauten die beiden effektiven Funktionen $\tilde{C}_1(\overline{N}) = \overline{N}$ und $\tilde{N}_s(\overline{C}_1) = 0,5 + 0,25\overline{C}_1$. Sie sind in Abbildung 36 in Form des Keildiagramms dargestellt. Die beiden Funktionen schneiden sich im Punkt H=(2/3; 2/3).

A6. a) Für die Gewinnquote gilt grundsätzlich:

$$\pi/(P \cdot Y) = (P \cdot Y - w \cdot N)/(P \cdot Y) = 1 - w/P \cdot N/Y.$$

Mit Hilfe der Grenzproduktivitätsregel lässt sich nun die Arbeitsnachfragefunktion bestimmen. Die Regel lautet

$$w/P = (1-\alpha) \cdot (N^*)^{-\alpha};$$

es folgt aus ihr

$$\pi/(P \cdot Y) = 1 - (1-\alpha) \cdot (N^*)^{-\alpha} \cdot N/Y = 1 - (1-\alpha) \cdot (N^*)^{1-\alpha}/Y.$$

Setzt man die Produktionsfunktion ein, erhält man

$$\pi/(P \cdot Y) = 1 - (1-\alpha) \cdot Y/Y = \alpha.$$

Die Gewinnquote ist also gleich α. b) Das Unternehmen sei nun auf dem Arbeitsmarkt bindend rationiert, so dass die Beschäftigung geringer ist als bei einer Nichtrationierung. Das Grenzprodukt der Arbeit ist somit größer als bei einer Nichtrationierung und übersteigt mithin den Reallohn:

$$w/P < (1-\alpha) \cdot \overline{N}^{-\alpha}.$$

Verwendet man die Definition der Gewinnquote [$\pi/(P \cdot Y) = 1 - {}' w/P \cdot N/Y$], so lässt sich die folgende Ungleichung aufstellen:

$$\pi/(P \cdot \tilde{Y}) > 1 - (1 - \alpha) \cdot \overline{N}^{1-\alpha} / \tilde{Y}.$$

Unter Zuhilfenahme der Produktionsfunktion folgt

$$\pi/(P \cdot Y) > \alpha.$$

Die Gewinnquote ist also größer als α. c) Natürlich ist der Gewinn größer, wenn keine Rationierung vorliegt. In diesem Fall ist die Gewinnquote zwar kleiner, das Volkseinkommen jedoch größer. Wegen

Gewinn = Gewinnquote · Volkseinkommen

kann der Gewinn bei einem hinreichenden Anstieg des Volkseinkommens steigen, wenn die Gewinnquote kleiner wird.

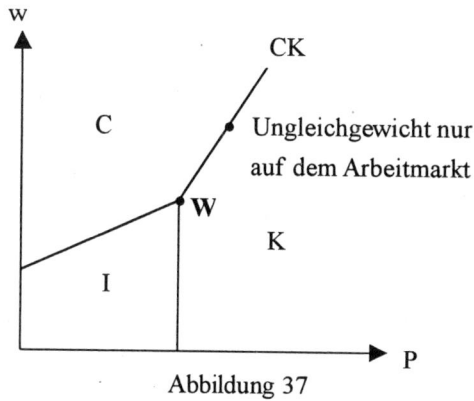

Abbildung 37

A7. Nach dem Gesetz von Walras addieren sich die Überschussnachfragen aller Märkte zu Null, so dass bei einem Ungleichgewicht mindestens zwei Märkte betroffen sein müssen; ein Ungleichgewicht allein auf dem Arbeitsmarkt ist unmöglich. Allerdings gilt das Gesetz von Walras nicht in bezug auf die effektiven Nachfragepläne im Sinne von Clower; hier kann die Summe der Überschussnachfragen sehr wohl positiv oder negativ sein. Im "Spinnendiagramm" (siehe Abbildung 37) findet man ein solches Gleichgewicht auf allen Märkten, mit Ausnahme des Arbeitsmarktes, entlang der Linie CK, der Grenzlinie der Regionen "Klassische Unterbeschäftigung" und "Keynesianische Unterbeschäftigung". Denn in K besteht ein Angebotsüberschuss auf beiden Märkten, in C ein Angebotsüberschuss auf dem Arbeitsmarkt und ein Nachfrageüberschuss auf dem Gütermarkt. Aufgrund der Stetigkeit der Funktionen muss deshalb entlang CK ein Angebotsüberschuss auf dem Arbeitsmarkt und ein Gleichgewicht auf dem Gütermarkt bestehen.

A8. a) Durch Bildung der Lagrange-Funktion und Nullsetzen ihrer Ableitungen erhält man zunächst die drei Bedingungen erster Ordnung für ein Haushaltsgleichgewicht:

$$L = C^2 \cdot (1-N) \cdot M^H/P + \lambda \cdot (P \cdot C + M^H - w \cdot N - 1),$$

$$\partial L/\partial C = 2 \cdot C \cdot (1-N) \cdot M^H/P + \lambda \cdot P = 0,$$

$$\partial L/\partial N = - C^2 \cdot M^H/P - \lambda \cdot w = 0,$$

$$\partial L/\partial M^H = C^2 \cdot (1-N)/P + \lambda = 0.$$

Nach Division der ersten und zweiten bzw. ersten und dritten Gleichung lässt sich $N=(2 \cdot w - P \cdot C)/(2 \cdot w)$ bzw. $M^H = P \cdot C/2$ in die Budgetgleichung einsetzen, welche daraufhin nur noch C als Variable enthält. Durch Auflösen und Einsetzen ergeben sich die hypothetischen Verhaltensfunktionen

$$C = (w+1)/(2 \cdot P), \quad N^s = (3 \cdot w - 1)/(4 \cdot w), \quad M^H = (w+1)/4 \ .$$

Wie man leicht überprüft, teilt der Haushalt sein Einkommen auf Konsum, Freizeit und Ersparnis wie 2:1:1 auf, was an der quadratischen Gewichtung des Konsums in der Nutzenfunktion liegt. Wie im Lehrbuch beschrieben, lauten die Verhaltensfunktionen des Unternehmens:

$$Y = P/(2 \cdot w) \quad \text{und} \quad N^d = P^2/(4 \cdot w^2).$$

Das Walrasianische Gleichgewicht der Volkswirtschaft erhält man durch Gleichsetzung von Angebot und Nachfrage auf dem Arbeits- und dem Gütermarkt:

$$N^d = N^s \iff P^2/(4 \cdot w^2) = (3 \cdot w - 1)/(4 \cdot w) \iff P^2 = 3 \cdot w^2 - w,$$

$$Y = C \iff P/(2 \cdot w) = (w+1)/(2 \cdot P) \iff P^2 = w^2 + w.$$

Durch Gleichsetzung und Auflösen ergeben sich $w^* = 1$ und $P^* = 2^{0,5}$ als die eindeutigen Gleichgewichtswerte. b) Zur Ermittlung der Begrenzungslinien benötigt man zunächst die effektiven Nachfragefunktionen. Die effektive Konsumnachfrage $\tilde{C}(N)$ erhält man ebenfalls aus dem obigen Lagrange-Ansatz, indem die zweite Bedingung erster Ordnung vernachlässigt und N als exogene Variable behandelt wird. Setzt man das obige Resultat $M^H = P \cdot C/2$ in die Budgetgleichung ein und löst nach C auf, so folgt unmittelbar die effektive Konsumnachfrage.

Umgekehrt wird das effektive Arbeitsangebot durch Vernachlässigung der ersten Bedingung und Behandlung von C als exogener Variable berechnet:

$$\tilde{C} = (2wN + 2)/(3P), \quad \tilde{N} = (PC + w - 1)/(2w).$$

Wir betrachten zuerst die Begrenzungslinie CK. Bei Klassischer und Keynesianischer Unterbeschäftigung besteht jeweils ein Angebotsüberschuss auf dem Arbeitsmarkt; auf dem Gütermarkt jedoch im ersten Fall eine Überschussnachfrage, im zweiten Fall ein Überschussangebot. Folglich ist diese Begrenzungslinie durch ein Gleichgewicht auf dem Gütermarkt bei gleichzeitiger Rationierung der Haushalte auf dem Arbeitsmarkt definiert, das heißt

$$CK: \tilde{C} = Y.$$

Setzt man die effektive Konsumnachfrage und das hypothetische Güterangebot in diese Gleichung ein, so ergibt sich durch Auflösen

$$CK: w = P^2/2$$

als explizite Form dieser Begrenzungslinie. Hierbei musste N in der Funktion $\tilde{C}(N)$ durch die hypothetische Arbeitsnachfrage N^d ersetzt werden. Probe: Aus $P=2^{0,5}$ folgt die Walrasianische Lösung w=1. Weiterhin ist die Steigung dw/dP=P dieser Begrenzungslinie für $P>2^{0,5}$ größer als die Steigung des Ursprungsstrahles durch den Punkt W, die konstant $2^{-0,5}$ beträgt. Die Begrenzungslinie IC wird durch die Gleichung

$$IC: \tilde{N}^s = N^d,$$

definiert, weil oberhalb ein Überschussangebot auf dem Arbeitsmarkt besteht (Klassische Unterbeschäftigung), unterhalb eine Überschussnachfrage (zurückgestaute Inflation), in beiden Fällen aber eine Überschussnachfrage auf dem Gütermarkt. Da letztere eine Rationierung der Haushalte bedingt, müssen in der Gleichung für IC das effektive Arbeitsangebot und die hypothetische Arbeitsnachfrage verwendet werden. Einsetzen und Auflösen ergibt in diesem Fall IC: w=1 als Lösung, so dass die Regionen "K" und "I" durch eine waagerechte Begrenzungslinie voneinander getrennt werden. Kommen wir nun zur Begrenzungslinie KI. Weil diese Begrenzungslinie mit der Region "Unterkonsumption" zusammenfällt, bei der die Unternehmen auf beiden Märkten rationiert sind, lässt sich ihre Gleichung wahlweise als

$$\text{KI: } \tilde{Y}(N) = C \text{ oder } \tilde{N}^d(Y) = N^s$$

schreiben. Aus der zweiten Gleichung folgt wegen $\tilde{N}^d = Y^2$ (Umkehrfunktion von $Y=N^{0,5}$) und $Y=C$ die Form KI: $C^2=N^s$. Einsetzen der hypothetischen Konsum- und Arbeitsangebotsfunktion führt zu

$$\text{KI: } P = (w+1)\,(w^{0,5})(3 \cdot w - 1)^{-0,5},$$

wobei hier wegen der auftretenden Potenzen zweckmäßig nach P aufgelöst wurde. Für w=1 ergibt sich mit $P=2^{0,5}$ das Walrasianische Gleichgewicht, während P für $w \to 1/3$ gegen Unendlich strebt. Da schließlich die Steigung dP/dw von KI an der Stelle $w \approx 0,73$ verschwindet, wie man durch Nullsetzen der ersten Ableitung nachprüfen kann, hat KI zwischen diesen beiden Werten keinen monotonen Verlauf. Mit den errechneten Koordinaten des Walrasianischen Gleichgewichtes sowie den Gleichungen der Begrenzungslinien lässt sich abschließend das "Spinnendiagramm" skizzieren (vgl. Abbildung 38).

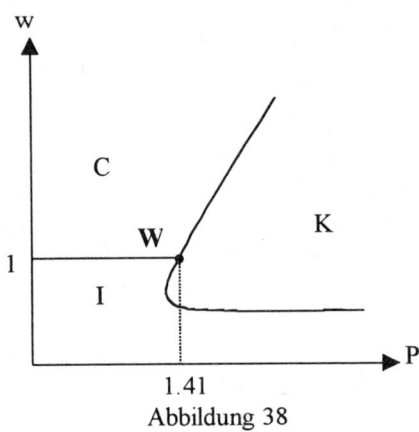

Abbildung 38

Kapitel XI. Neukeynesianische Theorien

Verständnisfragen

F1. Was beschreibt eine Effortfunktion: a) den Zusammenhang zwischen Tariflohn und Produktivität eines Arbeiters, b) den Zusammenhang zwischen Nominallohn und Produktivität, c) keines von beidem?

F2. Hat die Effortfunktion im Effizienzlohnmodell von Solow a) eine positive erste Ableitung, b) eine negative zweite Ableitung, c) keines von beidem?

F3. Wenn Arbeitgeber Effizienzlöhne zahlen, versuchen sie dann, a) durch erhöhte Lohnzahlungen die Loyalität der Arbeitnehmer zu ihrem Unternehmen zu verbessern, b) einen Lohn zu zahlen, der unter dem vereinbarten Tariflohn liegt, c) keines von beidem?

F4. Wählen die Unternehmen den Lohn im Effizienzlohnmodell von Solow so, dass a) die Elastizität des Efforts in Bezug auf den Reallohn gleich eins ist, b) der Grenzeffort des Reallohns gleich dem entsprechenden Durchschnittseffort ist, c) der Grenzeffort des Nominallohns gleich dem entsprechenden Durchschnittseffort ist?

F5. Wenn in das Effizienzlohnmodell von Solow, dem Ansatz von Pisauro folgend, Lohnnebenkosten eingeführt werden, bleibt die Solow-Regel dann weiterhin gültig?

F6. Was versteht man unter dem Begriff "right-to-mangage approach": a) der Tariflohn wird nicht einseitig durch eine Monopolgewerkschaft, sondern in einer Verhandlung zwischen Gewerkschaft und Unternehmen festgesetzt, b) die Monopolgewerkschaft bzw. die Tarifpartner fixieren nur den Lohn, nicht aber die Beschäftigung, c) keines von beidem?

F7. Welche Zielfunktion maximiert die Monopolgewerkschaft im Modell von McDonald und Solow: a) den mathematischen Erwartungswert des Nutzens eines repräsentativen Gewerkschaftsmitglieds, b) den aggregierten Nutzen aller beschäftigten und arbeitslosen Arbeiter, c) keine dieser Zielfunktionen.

F8. Warum fixiert die Monopolgewerkschaft den Lohn im Modell von McDonald und Solow über dem Markträumungsniveau: a) weil die Gewerkschaft nur die Interessen der arbeitenden Bevölkerung, nicht aber der Arbeitslosen vertritt, b) weil der Staat die Arbeitslosen durch Arbeitslosengeld oder ähnliche Transfers absichert, so dass Arbeitslosigkeit für die Gewerkschaft selbst dann kein Problem ist, wenn sie die Interessen der Arbeitslosen im Auge hat, c) aus einem anderen Grund?

F9. Wenn der Tariflohn in einer Nash-Verhandlung zwischen Gewerkschaft und Unternehmen ausgehandelt wird, muss die Gewerkschaft dann die wahre Erwartungsnutzenfunktion ihrer Mitglieder kennen?

F10. Wann ist die Arbeitsnachfrage der Unternehmen höher: a) in dem Fall, dass der Tariflohn durch eine Monopolgewerkschaft festgelegt wird, oder b) in dem Fall, dass der Tariflohn in einer Nash-Verhandlung zwischen Gewerkschaft und Unternehmen ausgehandelt wird?

F11. Warum kann man sagen, dass in dem Modell von Stiglitz und Weiss eine asymmetrische Informationsverteilung vorliegt: a) weil Unternehmen exakte Informationen über die sichere Anlagemöglichkeit haben, während sie über ihr Investitionsprojekt nur Wahrscheinlichkeitsaussagen machen können, b) weil Unternehmen und Banken unterschiedlich gut über die Investitionsprojekte informiert sind, c) aus einem anderen Grund?

F12. Welche Informationen haben die Unternehmen in dem Modell von Stiglitz und Weiss: a) sie kennen die Erträge, die ihr Investitionsprojekt im Erfolgs- und im Misserfolgsfall abwirft, b) sie kennen den erwarteten Ertrag ihres Projektes, c) sie kennen keines von beidem.

F13. Welche Informationen haben die Banken in dem Modell von Stiglitz und Weiss: a) sie kennen die Erträge, die die einzelnen Investitionsprojekte ihrer Kreditnehmer im Erfolgs- und im Misserfolgsfall abwerfen, b) sie kennen die Wahrscheinlichkeiten dafür, dass die einzelnen Projekte ihrer Kreditnehmer ein Erfolg bzw. ein Misserfolg werden, c) sie kennen keines von beidem vollständig.

F14. Was versteht man im Rahmen des Modells von Stiglitz und Weiss unter "adverser Selektion": a) an Stelle der Investitionsprojekte mit einer vergleichsweise hohen Erfolgswahrscheinlichkeit werden nur Projekte mit einer relativ niedrigen Erfolgswahrscheinlichkeit realisiert, b) anstatt in die sichere Anlage zu investieren, führen viele Unternehmen ein unsicheres Investitionsprojekt aus, c) keines von beidem?

F15. Kommt es im Ergebnis des Modells von Stiglitz und Weiss zwangsläufig dazu, dass der Kreditzins dauerhaft unter seinem Markträumungsniveau verharrt und so eine Überschussnachfrage nach Krediten entsteht?

F16. Soll das im Lehrbuch vorgestellte Preisanpassungskostenmodell erklären, a) warum das Güterpreisniveau starr ist, b) warum die effektive Güternachfrage dauerhaft kleiner als das Güterangebot ist, c) keines von beidem?

F17. Warum kann die volkswirtschaftliche Produktion in dem Preisanpassungskostenmodell bei einer Geldmengenerhöhung steigen: a) weil die Wirtschaftssubjekte, um die gewünschte Struktur ihres Portfolios wiederherzustellen, vermehrt Wertpapiere nachfragen, wodurch der Zins fällt und die Investitionsnachfrage ansteigt, b) weil die Unternehmen, um den relativen Preis des von ihnen produzierten Gutes zu senken, das Angebot auf dem Markt für ihr Gut erhöhen, c) aus einem anderen Grund?

F18. Stehen die Ergebnisse des Preisanpassungskostenmodells im Widerspruch zur Cambrigde-Gleichung $M = k \cdot Y \cdot P$?

Übungsaufgaben

A1. Betrachten Sie die Effortfunktion $e = (w/P)^2 - (w/P)^3$, die für den Bereich $0 < w/P < 2/3$ definiert sein soll. Zeigen Sie, dass der Graph der Effortfunktion in dem angegebenen Definitionsbereich einen "ertragsgesetzlichen" Verlauf hat und damit so aussieht, wie im Lehrbuch abgebildet.

A2. Wenn ein Unternehmen die Produktionsfunktion $Y = (e \cdot N)^{1/2}$ und die in Aufgabe A1 angegebene Effortfunktion hat, wie wird es dann den Nominallohn und die Arbeitsnachfrage wählen, sofern es sich so, wie im Effizienzlohnmodell von Solow angenommen, verhält?

A3. Angenommen, dem Unternehmen aus Aufgabe A2 stehen Haushalte gegenüber, die die Nutzenfunktion $U = C^{1/2} \cdot (1 - N)^{1/2}$ und die Budgetrestriktion $P \cdot C = w \cdot N$ haben. Wie hoch ist das Arbeitsangebot der Haushalte? Welche Arbeitslosigkeit resultiert bei diesem Arbeitsangebot?

A4. Betrachten Sie eine Monopolgewerkschaft, in der alle Arbeiter einer Volkswirtschaft organisiert sind. Wenn die aggregierte Arbeitsnachfragefunktion der Unternehmen $N^d = (w/P)^{-\varepsilon}$ mit $\varepsilon > 1$ und die aggregierte Arbeitsangebotsfunktion der Arbeiter $N^g = 1$ ist, wie hoch sind dann die Wahrscheinlichkeiten (ausgedrückt als Funktion des Reallohns) dafür, dass ein Arbeiter beschäftigt und dass er arbeitslos ist? Gehen Sie anders als im Lehrbuch bei der Lösung dieser Aufgabe nicht von Anfang an davon aus, dass die Arbeitsnachfrage kleiner als das Arbeitsangebot ist.

A5. Es gelten dieselben Bedingungen wie in Aufgabe A4. Darüber hinaus sei angenommen, dass die Arbeiter die Nutzenfunktion $U = C + F$ haben, wobei im Beschäftigungsfall $C = w/P$, $F = 0$ und im Arbeitslosigkeitsfall $C = 0$, $F = 1$ ist (F bezeichnet die Freizeit). Wie sieht der erwartete Nutzen eines Arbeiters als Funktion des Reallohns aus?

A6. Nehmen Sie an, dass die Monopolgewerkschaft aus Aufgabe A4 den erwarteten Nutzen der gewerkschaftlich organisierten Arbeiter, wie er in Aufgabe A5 berechnet wurde, maximiert. Zeigen Sie, dass es für die Monopolgewerkschaft in diesem Fall nicht optimal sein kann, einen Nominallohn zu wählen, der unterhalb von P liegt.

A7. Da es für die Gewerkschaft aus Aufgabe A6 nicht optimal ist, einen Nominallohn unterhalb von P zu wählen, lässt sich ihre Zielfunktion einfacher ausdrücken als in Aufgabe A6. Wie sieht die vereinfachte Ausdrucksform der Zielfunktion aus? Was haben wir mit ihr erreicht?

A8. Berechnen Sie unter Zuhilfenahme Ihrer Erkenntnisse aus Aufgabe A7 den von der Monopolgewerkschaft gewählten Nominallohn. Lösen Sie das Maximierungsproblem der Gewerkschaft vollständig und überprüfen Sie, ob auch die Maximierungsbedingung zweiter Ordnung erfüllt ist.

A9. Wie hoch ist bei dem in Aufgabe A8 berechneten Nominallohn die Arbeitsnachfrage der Unternehmen mit der Arbeitsnachfragefunktion aus Aufgabe A4? Welche Arbeitslosigkeit ergibt sich, wenn Sie davon ausgehen, dass sich die Arbeiter, wie in Aufgabe A5 beschrieben, verhalten?

A10. Berechnen Sie, wie sich der von der Gewerkschaft festgesetzte Nominallohn, der in Aufgabe A8 berechnet wurde, ändert, wenn die Lohnelastizität der Arbeitsnachfrage betragsmäßig steigt. Geben Sie außer Ihren Berechnungen auch eine intuitive Begründung für die Reaktion des Nominallohns an.

Beantwortung der Verständnisfragen

F1. Die richtige Antwort ist c), denn weil man vernünftigerweise annehmen muss, dass die Produktivität eines Arbeiters von seinem Reallohn abhängt, beschreibt die Effortfunktion den Zusammenhang zwischen Reallohn und Arbeitsproduktivität. Sie beschreibt nicht den Zusammenhang zwischen Nominallohn und Arbeitsproduktivität [Antwort b)], weil ein hoher Nominallohn bei gleichfalls hohem Preisniveau nicht gleichbedeutend mit einem hohen Reallohn ist. Sie beschreibt ebenfalls nicht den Zusammenhang zwischen Tariflohn und Arbeitsproduktivität [Antwort a)], weil Tarifverhandlungen und damit Tariflöhne im Effizienzlohnmodell keine Rolle spielen.

F2. Richtig ist Antwort a). Das lässt sich unter anderem aus der im Lehrbuch enthaltenen Abbildung zum Effizienzlohnmodell von Solow ablesen, welche zeigt, dass die Effortfunktion eine positive Steigung und damit eine positive erste Ableitung hat. Die Abbildung zeigt aber auch, warum Antwort b) falsch ist: da die Steigung der Effortfunktion bei kleinen Werten für den Reallohn immer größer wird, ist ihre zweite Ableitung bei diesen Werten positiv und nicht negativ. — Verwechseln Sie die Eigenschaften einer Effortfunktion nicht mit denen einer Produktionsfunktion.

F3. Vollständig richtig ist nur Antwort c), denn die Zahlung von Effizienzlöhnen seitens des Arbeitgebers ist der Versuch, den Effort oder die Produktivität der Arbeitnehmer durch erhöhte Lohnzahlungen zu verbessern. Antwort a) hängt zwar eng damit zusammen, sie gibt aber nur einen einzelnen Grund dafür an, warum Effizienzlöhne die Produktivität von Arbeitern erhöhen kann und ist insofern unvollständig. Die Zahlung untertariflicher Löhne gehört überhaupt nicht in den Bereich der Effizienzlohntheorie, so dass Antwort b) ebenfalls falsch ist.

F4. Richtig sind alle drei Antworten. Antwort a) beschreibt die sogenannte Solow-Regel, nach der der Lohn so gewählt wird, dass $de/d(w/P)\cdot(w/P)/e=1$ ist. Antwort b) ist eine reine Äquivalenzumformung der Solow-Regel, die besagt, dass der gewählte Lohn durch die Gleichung $de/d(w/P)=e/(w/P)$ determiniert ist. Antwort c) bezieht sich auf eine weitere Äquivalenzumformung: hier wird der Lohn durch die Gleichung $de/d(w/P)\cdot 1/P=e/w$ bzw. $de/dw=e/w$ bestimmt. — Von der Gleichung aus b), $de/d(w/P)=e/(w/P)$, wird gemeinhin Gebrauch gemacht, wenn das Effizienzlohnmodell von Solow grafisch analysiert wird. In der Grafik, die auch im Lehrbuch abgebildet ist, liegt der von den Unternehmen gewählte Lohn dort, wo die Steigung der Effortfunktion $[de/d(w/P)]$ gleich der Steigung eines Ursprungsstrahls $[e/(w/P)]$ ist. Der Lohn liegt damit dort, wo $de/d(w/P)=e/(w/P)$ gilt.

F5. Nein. Die Solow-Regel besagt, dass der Nominal- bzw. der Reallohn so zu wählen ist, dass die Elastizität des Efforts in Bezug auf den Reallohn gleich eins ist $[de/d(w/P)\cdot(w/P)/e=1]$. Das ändert sich allerdings, wenn Lohnnebenkosten eingeführt werden: in diesem Fall ist der Nominal- bzw. der Reallohn so zu wählen, dass die Elastizität des Efforts in Bezug auf den Reallohn kleiner als eins ist $[de/d(w/P)\cdot(w/P)/e=1/(1+\tau/w)<1]$. Daraus folgt, dass die Solow-Regel bei Existenz von Lohnnebenkosten nicht unverändert gültig ist.

F6. Richtig ist Antwort b). Mit dem Begriff "right-to-manage approach" ist ein Modellansatz gemeint, bei dem die Unternehmen das Recht behalten, die Arbeitsnachfrage frei wählen zu können. Dazu ist es notwendig, dass die Monopolgewerkschaft bzw. die Tarifparteien keine verbindliche Regelung bezüglich der Beschäftigung treffen, so dass Antwort b) richtig ist. Falsch ist dagegen Antwort a), denn eine einseitige Fixierung des Tariflohns durch die Monopolgewerkschaft ist durchaus mit dem Recht einer freien Wahl der Arbeitsnachfrage durch die Unternehmen vereinbar.

F7. Richtig sind Antworten a) und b). Antwort a) ist richtig, weil als Ziel-funktion der Monopolgewerkschaft im Lehrbuch $p_e \cdot U_e + p_u \cdot U_u$ angegeben ist, und das ist der mathematische Erwartungswert des Nutzens eines repräsen-tativen Gewerkschaftsmitglieds, auch Erwartungsnutzen oder erwarteter Nutzen genannt. Antwort b) ist richtig, weil der aggregierte Nutzen aller beschäftigten und arbeitslosen Arbeiter, $N^d \cdot U_e + (1 - N^d) \cdot U_u$, wegen $p_e = N^d/N^g$ und $p_u = 1 - N^d/N^g$ nichts anderes als das N^g-fache des Erwartungsnutzens ist, so dass die Maximierung von Erwartungsnutzen und aggregiertem Nutzen äquivalent sind. Antwort c) ist falsch, weil Antworten a) und b) richtig sind.

F8. Richtig ist Antwort c). Antwort a) ist falsch, weil die Gewerkschaft in dem im Lehrbuch dargestellten Modell alle Arbeiter vertritt, und damit so-wohl die Beschäftigten als auch die Arbeitslosen. Antwort b) ist falsch, weil es im Lehrbuchmodell keine Transfers an Arbeitslose gibt und es dennoch zu einem über dem Markträumungsniveau liegenden Lohn kommt. Die rich-tige Antwort ist, dass der Erwartungsnutzen des repräsentativen Gewerk-schaftsmitglieds steigt, wenn die Gewerkschaft den Lohn über das Markt-räumungsniveau hinaus erhöht. Dadurch sieht sich das repräsentative Ge-werkschaftsmitglied zwar der Gefahr ausgesetzt, arbeitslos zu werden, was sich negativ auf seinen Erwartungsnutzen auswirkt, es hat aber auch die Chance, im Beschäftigungsfall mehr zu verdienen, was den Erwartungsnut-zen positiv beeinflusst. Weil der zweite Effekt überwiegt, steigt der Erwar-tungsnutzen des repräsentativen Mitglieds, wenn der Lohn das Markt-räumungsniveau überschreitet.

F9. Nein. Wie im Lehrbuch dargelegt, ist das Verhandlungsergebnis bei einer Nash-Verhandlung bis zu einem gewissen Grade unabhängig davon, ob die wahre Nutzen- oder Gewinnfunktion der Verhandlungspartner be-kannt ist oder nicht. Es genügt, wenn die Gewerkschaft eine lineare Trans-formation der Erwartungsnutzenfunktion kennt, also etwa $3 \cdot E(U) + 4$, wenn die wahre Erwartungsnutzenfunktion $E(U)$ ist. Umgekehrt ist es aber auch unabdingbar, dass die Erwartungsnutzenfunktion bis auf eine lineare Trans-formation bekannt ist. Denn bei einer Nash-Verhandlung ist das Verhand-lungsergebnis nur unabhängig von *linearen*, nicht jedoch von anderen mo-notonen Transformationen der Erwartungsnutzenfunktion (wie etwa $E(U)^3$).

F10. Richtig ist Antwort b). Wie im Lehrbuch erklärt, setzt eine Monopol-gewerkschaft den Tariflohn höher fest als ein Verhandlungsgremium aus Gewerkschaft und Unternehmen. Grund ist, dass die Unternehmen ein Inte-resse an niedrigen Löhnen haben, was sich auch auf die Höhe des Tarif-lohns auswirkt, wenn die Unternehmen an seiner Festsetzung beteiligt sind. Bei einem niedrigeren Tariflohn aber ist in einem right-to-manage approach die Arbeitsnachfrage der Unternehmen höher, was aus der Grenzproduktivitätsregel df(N)/dN=w/P folgt.

F11. Richtig ist Antwort b). Von einer asymmetrischen Informationsverteilung redet man immer dann, wenn verschiedene Wirtschaftssubjekte unterschiedliche Informationen über denselben Gegenstand haben [wie in Antwort b)]. Wenn dagegen ein und dasselbe Wirtschaftssubjekt Informationen unterschiedlicher Qualität über verschiedene Gegenstände hat [wie in Antwort a)], ist das nicht gleichbedeutend mit asymmetrischer Information.

F12. Richtig sind Antworten a) und b). Die Unternehmen wissen, dass ihr Investitionsprojekt j im Erfolgsfall den Ertrag $Q_j^+>0$ und im Misserfolgsfall den Ertrag $Q_j^-=0$ abwirft [Antwort a)]. Weil sie außerdem die Wahrscheinlichkeiten p_j und $1-p_j$ für einen Erfolg bzw. einen Misserfolg ihres Projektes kennen, ist ihnen auch der erwartete Projektertrag $p_j \cdot Q_j^+$ bekannt [Antwort b)].

F13. Richtig ist Antwort c). Antwort a) ist falsch, weil die Banken im Lehrbuchmodell zwar den für alle Projekte gleichen Ertrag im Misserfolgsfall ($Q_j^-=0$) sowie den für alle Projekte gleichen Erwartungswert des Ertrags ($p_j \cdot Q_j^+=C$) kennen, nicht aber den von Projekt zu Projekt unterschiedlichen Ertrag im Erfolgsfall (Q_j^+). Antwort b) ist falsch, weil die Banken zwar den Erwartungswert der Erfolgs- und auch der Misserfolgswahrscheinlichkeit über alle durchgeführten Projekte kennen (Erwartungswert von p_j bzw. $1-p_j$ für alle $j \leq J$), nicht aber die entsprechenden Wahrscheinlichkeiten für die Einzelprojekte (p_j bzw. $1-p_j$).

F14. Richtig ist Antwort a). Adverse Selektion liegt vor, wenn einer unvorteilhaften Alternative der Vorzug gegenüber einer vorteilhaften Alternative gegeben wird. In dem Modell von Stiglitz und Weiss sind die Investitionsprojekte mit einer hohen Erfolgswahrscheinlichkeit vorteilhafter als die mit einer niedrigen Erfolgswahrscheinlichkeit, denn bei über alle Projekte gleicher Ertragserwartung ist bei ihnen das Risiko geringer. Im Gleichgewicht des Modells werden aber gerade die Projekte mit einer niedrigen Erfolgswahrscheinlichkeit durchgeführt, so dass hier von adverser Selektion gesprochen werden kann und Antwort a) richtig ist. Die sichere Anlagemöglichkeit braucht indessen nicht vorteilhafter zu sein als ein unsicheres Investitionsprojekt: Sie ist zwar per definitionem mit einem geringeren Risiko verbunden, gegebenenfalls aber auch mit einem geringeren Ertrag. Insofern liegt nicht notwendigerweise eine adverse Selektion vor, wenn einige Unternehmen im Gleichgewicht des Modells von Stiglitz und Weiss in ein unsicheres Investitionsprojekt statt in die sichere Anlage investieren, und Antwort b) ist falsch.

F15. Nein. Das wird zum Beispiel deutlich, wenn wir das Modell von Stiglitz und Weiss reproduzieren und dabei annehmen, dass die Erfolgswahrscheinlichkeit p_j der Projekte gleichverteilt im Intervall zwischen 0 und 1 ist. In diesem Fall ist die erwartete Erfolgswahrscheinlichkeit der durchgeführten Projekte $E[p_j,p_J]$ genau halb so groß wie die des marginalen Projektes J (das ist dasjenige unter den durchgeführten Projekten, welches die größte Erfolgswahrscheinlichkeit hat):

$$E[p_j,p_J] = p_J/2 = [C-(1+r)\cdot W]/[2\cdot(1+i)\cdot(K-W)].$$

Der erwartete Ertrag der Banken aus der Vergabe eines Kredites ist deshalb

$$E(R_b) = E[p_j,p_J]\cdot(1+i)\cdot(K-W) = C/2-(1+r)\cdot W/2$$

und damit unabhängig vom Kreditzins. Somit ist es für die Banken nicht von Nachteil, wenn sie den Kreditzins auf ein Niveau erhöhen, bei dem der Kreditmarkt geräumt ist. Wir können daraus schließen, dass es im Modell von Stiglitz und Weiss nicht zwangsläufig zu einem theoretischen Ungleichgewicht auf dem Kreditmarkt kommt.

F16. Richtig ist Antwort c). Das Preisanpassungskostenmodell soll erklären, warum nominale Güterpreise starr sein und geldpolitische Maßnahmen reale Wirkungen haben können. Antwort a) ist falsch, weil das Preisniveau in dem Modell nicht identisch mit dem nominalen Güterpreis ist ($P \neq P\cdot p_i$ mit $p_i \equiv P_i/P$), so dass die Starrheit des nominalen Güterpreises nicht die Starrheit des Preisniveaus impliziert. Antwort b) ist falsch, weil es in dem Modell nicht darum geht, Nachfragelücken oder ungeräumte Gütermärkte zu erklären; im Gegenteil, im Preisanpassungskostenmodell sind die Gütermärkte immer geräumt.

F17. Richtig ist Antwort b). Antwort a) ist falsch, weil sie zwar einen Mechanismus beschreibt, über den nach einer Geldmengenexpansion die Produktion erhöht werden kann (freie Kapazitäten vorausgesetzt), doch handelt es sich bei diesem Mechanismus um den Keynes-Effekt aus der Keynesianischen Theorie, welcher in dem hier behandelten Neukeynesianischen Modell nicht wirksam ist. Antwort b) ist dagegen richtig, denn bei Existenz hinreichend hoher Preisanpassungskosten ist es für die Unternehmen vernünftig, den nominalen Güterpreis $P\cdot p_i$ nach einer Geldmengenexpansion nicht zu erhöhen. Da das Preisniveau P aber steigt, müssen sie den relativen oder realen Güterpreis p_i entsprechend absenken, und das ist gemäß der Preisabsatzfunktion $p_i=p(Y_i)$, $p'<0$, nur dadurch möglich, dass sie das Güterangebot und damit die Produktion Y erhöhen.

F18. Nein. Machen Sie nicht den Fehler, die Cambridge-Gleichung mit der Klassisch-Neoklassischen Geldtheorie zu verwechseln, die zusätzlich zur

Cambridge-Gleichung die Konstanz von k und Y voraussetzt. Wenn Sie die Ergebnisse des Preisanpassungskostenmodells mit den Ergebnissen dieser Theorie vergleichen, dann kommen Sie in der Tat auf gegensätzliche Ergebnisse: in der Klassisch-Neoklassischen Theorie führt eine Erhöhung von M ausschließlich zu einer Erhöhung von P, in dem Neukeynesianischen Preisanpassungskostenmodell zu einer Erhöhung von P und Y. Die Cambridge-Gleichung an sich ist jedoch ohne Probleme mit dem Preisanpassungskostenmodell vereinbar. Zusammengenommen implizieren die Cambridge-Gleichung und das Preisanpassungskostenmodell, dass es bei einer einprozentigen Erhöhung von M zu einer x-prozentigen Erhöhung von Y und einer (1–x)-prozentigen Erhöhung von P kommt.

Lösung der Übungsaufgaben

A1. Damit die Effortfunktion einen "ertragsgesetzlichen" Verlauf hat, muss sie im Ursprung beginnen, eine positive erste Ableitung haben und eine zweite Ableitung haben, die zuerst positiv und dann negativ ist. Wir überprüfen zunächst die erste Bedingung und bilden dazu den Grenzwert für e, wenn w/P gegen null geht (gleich null darf w/P nicht werden, weil der Wert Null für w/P nicht im Definitionsbereich 0<w/P<2/3 der Effortfunktion liegt):

$$\lim_{w/P \to 0} e = \lim_{w/P \to 0} [(w/P)^2 - (w/P)^3] = 0.$$

Offensichtlich beginnt die Effortfunktion im Ursprung, so dass die erste Bedingung für einen "ertragsgesetzlichen" Verlauf erfüllt ist. Nun zur zweiten Bedingung, der positiven ersten Ableitung:

$$de/d(w/P) = 2 \cdot (w/P) - 3 \cdot (w/P)^2 = w/P \cdot [2 - 3 \cdot (w/P)] > 0.$$

Wenn w/P, wie verlangt, im Intervall 0<w/P<2/3 liegt, ist auch diese zweite Bedingung für einen "ertragsgesetzlichen" Verlauf der Effortfunktion erfüllt. Überprüfen wir abschließend die dritte Bedingung, den Vorzeichenwechsel (von positiv nach negativ) der zweiten Ableitung:

$$d^2e/d(w/P)^2 = 2 - 6 \cdot (w/P).$$

Offenbar ist die zweite Ableitung positiv, solange w/P<1/3, und negativ, wenn w/P>1/3. Damit haben wir gezeigt, dass auch die letzte Bedingung für einen "ertragsgesetzlichen" Verlauf der Effortfunktion erfüllt ist, weshalb die in dieser Aufgabe untersuchte Effortfunktion so aussieht, wie im Lehrbuch abgebildet.

A2. Um den Nominallohn und die Arbeitsnachfrage des Unternehmens zu bestimmen, stellen wir zunächst die Gewinnfunktion auf und setzen dort die Produktionsfunktion und die Effortfunktion ein:

$$\pi = P{\cdot}Y - w{\cdot}N = P{\cdot}(e{\cdot}N)^{1/2} - w{\cdot}N = P{\cdot}[(w/P)^2{\cdot}N-(w/P)^3{\cdot}N]^{1/2} - w{\cdot}N.$$

Dann leiten wir die Gewinnfunktion nach N und w ab und setzen die Ergebnisse gleich null:

$$\partial\pi/\partial N = P/2{\cdot}[(w/P)^2{\cdot}N-(w/P)^3{\cdot}N]^{-1/2} [(w/P)^2 -(w/P)^3] - w = 0,$$

$$\partial\pi/\partial w = P/2{\cdot}[(w/P)^2{\cdot}N-(w/P)^3{\cdot}N]^{-1/2} [2{\cdot}w/P{\cdot}N/P-3{\cdot}(w/P)^2{\cdot}N/P] - N = 0.$$

Lösen wir diese beiden Gleichungen nach N und w auf, erhalten wir die von dem Unternehmen gewählten Werte für die Arbeitsnachfrage und den Nominallohn. Die Arbeitsnachfrage ist $N^d=1/8$, der Nominallohn ist $w=P/2$.

A3. Zur Ermittlung des Arbeitsangebots setzen wir die nach C aufgelöste Budgetrestriktion in die Nutzenfunktion ein, leiten das Resultat nach N ab und setzen die Ableitung gleich null:

$$U = (w/P{\cdot}N)^{1/2}{\cdot}(1-N)^{1/2},$$

$$dU/dN = 1/2 \; w/P \; (w/P \; N)^{-1/2}{\cdot}(1-N)^{1/2} - 1/2 \; (w/P{\cdot}N)^{1/2}{\cdot}(1-N)^{-1/2} = 0.$$

Die gleich null gesetzte Ableitung lösen wir dann nach N auf. So erhalten wir für das Arbeitsangebot $N^s=1/2$. Bei einer Arbeitsnachfrage von $N^d=1/8$ (siehe Aufgabe A2) bedeutet dies, dass die Arbeitslosigkeit eine Höhe von $N^s-N^d=1/2-1/8=3/8$ hat.

A4. Könnten wir, wie im Lehrbuch unterstellt, davon ausgehen, dass die Arbeitsnachfrage kleiner als das Arbeitsangebot ist, so ließe sich die Beschäftigungswahrscheinlichkeit zunächst als $p_e=N^d/N^g$ und die Arbeitslosigkeitswahrscheinlichkeit als $p_u=1-N^d/N^g$ ausdrücken. Da nun aber im Aufgabentext explizit darauf hingewiesen wurde, dass die Arbeitsnachfrage nicht notwendig kleiner als das Arbeitsangebot zu sein braucht, könnte dies dazu führen, dass $p^e>1$ bzw. $p^u<0$ ist, ein unsinniges Ergebnis, da Wahrscheinlichkeiten zwischen null und eins liegen müssen. Um Wahrscheinlichkeitswerte zwischen null und eins zu garantieren, müssen wir daher bei der Niederschrift der Wahrscheinlichkeiten den Minimumoperator verwenden, was auf $p^e=\min\{N^d/N^g,1\}$ und $p^u=1-\min\{N^d/N^g,1\}$ führt. Setzen wir hier die Arbeitsnachfrage- und die Arbeitsangebotsfunktion ein, ergibt sich für die Wahrscheinlichkeiten als Funktion des Reallohns $p^e=\min\{(w/P)^{-\varepsilon},1\}$ und $p^u=1-\min\{(w/P)^{-\varepsilon},1\}$.

A5. Der erwartete Nutzen eines Arbeiters ist als $E(U)=p_e{\cdot}U_e+p_u{\cdot}U_u$ definiert, wobei U_e für den Nutzen im Beschäftigungsfall und U_u für den Nutzen im Arbeitslosigkeitsfall stehen. Da laut Aufgabentext $U_e = w/P + 0 = w/P$ und $U_u = 0 + 1 = 1$ gelten, kann der erwartete Nutzen auch als $E(U) = p_e \cdot w/P + p_u$ geschrieben werden. Durch Einsetzen der Ergebnisse aus Aufgabe A4 erhalten wir daraus

$$E(U) = \min\{(w/P)^{-\varepsilon}, 1\} \cdot w/P + 1 - \min\{(w/P)^{-\varepsilon}, 1\}$$

für den Erwartungswert des Nutzens eines Arbeiters.

A6. Warum es für die Gewerkschaft nicht optimal sein kann, einen Nominallohn unterhalb von P zu wählen, sieht man am Besten, wenn man einmal rein hypothetisch davon ausgeht, dass ein Nominallohn unterhalb von P doch optimal für die Gewerkschaft wäre. Dann würde die Gewerkschaft den Nominallohn so festlegen, dass $w < P$ gelten würde, woraus unmittelbar folgt, dass der Reallohn kleiner als eins wäre: $w/P < 1$. Bei einem Reallohn unterhalb von eins würde wegen $\varepsilon > 0$ aber $(w/P)^{-\varepsilon} > 1$ gelten, und das implizierte $\min\{(w/P)^{-\varepsilon}, 1\} = 1$. Nun schauen wir uns den Erwartungsnutzen an, den die Arbeiter in diesem Fall hätten. Wegen $\min\{(w/P)^{-\varepsilon}, 1\} = 1$ würde sich der Erwartungsnutzen, wie er in Aufgabe A5 errechnet wurde, wie folgt vereinfachen: $E(U) = 1 \cdot w/P + 1 - 1 = w/P$. Der Erwartungsnutzen wäre demnach eine steigende Funktion des Nominallohns, was eine entscheidende Folge hat. Wenn der Erwartungsnutzen nämlich mit dem Nominallohn stiege, so wäre es für die Gewerkschaft optimal, einen Nominallohn zu wählen, der unendlich groß ist. Dies ist deshalb entscheidend, weil wir unsere Argumentationskette damit begonnen haben, dass der Nominallohn kleiner als P und damit nicht unendlich hoch ist. Was wir hier erhalten, ist also die Aussage "Wenn der optimale Nominallohn einen endlichen Wert hat, muss er unendlich hoch sein", und diese Aussage beinhaltet einen Widerspruch. Da wir ausgehend von der Annahme, dass der optimale Nominallohn kleiner als P ist, auf einen logischen Widerspruch stoßen, kann die Ausgangsannahme so nicht stimmen. Wir können daher schließen, dass der optimale Lohn nicht kleiner als P sein kann.

A7. Wenn der von der Gewerkschaft festgesetzte Nominallohn, wie in Aufgabe A6 festgestellt, mindestens so hoch ist wie das Preisniveau, so muss $\min\{(w/P)^{-\varepsilon}, 1\} = (w/P)^{-\varepsilon}$ gelten, was analog zur Vorgehensweise in der Lösung zu Aufgabe A6 nachgewiesen werden kann. Damit können wir den Erwartungsnutzen der Arbeiter ohne Verwendung des Minimumoperators ausdrücken. Wir erhalten also die vereinfachte Formulierung

$$E(U) = (w/P)^{-\varepsilon} \cdot w/P + 1 - (w/P)^{-\varepsilon} = (w/P)^{1-\varepsilon} - (w/P)^{-\varepsilon} + 1.$$

Dass sich der Erwartungsnutzen ohne den Minimumoperator ausdrücken lässt, ist aus zwei Gründen von Interesse. Erstens zeigt das Wegfallen des Minimumoperators, dass es nicht etwa willkürlich ist, wenn man den Minimumoperator wie im Lehrbuch von Anfang an per Annahme wegfallen lässt. Zweitens ermöglicht uns das Wegfallen des Minimumoperators, die Erwartungsnutzenfunktion abzuleiten und so mit Hilfe der Differentialrechnung den von der Monopolgewerkschaft gewählten Nominallohn zu bestimmen.

A8. Um den von der Monopolgewerkschaft gewählten Nominallohn zu bestimmen, müssen wir die erste — und im Fall dieser Aufgabe auch die zweite — Ableitung der Zielfunktion der Gewerkschaft analysieren. Wir müssen also den Erwartungsnutzen der Arbeiter, wie er in Aufgabe A7 hergeleitet worden ist, ein bzw. zwei Mal nach w ableiten:

$$E(U) = (w/P)^{1-\varepsilon} - (w/P)^{-\varepsilon} + 1,$$

$$dE(U)/dw = (1-\varepsilon)\cdot(w/P)^{-\varepsilon}\cdot 1/P + \varepsilon\cdot(w/P)^{-\varepsilon-1}\cdot 1/P,$$

$$d^2E(U)/dw^2 = -\varepsilon\cdot(1-\varepsilon)\cdot(w/P)^{-\varepsilon-1}\cdot 1/P^2 + \varepsilon\cdot(-\varepsilon-1)\cdot(w/P)^{-\varepsilon-2}\cdot 1/P^2.$$

Wenn wir die Maximierungsbedingung erster Ordnung nach w auflösen, erhalten wir den von der Gewerkschaft gewählten Nominallohn: $w=\varepsilon/(\varepsilon-1)\cdot P$. Da $\varepsilon/(\varepsilon-1)$ größer als eins ist, ist der aus Gewerkschaftssicht optimale Nominallohn tatsächlich größer als das Preisniveau. Wenn wir die zweite Ableitung der Erwartungsnutzenfunktion umformen und dann in der eckigen Klammer w durch $\varepsilon/(\varepsilon-1)\cdot P$ substituieren, erhalten wir

$$\varepsilon\cdot(w/P)^{-\varepsilon-2}\cdot 1/P^2\cdot[-(1-\varepsilon)w/P+(-\varepsilon-1)] = -\varepsilon\cdot(w/P)^{-\varepsilon-2}\cdot 1/P^2 < 0.$$

Also ist das Vorzeichen der zweiten Ableitung negativ, weshalb der Erwartungsnutzen bei $w=\varepsilon/(\varepsilon-1)\cdot P$ tatsächlich ein Maximum hat. Wir können daraus schließen, dass die Lehrbuchannahme, nach der die Erwartungsnutzenfunktion nicht nur einen inneren Extremwert, sondern ein inneres Maximum hat, gerechtfertigt ist.

A9. Die Arbeitsnachfrage der Unternehmen können wir berechnen, indem wir den von der Gewerkschaft gewählten Nominallohn $w=\varepsilon/(\varepsilon-1)\cdot P$ in die Arbeitsnachfragefunktion $N^d=(w/P)^{-\varepsilon}$ einsetzen:

$$N^d = [\varepsilon/(\varepsilon-1)]^{-\varepsilon} = (1-1/\varepsilon)^{\varepsilon}.$$

Wegen $\varepsilon>0$ ist $N^d<1$, und das bedeutet bei einem lohnunelastischen Arbeitsangebot von $N^g=1$, dass es zu Arbeitslosigkeit in Höhe von

$$N^s - N^d = 1 - (1-1/\varepsilon)^{\varepsilon} > 0$$

kommt.

A10. Um diese Aufgabe zu lösen, müssen wir zunächst die Lohnelastizität der Arbeitsnachfrage berechnen, die wie folgt definiert ist: $dN^d/dw\cdot w/N^d$.

Dazu greifen wir die Arbeitsnachfragefunktion $N^d=(w/P)^{-\varepsilon}$ auf und setzen sie sowie ihre erste Ableitung in die Elastizitätsdefinition ein. So erhalten wir

$$dN^d/dw \cdot w/N^d = -\varepsilon(w/P)^{-\varepsilon-1} 1/P \; w/(w/P)^{-\varepsilon} = -\varepsilon,$$

und wir erkennen, dass die Lohnelastizität der Arbeitsnachfrage gleich $-\varepsilon$ ist. Wie ändert sich nun der von der Gewerkschaft festgesetzte Nominallohn, wenn sich die Lohnelastizität der Arbeitsnachfrage betragsmäßig erhöht, ε also größer wird? Um dies zu beantworten, müssen wir den Nominallohn $w=\varepsilon/(\varepsilon-1) \cdot P$ nach ε ableiten. Wir finden dann

$$dw/d\varepsilon = [1 \cdot (\varepsilon-1)-1 \cdot \varepsilon]/(\varepsilon-1)^2 = -1/(\varepsilon-1)^2 < 0,$$

und dies bedeutet, dass der von der Gewerkschaft gewählte Nominallohn sinkt, wenn die Lohnelastizität der Arbeitsnachfrage betragsmäßig zunimmt. Das ist auch intuitiv einsichtig, denn wenn die Unternehmen elastischer auf eine Erhöhung des Lohnes reagieren und die Arbeitsnachfrage nach einer Lohnerhöhung stärker zurücknehmen, so ist es für die Gewerkschaft optimal, den Lohn weniger stark über den Gleichgewichtslohn hinaus anzuheben.

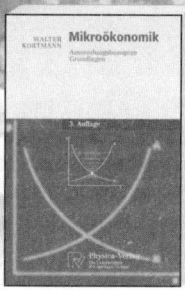

Druck- und Bindearbeiten: Legoprint, Italien